保险名人与名人保险

BAOXIAN MINGREN YU MINGREN BAOXIAN

唐金成　唐 凯◎编著

中国金融出版社

责任编辑：吕　楠

责任校对：孙　蕊

责任印制：陈晓川

图书在版编目（CIP）数据

保险名人与名人保险（Baoxian Mingren yu Mingren Baoxian）/唐金成，唐凯
编著. —北京：中国金融出版社，2018.1

　　ISBN 978 - 7 - 5049 - 9322 - 9

　　Ⅰ.①保…　　Ⅱ.①唐…②唐…　　Ⅲ.①保险业—经济发展—研究—中国
Ⅳ.①F842

　　中国版本图书馆CIP数据核字（2017）第282879号

出版
发行　**中国金融出版社**

社址　北京市丰台区益泽路2号
市场开发部　　（010）63266347，63805472，63439533（传真）
网 上 书 店　http://www.chinafph.com
　　　　　　　（010）63286832，63365686（传真）
读者服务部　　（010）66070833，62568380
邮编　100071
经销　新华书店
印刷　保利达印务有限公司
尺寸　167毫米×235毫米
印张　17.25
字数　249千
版次　2018年1月第1版
印次　2018年1月第1次印刷
定价　40.00元
ISBN 978 - 7 - 5049 - 9322 - 9
如出现印装错误本社负责调换　联系电话（010）63263947

前　言

改革开放以来，中国保险事业保持了年均 30% 以上的飞速发展，逐步实现了与国际市场接轨，并已成为世界第二大商业保险市场。然而，保险理论研究滞后、教育培训不足、专业人才短缺、国民风险及保险意识不强等，已成为制约保险业可持续发展的瓶颈。因此，笔者在总结多年保险教育培训、实践与研究工作经验的基础上，从我国保险市场与保险教育培训的实际情况出发，以市场需求为导向，以保险法规条例及相关政策为指导，广泛参考了大量国内相关研究成果，放眼国际、不断创新，历时数年撰写了《保险名人与名人保险》。

本书由广西大学商学院唐金成教授、北部湾财产保险总公司唐凯高级审计员撰写。全书共分为八章。具体内容及其作者如下：第一章　保险名家创业趣事（唐金成），第二章　政界名流保险逸闻（唐金成），第三章　文化名人的保险故事（唐金成），第四章　电影明星的保险趣闻（唐金成），第五章　演艺明星的保险故事（唐凯），第六章　体育明星的保险趣事（唐凯），第七章　保险行销巨星的传奇创富故事（唐凯）。

本书立足于保险教育培训及宣传展业实践，以社会对保险知识及人才的需要为目标，融知识性、实践性、操作性和趣味性于一体，具有广泛的社会推广价值和行业实用意义。其特点是：

（1）知识性。随着保险制度的不断完善，保险行业及国民对保险书籍的内容提出了新要求。本书在编写中着重体现了保险原理、风险管理及保险新知识、新经营管理方法、营销新案例等新成果，使书籍内容与现行社会需求、实务要求相配套，知识性更强，可以更好地满足市场需求，指导行业实践。

（2）实践性。保险是实践性很强的行业，重点是运用基本原理去解决保险实际问题，提高从业者分析、解决问题与实践动手能力。本书在内容编排及案例设计上，都能够与社会实践相结合，突出了实践性特点。

（3）操作性。本书在撰写中兼顾了专业与非专业、风险管理与保险知识普及的需要，使其既可以作为保险培训教育的专业辅助教材，又可以作为保险行业宣传展业和社会了解保险的参考资料，而且便于学习、模仿和操作。本书的推出，旨在抛砖引玉，能够更好地为行业实践服务，为发展民族保险事业服务。

（4）趣味性。长期以来，市场上的保险书籍大多专业性、技术性很强，文字枯燥无味、晦涩难懂，读者难以接受和理解。而本书正是基于这一现实，努力使其成为一本通俗易懂、生动有趣、内容丰富的保险教学、培训教育、宣传展业及自学用书。希望本书的出版，能够获得市场好评，得到广大读者的青睐。

在本书的撰写与出版过程中，得到了中国金融出版社、广西大学商学院、北部湾财产保险公司、中国太平洋人寿保险广西分公司、广西保监局、保险行业协会及相关保险公司的大力支持。在此表示衷心的感谢！在撰写过程中，笔者参阅了大量国内外相关论文和著作，还从各网站上引用了一些数据及资料，限于篇幅，不能一一注明出处，在此表示诚挚感谢和良好祝福！

鉴于客观条件限制，加之时间仓促、资料欠缺，书中疏漏在所难免，恳望各位同人和读者不吝指教，使其不断创新完善。

唐金成

二〇一七年八月二十八日

目　录

第一章　保险名家创业趣事

§1 牙科医生与现代火灾保险的兴起

现代火灾保险的起源尽管可追溯至 1118 年的冰岛，但真正意义上的商业火灾保险，却是在 1666 年的伦敦大火之后，才不断成长和完善起来的。

1. 教训深刻的毁灭性大火

1666 年 9 月 2 日深夜 2 时，伦敦的一家面包店因炉火管理不善，而突然失火。火势借着干燥的大风越烧越旺，迅速沿着泰晤士河边大片木屋相连的街道蔓延开来。由于组织扑救不力，随后，繁华的伦敦城被大火整整烧了五天，市内 448 英亩的地域中有 373 英亩成为瓦砾，占伦敦面积的 83.26%；共有 400 条街道、80 座教堂化为灰烬，13200 户住宅被毁，直接财产损失达到 1200 多万英镑。大火导致 20 多万人流离失所，无家可归。10 多年后，伦敦才逐步恢复了元气。

伦敦大火成为了英国火灾保险发展的动力。由于这次大火的深刻教训，保险思想逐渐深入人心，灾后的幸存者非常渴望能有一种可靠的保障，来对火灾所造成的损失进行补偿。因此，火灾保险对人们来说，已显得十分重要。

2. 聪明的牙医改卖保险

在民众渴望保险的状况下，聪明的牙医兼房地产投机商巴蓬博士发现了这一千载难逢的商机，他经过深思熟虑后决定改卖保险。

1667 年，巴蓬博士独资设立了世界上第一家私营的火灾保险行，开始为市民办理住宅火险业务。巴蓬不仅开创了私营火灾保险公司的先河，而且投保者众多，经营极为成功。

经过十多年的潜心经营，巴蓬博士积累了大量资金和经验，并准备进一步扩大经营。1680年，他同另外三人集资4万英镑，成立合伙性质的火灾保险营业所，以扩大经营规模。

1705年，火灾保险营业所更名为菲尼克斯即凤凰火灾保险公司。在巴蓬博士的精心经营下，公司业务蒸蒸日上，其主顾中有相当一部分就是伦敦大火后重建了家园的人们。当时只保建筑物的火灾损失，保险期限通常为10年以上。

3. 巴蓬博士对保险业的贡献

当时，巴蓬博士不仅开创了私营火灾保险的先河，而且经过调查研究，其火灾保险公司在收费标准上，根据房屋租金来计算其应缴的保险费。并且规定，木结构房屋的保费比砖瓦结构房屋的保费要多一倍。这种依据房屋的风险情况分类进行保险承保的方法，就是现代火险差别保险费率的起源。由于巴蓬博士对现代火灾保险的发展贡献极大，被保险界称为"现代火灾保险之父"。

1710年，波凡创立了伦敦保险公司，后改称太阳保险公司，接受不动产以外的动产保险。在他们的共同努力下，火灾保险营业范围遍及全英国。此后，伦敦又相继出现了一批火灾保险公司，完善并扩大了火灾保险的范围，使其成为一个粗具规模的新兴产业，为社会经济发展、群众生活的安定作出了应有的贡献。

之后的几个世纪，英国经营房屋火灾保险的火灾保险公司逐渐增多。1861年至1911年，英国登记在册的火灾保险公司就达到567家。1909年，英国政府以法律的形式对火灾保险进行制约和监督，促进了火灾保险业务的健康发展。

§2 劳埃德与英国劳合社的渊源

劳合社是由劳埃德咖啡馆演变而来的，不仅是英国最大的保险组织，也是世界上最大的保险组织之一。劳埃德对世界保险和保险法发展的影响非常大。劳合社本身是个社团，更确切地说是一个保险市场，只向其成员提供交易场所和有关服务，本身并不承保业务。

1. 劳埃德与劳合社的创建

劳合社是由一名叫 Edward Lloyd 的英国商人，于 17 世纪 80 年代在泰晤士河畔塔街所开设的咖啡馆演变发展而来的。1688 年 2 月 18 日，一位商人在《伦敦报》刊登的一则广告中，第一次披露伦敦塔街的爱德华劳埃德咖啡馆为联系地点。因此，劳合社便以这天为创始纪念日。迄今已有 300 余年历史，成为国际保险业历史悠久和最有影响的保险组织。

17 世纪的资产阶级革命为英国资本主义的发展扫清了道路，英国的航运业得到了迅速发展。当时，伦敦的商人经常聚集在咖啡馆里，边喝咖啡边交换有关航运和贸易的消息。由于劳埃德咖啡馆地处伦敦市中心，临近一些与航海有关的机构，如海关、海军部和港务局，因此吸引了海陆贸易商人、船主、航运经纪人、保险商及银行高利贷者等光顾，这家咖啡馆就逐渐成为交换海运信息、接洽航运和保险业务的活动场所。那时，保险商也常聚集于此，与投保人接洽保险业务。后来这些保险商人们联合起来，当某船出海时，投保人就在一张承保条上注明投保的船舶或货物，以及投保金额，每个承保人都在承保条上注明自己承保的份额，并签上自己的名字，直至该承保条的金额被100%承保。

1691 年，劳埃德先生把咖啡馆从伦敦塔街迁至更繁华的伦巴第商贸街，不久就发展成为伦敦海上保险业集中活动的总会，继而成为英国的船舶、货物和海上保险交易中心。

当时由于通信十分落后，准确可靠的消息对商人们来说是无价之宝。劳埃德先生为了招揽更多的客人到咖啡馆来，便在 1696 年出版了一张小报《劳埃德新闻》，每周出版三次，共发行了 76 期，着重报道海事航运消息，并登载了咖啡馆内进行拍卖的船舶广告，使其成为英国航运消息的传播中心。随着海上保险的不断发展，劳埃德咖啡馆的承保人队伍日益壮大，影响不断扩大。

1774 年，出于业务发展需要，劳埃德咖啡馆的 79 名保险商人每人出资 100 英镑，租赁英国皇家交易所的房屋，在劳埃德咖啡馆原业务的基础上成立了劳合社。劳合社虽然迁至皇家交易所办公，但仍沿用劳合社的名称，专门经营海上保险。到 19 世纪初，劳合社海上保险承保额已占伦敦海上保险市场的 90%，成为英国名副其实的海上保险交易中心。

2. 称霸百年的国际海上保险业务中心

1871 年，英国国会批准了专门的"劳埃德法案"，使劳合社成为一个正式的保险社团组织，从而打破了伦敦保险公司和皇家交易所专营海上保险的格局。此后，劳合社通过向政府注册取得了法人资格，却只限于经营海上保险业务。随后，其经营的海上保险业务突飞猛进，并成为国际海上保险业务中心。

劳合社就其组织的性质而言，是一个保险社团组织，不直接接受保险业务或出具保险单，所有的保险业务都通过劳合社的会员，即劳合社承保人单独进行交易。劳合社只为其成员提供交易场所，并根据劳合社法案和劳合社委员会的严格规定对他们进行管理和控制，包括监督他们的财务状况，为他们处理赔案，签署保单，收集共同海损退还金等，并出版报刊，进行信息收集、统计和研究工作。

劳合社承保人以个人名义对劳合社保险单项下的承保责任单独负责，其责任绝对无限，会员之间没有相互牵连的关系。劳合社从成员中选出委员组成委员会，委员会在接受新会员入会之前，除了必须由劳合社会员推荐之外，还要对他们的身份及财务偿付能力进行严格审查。例如，劳合社要求每一名会员都具有一定的资产实力，并将其经营保费的一部分（一般为 25%）提供给该社作为保证金，会员还须将其全部财产作为其履行承保责任的担保金。另外，每一承保人还将其每年的承保账册交呈劳合社特别审计机构，以证实其担保资金是否足以应付他所承担的风险责任。根据劳合社的委托书，承保人所收取的保险费由劳合社代为收取。

劳合社作为一个商业保险组织，仅接受它的经纪人招揽的业务。换句话说，劳合社的承保代理人代表辛迪加不与保险客户直接打交道，而只接受保险经纪人提供的业务。保险经纪是技术性业务，经纪人是受过严格训练的专家，他们精通保险法和业务，有能力向当事人建议何种保险单最能符合其需要。客户不能进入劳合社的业务大厅，只能通过保险经纪人安排投保。经纪人在接受客户的保险要求以后，准备好一些投保单，上面写明被保险人的姓名、保险标的、保险金额、保险险别和保险期限等内容。保险经纪人持投保单寻找到一个合适的辛迪加，并由该辛迪加的承保代理人确定费率，认定自己承保的份额，然后签字。保险经纪人再拿着投保单找同一辛迪加内的其他会员承保剩下的份额。如果投保单上的风险未"分"完，他还可以与其他辛迪加联系，直到全部保险金额被完全承保。最后，经纪人把投保单送到劳合社的保单签印处。经查验核对，投保单换成正式保险单，劳合社盖章签字，保险手续至此全部完成。

1906 年，英国国会通过了《海上保险法》，规定了标准的保单格式和条款。由于它源于劳合社，又被称为劳合社船舶和货物标准保单，被世界上许多国家公用和沿用。

3. 其他保险业务的崛起

1911 年，英国议会取消了对劳合社经营范围的限制，允许其成员经营一切保险业务。这直接促进了劳合社的大发展，其经营范围不断扩大，业务创新日新月异，创造了许多世界第一。在历史上，劳合社设计了世界上第一张盗窃保险单，为第一辆汽车和第一架飞机出立保单，也是计算机、石油能源保险和卫星保险的先驱。劳合社设计的条款和保单格式在世界保险业中有广泛的影响，其制定的保险费率也是世界保险业的风向标。

多年来，劳合社承保的业务包罗万象，几乎无所不保。其成员的承保业务大体分为水险、非水险、汽车保险、再保险和航空航天保险几大类。劳合社对保险业的发展，特别是对海上保险和再保险作出的杰出贡献是世界公认的。

劳合社是一个类似于交易所的法人组织，由劳合社团体组织和董事会进行管理。用来开展保险业务和再保险业务的资金均由投资者提供，这些投资者称为劳合社会员，每个会员的资本金为 25 万英镑，众多会员可以组成一个承保集团即承保辛迪加，承保集团由经理人代表会员从事保险业务。

在 1994 年以前，劳合社的承保人都是自然人或称个人会员。承保人按承保险种组成不同规模的承保辛迪加组合。组合人数不限，少则几十人，多则上千人。每个组合中都设有积极承保人，又称承保代理人。承保代理人代表一个组合来接受业务，确定保险费率。这种组合并非合股关系，每个承保人各自承担的风险责任互不影响，没有连带关系。

根据劳合社的传统，代表每个会员承保的业务份额均由每个会员负全部责任。在20世纪70～80年代，劳合社会员大量增加，在1988年鼎盛时期会员达到32433个。但是到了1995年会员下降到14704个，其中83%以上的会员是英国居民，其余会员是来自美国和欧盟的投资者。一般来说，会员只负责投资，让经理人和代理人做业务；但也有3200个会员，自己做业务而不聘请代理人做业务。1995年，劳合社承保集团有170个，每个承保集团大约有100个会员。承保集团只通过获得劳合社资格的经纪人来接受业务，经纪人在摊位上可以面对面地同承保人进行交谈，将一笔保险业务的具体情况向承保人介绍，承保人根据经纪人介绍的情况决定是否承保这笔业务。

4. 劳合社保险市场的承保业务及其改革现状

劳合社由其社员选举产生的理事会来管理，下设理赔、出版、签单、会计、法律等部门，并在100多个国家设有办事处。该社为其所属承保人制定保险单、保险证书等标准格式，此外还出版有关海上运输、商船动态、保险海事等方面的期刊和杂志，向世界各地发行。

"劳埃德"现在是一个依法组成的特殊形态的公司法人，但其古老的承保立法仍保留至今，它的成员还是个人承担风险，即用其个人的全部资产去承担风险，并且以同样的方式经营保险业务。英国海上保险业的发展逐渐成为世界海上保险的中心，劳埃德对保险和保险法发展的影响是非常大的。例如，标准的劳埃德海上保险单被后来制定的《1906年海上保险法》作为法定的保险单，至今仍在普遍有效地使用。

1994年，劳合社的业务经营和管理进行了大刀阔斧的整顿和改革，允许接受有限责任的法人组织作为社员，并允许个人社员退社或合并转成有限责任的社员。因此，改革后的劳合社，其个人承保人和无限责任的特色逐渐淡薄，但这并不影响劳合社在世界保险业中的领袖地位。

此后，劳合社允许公司资本进入该市场，出现了公司会员。同时，个人会员的数量连年递减，而公司会员的数量则逐年递增。据1997年底至1999年底的统计数字，劳合社个人会员的数目分别为6825名、4503名和3317名，而公司会员的数目分别为435名、660名和885名。

至 1996 年，劳合社约有 34000 名社员，其中英国 26500 名，美国 2700 名，其他国家 4000 多名，并组成了 200 多个承保组合。劳合社的每名社员至少要具备 10 万英镑资产，并缴付 37500 英镑保证金，同时每年至少要有 15 万英镑的保险收入。劳合社历来规定每个社员要对其承保的业务承担无限的赔偿责任，但由于劳合社近年累计亏损 80 亿英镑，现已改为有限的赔偿责任。

1994 年，劳合社会员运行机制发生了很大变化。首次允许 25 家公司投资者，包括 12 家上市投资公司进入劳合社，成为劳合社会员，独立承保保险业务，它们已缴资本金 9.04 亿英镑，使劳合社公司投资者和法人的承保能力上升为 15.95 亿英镑。1995 年，又有 28 家公司投资者，包括 4 家上市投资信托公司成为劳合社会员，它们已缴资本金 3.31 亿英镑，使劳合社公司投资者的承保能力上升为 23.6 亿英镑，占劳合社总承保能力的 23%。在 53 家公司投资者筹集的 12.35 亿英镑当中，只有 0.34 亿英镑与劳合社有关。因此，将公司投资者加入劳合社的做法取得了巨大成功，吸引了 12 亿英镑的资本进入劳合社市场。

在 21 世纪的今天，劳合社仍然是海险和航空险的主要国际中心，这两大业务占劳合社市场保费收入的 32.5%。而在 1987 年，占 43.5%，外国直接和临时分保的非水险业务占 22.9%，非水险合同分保占 20.6%。余下的 24% 是英国非水险业务，其中一半是英国国内的汽车险业务。

§3 从小报童到一代保险巨头

美国联合保险公司董事长、亿万富翁克里蒙·斯通是一位传奇式人物。您想知道，他是如何由一名小报童发迹为保险巨头的吗？请看克里蒙·斯通的成功之路——

1. 相依为命的孤儿寡母

1902 年 5 月 4 日，克里蒙·斯通降生于芝加哥市的一个贫苦家庭。不久，其父又因病离开了人世。孤儿寡母从此不得不相依为命，艰难度日。为了生计，斯通的母亲曾做了多年的缝纫工，常常累得腰酸腿疼。

为了减轻妈妈的负担，机灵的小斯通很早就开始了卖报生涯。他总是在人群中钻来钻去，机智熟练地兜售各种报纸，并能在与同伴的地盘争执中经常获胜。

2. 小报童改卖保险单

斯通的母亲很会勤俭持家，也很有经济头脑。几年后，她省吃俭用积攒了一小笔钱，并全部投向了底特律的"健康—意外伤亡保险公司"。稍后，她也成了这家保险公司的推销员。

就在斯通参加完高中升学考试后的那年暑假里，母亲说服他改卖保险单。按照母亲的指点，斯通来到一幢办公楼前，但从何开始呢？这个未成年的孩子有些害怕了。但一想到母亲的热切期望，想想当报童时的勇气和胆量，他就镇定下来了，并毅然走进了那幢办公楼。

斯通沿楼而上，逐层逐间拜访，劝说人们购买意外伤害保险。他甚至不敢有片刻的停留，唯恐畏惧感会乘虚而入。他跑遍了整个办公大楼，并最终争取到了两位保险客户。这两位客户虽算不了什么，但对斯通来说却至关重大，因为他们造就了一座人生里程碑和一颗耀眼的保险新星。

初试成功，令斯通信心大增。随着推销次数的增加，他的经验越来越丰富，销售兴趣也越来越浓。只要一有空，他便去拉生意。顺利时，他一天能拉十几个甚至 20 多个客户，当然所得佣金也相当可观。

3. 年轻的百万富翁

正当斯通在保险推销界崭露头角时，学校的校长奚落了这位比自己收入还多的学生。斯通一气之下退了学，专为母亲所在的保险公司搞推销。此时，这个十多岁的孩子，每天竟能在底特律拉到 30 位至 40 位客户，显示了自己卓越的保险推销天才。

斯通刚满 20 岁，便只身回到老家芝加哥，开始雄心勃勃地创业。他在此设立了仅有他一人，取名为"联合保险代理公司"的公司。公司开张的头一天，生意即很火爆，竟有 50 多人投保。此后，该代理公司的生意越来越好，信誉也越来越高，有一天居然拉到了 120 多位客户，简直令人难以置信。

在斯通的精心经营下，公司的营业范围越来越大，客户数量越来越多，人手不够成了主要问题。于是，他通过公开招聘，从临近各州选用了几名推销员。随后，他又在印第安纳州和威斯康星州设立分支机构，开展保险业务。再后，又在附近各州设点征聘推销员。到 20 世纪 20 年代末期，已有 1000 多名保险推销员为他工作。为了强化监管，斯通先后任命了各州分支公司的负责人及区域性总负责人。自此，公司经营局面已基本在全美打开了，此时的他还不到 30 岁。

就在斯通的保险代理公司蓬勃发展之际，美国发生了空前的经济危机，这对保险业打击很大。许多代理人对不景气的保险市场失去了信心，纷纷要求辞职。斯通便对其言传身教，激励员工士气。他不仅告诉员工两条成功的秘诀，这就是：第一，当遇到麻烦或处于困境时，若能用决心和乐观的态度来对待，必有利益可得；第二，推销能否成功并不完全依赖于市场的好坏，关键在于推销员的态度是乐观进取还是悲观失望。他还亲自实践，带头赴纽约推销保险。后来，斯通的推销员虽只剩下 200 余人，但他们却完全掌握了"积极乐观的工作态度"法，工作业绩居然比 1000 多人时还要多。到 20 世纪 30 年代后期，年仅 36 岁的斯通已是远近闻名的百万富翁了。

4. 自立门户，成就大业

成为百万富翁之后，斯通并未满足，而是决定成立自己的保险公司，大干一番事业。

那时，正赶上经营不景气的宾夕法尼亚伤亡保险公司准备出售，售价为 160 万美元。对斯通来说，这是个千载难逢的好机会，但他却没有那么多钱。怎么办呢？聪明的斯通采用向保险公司的所有者——巴尔的摩商业信用公司贷款的办法，解决了资金的不足，实现了自己的夙愿。

斯通买下宾夕法尼亚伤亡保险公司后不久，即将其改名为美国混合保险公司。起初，该公司的经营规模并不大，但在他的精心经营管理下，公司规模日益扩大，经营范围越来越广，分支机构不但遍及美国，而且扩展到了海外，成为一家跨国保险公司。到 20 世纪 90 年代，该公司已拥有 5000 多名推销员，而且他们受"积极乐观的工作态度"的影响，干得都很出色，并有 30 多名员工跨入百万富翁行列。该公司的年业务收入达数十亿美元，公司总资产上百亿美元。

5. 多种经营，聚财有方

斯通除主营保险业外，对利润高的其他行业也很感兴趣。早在 20 世纪 50 年代中期，他就积极实施多种经营战略，与他人共同创立了"阿波特·柯维尔"化妆品公司。该公司后来发展极快，到 20 世纪 60 年代末，斯通投资的数十万美元股金已增值到 3000 万美元了。

在推销保险之余，斯通也推销自己的思想信念及使人成功的方法。他先后写作并出版了《以积极的精神态度获得成功》《永不失败的成功之道》，两本书都很畅销。1960 年，他还斥巨资买下了霍斯恩出版公司，并创办了《无限成功》杂志，成功地进入了出版领域。至此，斯通已身兼三职——美国混合保险公司董事长、霍斯恩出版公司董事长及阿波特公司董事，成为富甲一方的大老板。到 20 世纪 70 年代，他已拥有 4 亿美元的个人资产，成为美国最富有、最成功的人士之一。他的成功完全归功于他的那股闯劲以及坚忍不拔和乐观向上的工作态度。

§4 唐廷枢：中国民族保险业之父

唐廷枢是我国近代著名实业家，洋务运动的领军人物之一，也是中国民族保险业的开拓者。当他走完 60 年人生的时候，洋务派领袖李鸿章在悼词中赞叹："中国可无李鸿章，但不可无唐廷枢。"

1. 渔村出生，香港求学

唐廷枢，号景星，亦作镜心，1832 年 5 月 19 日生于广东珠海唐家镇唐家村一个普通的农家。靠海的唐家村临近澳门，是当时我国海上贸易兴起的地方。世代依靠种地为生的唐家镇人，受到海外商业文明的洗礼——他们或经商或外出打工，生活很快发生了巨大改变。

唐廷枢的父亲唐宝臣是个耿直憨厚的农民，他虽没有灵活的经商头脑，但很能吃苦。为了拉扯七口之家，他找到香港马礼逊教会学堂，给校长、美国牧师布朗先生当听差。给洋人打工风险不大，收入也稳定，唐宝臣就想让自己的几个儿子走自己的路。唐宝臣在当听差的生涯中长了些见识：明白没有文化、不懂英语就干不成大事，知识比金钱重要。基于此，他一门心思想要让几个儿子到马礼逊教会学堂来读书。他跟校长谈了自己的想法：想签下8年的劳动合约，用当听差的薪水抵学费，让两个儿子到马礼逊学堂读书。布朗校长很欣赏他的远见，二话没说就同意了。随后，10岁的唐廷枢和15岁的哥哥唐廷植成了布朗的第一批弟子。

布朗校长的第一批学生只有6个人，他们后来都很有出息，大多成为政界或商界翘楚。其中，6人中的容闳成为中国第一位留美博士，有"中国留学生之父"的美誉。容闳曾回忆当时读书的情景："校中教科，为初等之算术，地理及英文、国文。英文教课列在上午，国文教课则在下午。予惟英文一科，与其余5人同时授课，读音颇正确，进步亦速。"布朗是毕业于美国耶鲁大学的教育家，仅6年时间，他就用全新的教育方法，给6位学生打下了牢固的英语及西学基础。唐廷枢曾感慨道："我的成功得益于曾经受过彻底的英华教育。"

2. 白手创业，领袖商界

16岁的唐廷枢从马礼逊学堂毕业后，因为家庭经济状况不好，没有和容闳一起赴美留学，而是走上了给洋人打工谋生之路。唐廷枢虽然没有再上过学，但凭借这6年的根基和勤奋，他在商界干得风生水起，并成为中国买办第一人。

唐廷枢先在香港一家拍卖行当了3年助手，转而在英国人开设的巡理厅做了7年翻译。其间，他凭借所学的知识和哥哥唐廷植共同编写了中国第一部汉英词典《英语集全》，该词典分为天文地理、日常生活、工商业、官制、国防、买办问答6卷，并用粤语作了注音。后来，他在香港投资开设了两家当铺，积累了不少商业经验。

1858 年，唐廷枢又来到上海发展，担任了 3 年海关关员，并被提升为海关总翻译。经过 13 年的历练，唐廷枢已在拍卖行、巡理厅、海关等处，学到了许多法律、商贸、经营管理等知识。于是，他开始不满足自己的现状，积极寻求更广阔的发展之路。这时，唐廷枢已积累了一定资本，也熟悉了上海的环境，就开始独立经营修华号棉花行，利用海关工作的业余时间，代理洋行收购中国的棉花。

1861 年，还在上海海关任职的唐廷枢，就与怡和的经理惠代尔关系密切，开始为怡和代理长江一带的揽载生意。当时怡和洋行在上海因其规模最大被称为"洋行之王"，经营进出口贸易、长江和沿海航运及纱丝等众多业务。1863 年，唐廷枢正式受雇怡和洋行，担任总买办。1863~1872 年，唐廷枢在怡和洋行买办的位子上干了 10 年，为怡和打理库款、收购货物、经营航运和地产等业务。

在怡和洋行工作的这段时间，精明的唐廷枢在商界建立了更广泛的人际关系。除了给怡和打工，他还拓展了自己的生意——在上海与人合伙开了 3 家茶庄，成立了自己的事务所，并投资了一些以怡和洋行为主的外商在华企业的股份。1867 年，唐廷枢非常看好新兴的保险业的发展前景，积极投资于怡和洋行经营的谏当保险公司。该公司的前身是中国第一家保险公司谏当保安行，1805 年创设于广州。

在怡和工作的 10 年，唐廷枢凭借左右逢源的人际关系及精到的商业实务和法律知识，成为了上海滩华商界的领袖人物，当时怡和洋行在其出版的小册子中感叹道："唐廷枢是中国第一位现代买办。"

3. 实业救国，执掌招商局

虽然唐廷枢在上海滩已颇有威望，但步入不惑之年后，在别人赞许的目光中他却感到了一种孤独和凄凉。洋行生意的兴隆映照的是中华国势的日渐衰竭，他深切地感到自己再富足也不过是寄人篱下，贫弱的国家让人生失去了尊严。于是在"第一买办"的位子上，唐廷枢挂名退隐，闭门博览经史，准备实业救国。

　　恰在此时，为了收回我国江海利权，直隶总督兼北洋通商大臣李鸿章授命沙船业巨商朱其昂，在上海组建中国第一代民族工商企业——轮船招商局。1873 年 1 月，招商局在上海成立，其对外启事表明了招商局的追求："潮流如斯，势难阻遏。中国唯有急起直追，自行设局置轮，以维航业而塞漏卮。"

　　招商局起步时异常艰难，在美国旗昌、英国太古和怡和等当时中国轮船业霸主的竞争和挤压下，招商局很快就面临资金断裂、生意枯竭而濒临破产。急火攻心的招商局总办朱其昂，不得不求助唐廷枢出山接替自己执掌招商局。请唐廷枢出山之初，李鸿章的心腹、时任招商局会办的盛宣怀有些不以为然。当朱其昂向他介绍了唐廷枢的财力和才能后，盛宣怀不得不佩服，并火速奔往天津将朱其昂举荐唐廷枢的信函面呈李鸿章。此信正合李鸿章的心意。于是，李鸿章就任命唐廷枢为招商局总办。

　　唐廷枢的确是执掌招商局的最佳人选：第一，他在多年的商海拼搏中已积累了巨额资本，在全国主要商埠都有自己的商行。第二，他还是公正、北清两家轮船公司的华董，并与怡和洋行组建了华海轮船公司，是该公司最大的股东之一并任襄理。他自己还投资购买了 6 艘轮船行驶在沪津、沪汉、沪宁等航线上，是航运界大佬和商界旗手。第三，他在华商中的威望还使其在吸收社会资本方面有着巨大的号召力。第四，他知己知彼。赋闲在家时依旧关注着商海变幻，对招商局的软肋和潜在优势了然于胸。多年的买办生涯使他对招商局的主要竞争对手了如指掌，见招拆招，占得竞争先机。第五，唐廷枢退隐的本意就是以退为进，招商局的召唤正合了他一展宏图、实业救国的心愿。

　　唐廷枢执掌招商局后，立即抓住招商局官督商办的体制特色，坚持两条腿走路，业务发展蒸蒸日上。一是借助"官督"的背景，游说政府指令性发文承接长江漕运业务，为航运业务的来源打下了基础，并多方活动，获得政府拨款，缓解了资金困境。二是借助自己在商界的影响力，描绘招商局的发展前景，以优厚回报吸引全国巨商富贾入股。到 1874 年，实收股金 47 余万两白银，一改招商局成立一年来股本金不足 20 万两白银的低迷局面。1881 年，招商局募足股本 100 万两白银，次年又增募 100 万两白银。

　　短短几年的时间，招商局就脱胎换骨，相继创办了中国第一家民族保险企业、中国第一条国产铁路、中国第一家机械煤矿、中国第一家水泥厂、中国第一辆自产火车、中国第一家医院，这些都与唐廷枢的名字相连。同时，招商局旗下的企业运作规范、管理到位、效益倍增，真正有了"招商"意味。而且使招商局成为中国第一家股份制企业，其股票还可转让及公开发行，开创了中国股市的先河。

唐廷枢在洋行的工作经验，使其意识到招商局要想壮大必须有制度保证——因为制度是企业经营的生命线。唐廷枢效仿西方股份制模式，在募股书上对资金使用、盈利、回报等项作了明确的规定，制定了《轮船招商章程》和《轮船招商局规》，为中国最早的民族企业创设了现代企业制度的雏形。

最过瘾的是，唐廷枢还与外商轮船公司正面接火，直接展开竞争。外国轮船公司本来在中国的航运业中占据着绝对的垄断地位，轮船招商局创办之后，依靠政府的支持，于1877年以220万两白银收购了美国旗昌轮船公司的产业，船只由12艘增至30余艘。外国的轮船公司于是联合起来抗议，以削减运价来恶意挤压招商局。唐廷枢见招拆招，借助李鸿章的政治势力和经济资源巩固了市场，迫使外国轮船公司不得不与上海轮船招商局达成协议，协同价格。在唐廷枢的科学运筹下，迅速崛起的招商局在外商航运巨头面前有了话语权。

4. 亲自挂帅，开拓民族保险业

唐廷枢入主招商局后，令他颇感头疼的是招商局的船舶和货物运输保险。当时，中国的保险市场完全由外商掌控。1865年，与怡和洋行关系密切的华商"德盛号"虽曾在上海开设了义和保险公司，但只是在《上海新报》上刊登了启事，并无资本实力践行自己"请至本行取保，绝不致误"的理想，不久便没了声息。

唐廷枢多年操持航运业务，深知招商局时刻不能脱离保险。可外商保险公司的投保条件实在苛刻：一艘购置成本10万两白银的船舶外商只限保6万两，超过部分只能自保，且保费按月"一分九扣"，也就是说年费率高达12%。如此高费率意在打压中国企业，在唐廷枢看来无异于敲诈勒索。

李鸿章筹划招商局之时，就曾设想华商要自建行栈、自购轮船、自筹保险，并计划在招商局有了保险公司后，不仅可自保轮船，也可兼保他船。此时的唐廷枢感到"自筹保险"不能再迟疑了，必须立即着手自办保险公司，以解燃眉之急。

面对缺失保险的危局，经过和招商局的高管商议，报经李鸿章批准，唐廷枢决定仿照招商局模式，集股招商，组建保险招商局。先在上海、镇江、九江、汉口、宁波、天津、烟台、营口、广州、福州、香港、厦门、汕头开展保险业务，进而计划在台北、淡水、鸡笼（基隆）、打狗（高雄）、新加坡、吕宋、西贡、长崎、神户、大阪、箱馆（北海道函馆）铺开。

1875 年 4 月发生的招商局"福星"轮惨案，加快了保险招商局的设立进程。招商局购价 7.4 万两白银的"福星"轮，在黑水洋（黄海一带）被怡和洋行的"澳顺"轮撞沉，致 63 人溺亡，7200 多担漕粮和客商物资灭失，因招商局船只没有保险，财产损失 10 余万两白银，人身赔偿 2.4 万两白银。这一惨重损失，近乎吞噬了招商局当时五分之一的本金。

1875 年 11 月 4 日，在唐廷枢紧锣密鼓的操持下，保险招商局终于在《申报》告白天下："窃惟保险之设，起自泰西。不论船货房屋等项，均可按价立限其保，早有成规。在物主所出不及一分之费，即能化险为夷。惟中国于保险一事向未专办。现在轮船招商局之船货均归洋行保险，其获利既速且多，是以公司集股由唐景星、徐雨之二君总理其事，设立保险招商局，仿照各保险行章程办理……"保险招商局由招商局掌控，其股本为 1500 份、15 万两白银，全部存在招商局，由其统筹使用，每年按 15% 付息，各项保险业务则委托招商局及其分支机构代理。

保险招商局的成立，是中国保险业界开天辟地的一件大事。初期虽然势单力薄，但完全终结了外商公司的保险垄断，遏制了其经济掠夺，掀开了中国民族保险业发展的崭新一页。上海英国领事麦华陀在 1875~1876 年商务年度报告中提到：去年（1875 年）保险业有两件大事值得注意，一是英国保险公司的主要竞争对手中日水险公司退出市场；二是与招商局有隶属关系的华商保险公司成立，该公司的成立加大了市场供给，促使一些外国公司退出竞争。

保险招商局开业半年后，由于唐景星、徐雨之经营有方，生意兴隆、利润丰厚。随着保险业务的不断增加，其承保能力难以满足市场需求，大量业务外流、利益旁落。据史载，当时每艘船舶价值10万两白银左右，保险招商局只能承保1万两白银船身和3万两白银货物；后随增到2万两白银船身4万两白银货物，但距足额承保相差甚远，溢额部分须向外商分保，但外商只分保标的价6成，其余风险还得招商局自行承担。为了提高保险招商局的承保能力，唐廷枢决定改组保险招商局，在保险招商局的基础上再融资扩股25万两白银，组建更大规模的保险公司——仁和保险公司，该公司只经营水险业务，承保范围为船舶险和货运险。

因仁和保险公司只保水险不保火险业务，招商局的码头、栈房和货物的财产保险仍需向外商投保，并受其刁难、制约。为了解决这一问题，唐廷枢又招股50万两白银创设了济和船栈保险局，专保仁和公司的溢额保险和招商局的码头、栈房和货物的财产保险。1878年3月，济和船栈保险局改称济和水火险保险公司。这样，仁和、济和两家保险公司的总股本达到75万两白银，大大增强了民族商业保险的生存及竞争能力，迫使外国保险公司纷纷降低了保险费率。之后的几年里，两家保险公司的业务逐渐扩展到海外，获利丰厚。由于仁和、济和的实力逐渐雄厚，外商保险公司刁难华商的行为大为减少。

招商局所属的保险公司步入正常经营后，唐廷枢受李鸿章的委托，以招商局总办的身份到唐山开始筹办开平矿务局。1885年以后，唐廷枢完全脱离招商局，专心经营开平煤矿。1883年爆发的中法战争引起了上海金融风潮，招商局陷入了非常拮据的处境，仁和、济和两家保险公司也深受影响。为重振雄风，1886年2月，仁和、济和两家公司合并为仁济和水火保险公司，股款仍旧存于轮船招商局。合并后的仁济和水火保险公司，其资本金达规银100万两，相当于现在2亿多元资本金。到了1893年，保险招商局自保船险公积金就已达到118.6万两白银，经营盛况可见一斑。然而，从1888年起，轮船招商局由"官督商办"进入"官办"阶段。仁济和水火保险公司作为民族保险史上第一家颇具规模的大型保险公司，业务发展开始走下坡路。到了1920年，轮船招商局因经营不善亏银达2000万两。由于仁济和水火保险公司大部分资金滞留在轮船招商局，严重影响了它的经营，业务慢慢萎缩，最终于1934年10月停业。

1892 年 10 月 7 日，唐廷枢在开平矿务局总办任上去世。当时上海最早的英文报纸《北华捷报》感叹道："他的一生标志着中国历史上的一个时代……他的死，对外国人和对中国人一样，都是一个持久的损失。"

§5 南国保险大王——李煜堂

李煜堂，名文奎，字煜堂，亦作郁堂。中国近代著名实业家、保险大王及革命先锋。

1. 出洋经商，实业救国

1851 年，李煜堂出生于有海外经商传统的广东省台山市，在家中排行第四，全家世代以经商为生。

1868 年，年满 18 岁的李煜堂即随父兄出洋经商，其兄弟七人均以经商为生，并在美洲相继致富。早年在美洲的李煜堂，时刻留心观摩西方人的经营之道，同时积聚了不少资金。

李煜堂虽然出洋经商，但其内心依然充满对祖国的挚爱，时常浏览中外书报，关心祖国时局，并尝试通过各种实业方式来拯救处于水深火热之中的中国。李煜堂进入中年后，返回香港继承父业，继续经营参茸药材业，创办了金利源、永利源两家药材行。1890 年至 1904 年，香港中区填海后新建的利源东街、西街，即取名于李煜堂的金利源和永利源之名。

之后，李煜堂经营的业务逐步拓展到多个领域，他先后兴办了广州电力公司、河南机器磨面公司、汉口穗丰纺织公司、哈尔滨置业公司及泰生源出入口货行；还相继投资设立了香港广东银行（任董事长）、上海新新百货公司（任董事）、大中华股份有限公司（任董事）、康年储蓄银行以及多家保险公司等，实行多元化经营，成为实业救国的楷模。

在经商之余，李煜堂仍十分关心国家大事，热心社会公益事业。他曾多次捐助广东教育、交通、慈善事业，创办了岭南大学及肇医院。同时，李煜堂的各项生意打理得有声有色，渐渐成为富甲一方的香港首富、商界巨擘。

2. 创办保险，誉满东亚

李煜堂的发展实业计划里，最具全国影响力的就是开拓保险市场，创办多家保险公司。

广州、香港是外资保险业进入中国保险市场的桥头堡，也是中国保险业的发起之地。中国大地上最早的两家保险企业，就是 1805 年设立的谏当保险行（又称广州保险会社、谏当保安行、谏当水险公司等）和 1835 年设立的於仁洋面保安行（又称友宁保险行）。这两家保险公司的设立，拉开了近代外资保险控制中国保险市场达一个半世纪之久的大幕，也成就了英商保险业在华一个世纪的霸主地位，最多时有近 130 家英商保险公司在华营业。

英文的"保险"最早音译为"燕梳"（insurance），因此，广东、香港一带多以"燕梳"对保险公司冠名。在半殖民地半封建社会的旧中国，保险业操纵在外国人手中，即使"保"了仍有"险"。据当时报载，广州东堤有一家"广舞台戏院"，这是一家华侨投资的大剧场，有转动舞台，2000 多个座位，是当时一流的戏院，这自然成为各保险公司争相承保的对象。"边尔佛素火险燕梳公司"多次劝说其投保，"广舞台戏院"邓老板口出狂言说："只此'广舞台'三字也值得购买燕梳 3 万元。"于是，便认购了 3 万元火险。后来"广舞台"毁于一场火灾，只留下门口"广舞台"的招牌没有被烧毁。"边尔佛素火险燕梳公司"拒绝赔偿，说什么"你购买的是'广舞台'招牌保险，现在招牌没有烧去，不能赔偿"。这成为近代广州保险业的一桩"悬案"。

由于洋商保险多次失信，李煜堂等华商便开始谋划自筹保险。

1902 年前后，李煜堂在香港创办了联益互保火险兼洋面燕梳有限公司。1905 年，他又在广州酒米业中创办了火险联保。受国内反帝爱国运动的鼓舞，香港商民爱国主义觉悟有所提高，加之华资保险机构的保险合同简便易懂，收费低廉，投保者又可以成为股东之一而参与分红，因而一般商户多乐意购买。李煜堂抓住了民族保险业发展的黄金机遇，随后又相继创办了康年保险公司、联泰保险公司、羊城保险公司、联保保险公司等多家保险公司，其分店遍布国内各口岸及南洋诸岛，颇具规模。李煜堂也因此赢得南国"保险大王"的声誉。正是在像李煜堂这样有远见的实业家的极力扶持下，香港、广州的民族资本保险业曾经盛极一时，一直维持到抗战爆发前夕。

1913 年 9 月，李煜堂、伍耀庭、林护人等共同发起，于广州创设了羊城水火保险有限公司（又称羊城保险置业）。其资本总额为 100 万港元，分为 20000 股股份，每股 50 港元。董事长林护，总司理李苑生。经营水火险兼置业按揭。该公司先后在香港、新加坡、哈尔滨、仰光、上海等地设有分公司，在吉隆坡、石岐、汕头、江门、梧州等地设了代理处。

1915 年 1 月，由李煜堂以广东银行为主筹资，李自重、伍耀庭、李葆葵、黄茂林、陈任国共同发起，于香港创立了上海联保水火险有限公司。3 月 23 日，公司在香港注册，资本总额原拟筹 300 万元英洋（分 12 万股，每股 25 元英洋），实收 143 万元英洋，分 57200 股。总公司设在香港德辅道中，李煜堂任董事会主席兼总司理。在上海、汉口、天津、大连、广州、仰光、哈尔滨开设了分公司，镇江、九江、杭州、烟台、青岛、威海、威海卫、一面坡、龙口、辽宁、营口、长春、吉林、大黑河、公主岭、郭家店、范家屯、安东、富锦、珠河、黑龙江、海拉尔、满洲里、阿什尔、普兰店、卅里堡、富尔基、金州、泰安镇、三岔河及新加坡等地设立了代理处。1920 年，其上海分公司在实业部注册，经营水火险、船壳险、汽车险等业务。1927 年，上海联保水火险有限公司的总公司迁到上海。李煜堂去世后，其子李自重任总司理，直到上海解放时停业。

联泰水火保险有限公司，由李煜堂、李葆葵、黄耀东、李荣生共同发起，创设于香港，总经理谭焕堂，资本总额 150 万元国币，总公司设在香港德辅道中，下设了上海、广州等分公司。经营水火险、船壳险、汽车险等，总经理谭永业，副经理黎树芳。

李煜堂以个人的多元化经营理念和创建保险公司的实践，客观上推动了早期民族保险业的发展。他的保险思想以及成败得失，可以为我国现代保险事业的发展提供有益启示。

3. 父子上阵，革命先锋

1900 年，受孙中山"驱除鞑虏，恢复中华"革命思想的影响，李煜堂特命

18 岁的儿子李自重东渡日本留学，初在大同学校就读。不久，李自重听说孙中山创办了一所中华学校，专门吸收旅日华侨子弟入学，宣传革命道理，便与友人冯自由（后为李煜堂的女婿）到该校谒见孙先生，要求入学，得到允准，很快成为孙中山所倚重的年轻骨干。李自重 1904 年加入同盟会时，孙中山亲自主持了"问心事"仪式。

1905 年，孙中山派李自重和冯自由返回香港，并任命他俩为省港澳同盟会的主盟，以打开革命局面。李自重返港后发展其父为会员，以医疗工作为掩护，秘密从事革命党的后勤和联络工作。其间曾于九龙创办光汉学校，以军事教育为主。受其影响，全港兴起习武之风，他也因此被港英当局驱逐出境。同年，美国颁布禁止华工入境条例，广东人冯夏威在上海美国领事馆前自杀表示抗议，这激起了全国民众的义愤。远在香港的李煜堂利用其影响力，联络广州、香港工商学报界组织拒约会，公开支持抵制美货运动，努力争取华人地位。在运动中，又联合何启、曹善允等与美商代表谈判，并达成"十二条款"草案，最大限度地保护了香港华人的利益，表现了李煜堂的爱国情怀。

李煜堂父子对革命事业义无反顾，既出资又出力。1906 年，革命党的唯一机关报《中国日报》因受保皇党人控制，几濒停业，经陈少白、冯自由之请，李煜堂出资购买该报，使它得以维持。1910 年，广州新军战斗失败，革命党人受到当地政府的严密监视，李煜堂就把他在香港的金利源药材老店作为革命的秘密联络点。1911 年初直至年底南京国民政府成立期间，所有海外的党部汇款都是由金利源药店代为筹集的。广州黄花岗起义前夕，李煜堂曾为孙中山一夜筹集 80 万元军费，并于第二天立刻送往广州。这期间，还有不少革命者带着枪弹等军械藏身于他的药材店中，得到掩护，而李煜堂处变不惊，继续做他的生意。辛亥革命爆发后，广东光复，李自重与后来的台山县县长李海云在当地发展革命组织，扩大同盟会，成为了广东革命发展的重要力量。

民国政府成立后，李煜堂被推举为广东财政司司长，李自重一度担任广东财政司收课课长。不久，父子俩因"志不在政"，随后专心致力于创办实业，在香港社会团体及相关行业里充任要职。但这并非李煜堂父子革命行动的句号，他们在经商的同时，仍十分关心国家大事。在随后的讨袁运动、护法运动、北伐革命中，李煜堂父子都积极联络港商，筹集巨额款项，继续扶持孙中山领导的革命事业；他因此兼任了大元帅府参议、总统府参议、中央财政委员会委员等要职。

1931 年"九一八"事变后，年届八旬的李煜堂被选为国难会议议员。日军的大举侵略深深触动了他。据冯自由记载，"每天，他游走于港商华侨之间，演说至于声嘶力竭，病几不起。他募集巨款不少于二百万元，接济义军。因日夕奔走，积劳成疾。然而，卧床间，李煜堂依旧不忘国事，常常询问日军侵占到何处，并嘱告当局勿忘东北四省。" 1932 年"12·8"事变发生，他又积极筹巨款支援抗日义军。

1936 年，李煜堂病逝，享年 85 岁。民国政府以"振兴实业，赞助革命，输财济饷，筹策匡时"予以褒扬。

§6 中国保险业的三朝元老——过福云

1871 年 12 月 3 日，过福云出生于江苏省武进县横山万庄，是锡山过氏横山派 25 世孙。过福云一生从事保险事业七十余年，实现了他为民族保险事业奋斗终生的愿望。以其从事保险事业的时间和对民族保险业发展的贡献，堪称中国保险业的三朝元老。

1. 清末最年轻的华人保险从业者
早在 1888 年 8 月，不足 17 岁的过福云就开始在上海怡和洋行保险部工作，成为最早、最年轻的华人保险从业者之一。由于过福云为人诚朴、勤奋努力而逐渐晋升，1894 年，业务过硬的过福云被该公司聘为顾问。

1909 年，上海华通水火保险公司鉴于南洋群岛是华人侨居集中地，口岸通商发达，经济基础好，有必要拓展保险业务。于是，特聘过福云赴南洋创立华通水火保险公司新加坡分公司，并任总经理，统辖马尼拉等菲律宾各地业务。此后 5 年，过福云辛苦奔波于南洋各岛屿之间，积极开拓当地各国的保险业务。

5 年间，他呕心沥血，先后筹设分支公司和代理机构 20 余处，使华通水火保险公司成为中国第一家面向海外发展业务，且有较大国际影响的华商民营保险公司。1914年第一次世界大战爆发后，华通保险公司损失惨重，仓促决定撤出南洋市场。同年，该公司退出保险同业公会，不久即停业。

2. 民国时期的保险风云人物

1914年，过福云自南洋返回上海后，再次被怡和洋行委任为其保险部经理，全面掌管保险业务。在此期间，过福云目睹洋商在保险业获得高额利润，遂有志要建立中国人自己的保险企业。

1931年，应著名金融家宋汉章的邀请，过福云毅然受聘协助筹建中国银行投资、国民政府参股的中国保险公司。11月1日，注册资本高达250万元的中国保险公司在上海成立后，过福云出任中国保险公司第一任总经理，成为中国保险事业的拓荒者和创始人之一。从此，他为中国保险公司的业务发展、人民保险事业的成长壮大，呕心沥血30余年。

中国保险公司最初以经营火灾保险为主，兼营银钞保险、茧子保险。但因市场激烈竞争，公司基本上无利可图。过福云接受职员的建议，深入实地调查后发现诸多险种尚未开办，潜力巨大，便率先他人一步开办了汽车险、玻璃险、水险、纱险、邮包保险等诸多新险种。1933年7月，该公司设立人寿部，经营人寿保险业务，主要险种有人寿保险、限期缴费终身保险、储蓄保险、人身意外保险、劳工保险和雇主责任保险。1937年4月，组建成立了中国人寿保险公司。另外，过福云还仿效西方保险业，开办了再保险业务。1934年，该公司与英商太阳保险公司签订了再保险业务合同。

事有凑巧，汉口申新四厂不久就发生了特大火灾，损失惨重。该厂的全部财产事先已由中国保险公司汉口经理处承保，此次赔付是当时国内保险业中的空前大案，社会舆论纷纷质疑。一向恪守信用的过福云等果断决定，立即对汉口申新四厂进行理赔。此举可谓惊人，因为此次的理赔金额约占中国保险公司全部资产的80%。汉口申新四厂为表示感谢之情，特在上海《申报》《新闻报》上刊登了通篇的鸣谢启事，用事实为中国保险公司作了有力的宣传。此举使中国保险公司信誉倍增，客户纷至沓来，业务量成倍增加，遍布全国85个大中城市，很快成为中国当时最大的中资保险公司。同时，过福云在保险业的声望也如日中天。

1937 年"八·一三"事变后，国民政府西撤，中国保险总公司并未随政府内迁，而是选择继续在上海营业。中国保险公司一方面积极向海外发展业务，成立驻港办公处，在香港、澳门、新加坡、吉隆坡、槟城、巴达维亚、泗水、马尼拉、曼谷、西贡等设有分支机构。另一方面向内地延伸机构和业务，先后在重庆、西安、桂林、昆明、贵阳、成都开展业务。

1938 年 7 月，在保险界地下党的组织推动下，中国保险界的抗战先锋组织——上海市保险业业余联谊会（以下简称"保联"）宣告成立。时任中国保险公司总经理的过福云，因其在保险界的巨大影响力，被聘为"保联"顾问。并且在《保联月刊》"人物志"专栏中，专门刊登了过福云的事迹、经历和照片。抗战期间，过福云积极推动和支持"保联"的各项革命活动，"保联"第三届征求会员委员会还选其担任总队长，为"保联"的发展起到积极的组织推动作用。

1941 年太平洋战争爆发后，中国保险公司的海外机构相继停业，董事长宋汉章由香港去大后方，在重庆组建了中国保险公司总管理处，并在重庆和西安开设了分公司。重庆总管理处负责大后方的业务，上海总公司管辖沦陷区一片，名义上一分为二，实际上互有通联，凡业务技术都由上海负责处理。此后，上海租界全被日军占领，1942 年 6 月，中国保险公司被日本方面军事管制，并威逼与日本合资另建"新中国保险公司"，继而又饬令向汪伪政府办理登记注册，但都被过先生借口敷衍，保持了白璧无瑕。在过先生的带领下，中国产物保险公司为了解决自身及中资保险公司的分保问题，还推动组建了"中国分保集团"，打破了日本人的垄断企图。

1944 年 12 月 27 日，中国保险公司更名为"中国产物保险股份有限公司"。公司资本金由最初实收国币 250 万元，增加到 500 万元，1947 年 6 月再增至 2 亿元，同年 10 月增资为法币 100 亿元；1949 年 3 月增资为金圆券 1000 万元。抗日战争胜利后，重庆总管理处复员上海，重又合二为一。公司业务一度大有发展，但受时局动荡和通货恶性膨胀影响而勉强维持。

3. 热心保险教育事业，创办"过福云教育基金"

1948 年 9 月 18 日，时逢过福云先生 78 岁寿诞。全国保险公会联合会、上海市保险业同业公会和上海市保险界同人进修会这三个团体，决定联合发起"过福云先生 70 晋 8 寿辰暨从业 60 周年纪念会"，以弘扬他的先进事迹。《保险知识》杂志专发纪念特刊，由国民政府中央信托局、中国银行、上海闻人等撰文，献词祝贺。业内外人士盛赞过福云：对人则极为和蔼谦虚诚挚，有古长者的风范；对事则极为严密有序守则，有今科学管理家的精神；对社会则积极举办慈善救济事业，有博爱家的行动；对己则淡泊奋励勤劳，有修养者的意念。

纪念会在宁波旅沪同乡会举行了隆重典礼，社会各界到会者多达 700 余人。"保联"平剧社还专门排练，现场演出了精彩的文艺节目。会后，他将生日庆祝活动所收的全部礼金、礼品（折价为现金），均充做"过福云教育基金"，资助各种保险教育活动，为保险教育事业及人才培养作出了积极贡献。

4. 新中国保险事业的急先锋

1949 年 4 月上海解放后，中国产物保险和中国人寿保险两家公司，于 5 月 30 日由上海市军管会金融处保险组接管。由于过先生主持的这两家公司经营管理规范、人员整齐，市场影响力大，海外各地机构完整，首先被获准复业经营。经金融处批准，中国产物保险公司于 6 月 20 日首获复业。其天津、北京、汉口等分公司也先后获准复业。

1949 年 8 月，由陈云同志主持在上海召开了全国华东、华北、华中、东北、西北五大区财政、金融、经济工作领导人参加的财经会议。为了推动对国际贸易以及有关外汇专业保险，金融组提出了以中国产物保险公司总管理处为基础，专设中国保险公司的建议。这一提议得到了国家重视，经呈请政务院批准，同意由华东区负责组织落实。会议规定，中国产物保险公司今后的主要任务是：专门从事外币保险业务；争取国外再保险业务；国外保险关系的联系与建立；接受国内市场的溢额再保险业务。

1949 年底，经过不断整顿改组，又将原中国人寿保险公司并入，使中国保险公司成为中国人民保险公司领导下经营涉外（外币）保险的专业公司，各口岸分公司则由中国人民保险公司代管。过福云仍被聘为公司总经理。由于政府规定国内对国外的分保均由中国保险公司统一承担，切断了私营华商公司与外商公司的联系，确保了中国保险公司具有较强的再保险能力。

5. 为人民保险事业奉献终生

新中国成立后，已过八旬的过福云仍担任中国保险公司的总经理，为过渡时期的中国保险事业作出了贡献。

1951 年 6 月 5 日，中国保险公司在北京召开第一次董监联席会议。会议选出龚饮冰任董事长，聘吴震修任总经理，施哲明、孙广志等为副总经理，当时已 81 岁高龄的过福云被聘为公司的赴外稽核。

1951 年 9 月 25 日，中国保险公司总管理处从上海迁到北京，随后该公司又并入中国人民银行。过福云也随调至北京，专门负责中国保险公司外贸保险合同的稽核。由于过先生年事已高，在北京生活颇感不适，经申请，没多久便调回上海，在上海外滩中国人民银行的十八层楼处值班，任对外稽核，仍负责对外保险业务，以其签章生效。1962 年 1 月 7 日，过先生病逝在工作岗位上，享年 91 岁。

过福云先生一生秉持"为人须诚实、处世应谦和"的处世原则，从事保险事业长达七十余年，被奉为中国保险业的"泰斗"，为开创中国保险事业作出了不朽的贡献，实现了他为民族保险事业奋斗终生的愿望。

§7 吕岳泉：中国人寿保险业的旗手

吕岳泉是中国人身保险业的创始人、著名爱国实业家。他创办的华安合群保寿公司是我国第一家现代寿险公司，也是我国规模最大，始终与洋人保险公司抗衡的寿险公司。它在国内外广设分支机构，招聘寿险专家，开拓寿险业务。在筹款赎回胶济铁路运动中，其举办"赎路储金保险"，认缴赎路储金，有力地维护了中国人的权益，在旧中国金融保险业史上书写了光彩的一页。

1. 少年保险推销人

1877 年，吕岳泉出生于上海浦东川沙县的一个普通船家。当时家里只有两间草房，全靠父亲给人撑船来谋生。六岁时，父亲咬咬牙送他到私塾念书，但只读了三年就无法再维持下去了。

吕岳泉 12 岁时，大伯带他到上海英商永年人寿保险公司的业务经理穆勒家里去帮佣。吕岳泉聪明伶俐，很快就学会了不少生活英语。在侍候穆勒洽谈业务时，他常在旁仔细观察，居然学了不少业务门道。一次，穆勒要招聘一名华人助手，应聘者川流不息，但他接谈后都摇头表示不满意。突然，他问吕岳泉："小家伙，你想试试吗？"谁知吕岳泉就像等着他这话似地大声答："完全可以！"于是，穆勒弄假成真，让他代招一些业务看看。这个机灵的年轻人从此就拿着主人的名片，穿行在十里洋场，代为招徕寿险业务。但当他敲响一些固执老人的家门时，总被"替洋鬼子骗钱"的骂声拒之门外。吕岳泉脑子灵、耐心好，他先到比较开通的华人社区推销。功夫不负有心人，几个月下来，他还真拉到了不少主顾。几年后，穆勒正式介绍他到公司当营业员，一干就是七八年。后来，永年保险公司把业务扩展到南京，他就当了南京分公司的经理。上任前，他为在当地如何打开业务，颇动了一番脑筋。

南京当时和上海不同，没有那么多洋行、公司和留过洋的人，只有统领东南数省的两江总督衙门和一大帮府道幕僚。吕岳泉寻思，要在这儿打开局面，恐怕要先从总督衙署下手。不过，督署衙门警卫森严，一个普通商人岂可随便进出推销？这时，他听说两江总督端方喜结名士，就请江南大文士夏午彝介绍晋见。端方接见了他，吕岳泉倒先有几分拘束。端方对人和气，一看到他就满脸堆笑说："人寿保险是一桩大事业。我上二年到美国考察宪政，曾参观过纽约的人寿保险公司。规模宏大，真是惊人！资产达到数亿美元。你可要好好干啊！"端方如此支持大出吕岳泉意料。当下，端方不仅自己投保了寿险，还下令僚属一律投保，以为商民倡导。督署衙门带头，南京业务自然迅速打开。

2. 投身革命，创办华安

第二年春天，国内商界的一桩盛举——南洋劝业会在南京鼓楼开幕，各省绅商云集。吕岳泉在会中辟专栏介绍国内外寿险业现状和前景，也结交了张謇、虞洽卿、朱葆三等一批商界和保险界巨头，他的生意更加红火。这时有件事刺激了他。一天，一位新结交的朋友邀他到酒楼小饮。酒席中那位朋友举杯问："岳泉，你如此为洋公司出力，心中就无半点愧疚？"他红着脸低声说："谁不想有朝一日为国家挽回漏卮？但眼下……"那位朋友却正色说："血性男儿何必优柔寡断？"吕岳泉这才知道他是革命党。受其感召，吕岳泉参加了同盟会，希望有一天能用寿险造福国民。

辛亥革命成功后吕岳泉欢欣鼓舞，毅然辞去永年人寿保险公司的职务，跑到上海拜访原江浙联军总司令徐绍桢。徐邵桢这时也刚辞去南京卫戍总督职务，响应孙中山的号召想在实业界有所作为。两人谈得十分投机，商定由徐绍桢出面，约请王人文、吕天民、朱葆三、桑铁珊等国内政界、商界名流，集资规银 20 万两，发起组织一家人寿保险公司。公司在筹备中，不料却发生了一场意外风波。吕岳泉和徐绍桢等人原商定公司名称叫"中华合群保寿公司"，谁知桑铁珊在联系刊登招股启事时，竟擅自把"中华"二字改为"华安"。吕岳泉看到报纸时心头一阵火起，但转念一想，戏刚开锣就闹风波，岂不是要把公司牌子抹黑？只好将错就错。华安公司于 1912 年 6 月 1 日，在上海外滩 30 号开张。徐绍桢任董事长，吕岳泉任总经理。开张之日场面热闹，孙中山、黄兴等开国元勋都派人来致贺。吕岳泉从一个小男佣，一跃而成了国内首家中资寿险公司的总经理，在商界成为一颗令人瞩目的新星。

3. "借鸡孵蛋"，培养专才

华安合群保寿公司开张后，吕岳泉才真正感到万事开头难。招徕业务他轻车熟路，但对保险费率、责任准备金、退保金的计算等，却感到难以应付。此前，国内也曾有华兴、华通、福安几家华商人寿保险公司，但都因不明白业务原理，加上管理不善而无一成功。这桩难题如何解决？他想到了春秋战国时借用"客卿"兴邦的故事。于是，他高价聘用了永年人寿保险公司的老搭档英国人郁赐当总司理，第弗利斯当精算师，自己兼任营业部主任，这"三驾马车"，暂时使华安运转了起来。

　　股东们看到华安公司进出的是外国司理，议论得沸沸扬扬，吕岳泉却听而不闻。在年中的股东大会上，他才把和郁赐所签合同一一推开：聘用期五年，期满是否续聘另议；总司理须按和公司订明的职权范围、要求工作，不得擅权。股东们这才放心。

　　郁赐和第弗利斯到华安合群保寿公司就职，吕岳泉为他们精心配置了助手。年青营业员经乾坤聪明好学，刚入司的练习生周大纶是名牌大学的数学尖子，他就面授机宜，让他们分别跟郁赐和第弗利斯边工作边学艺。几年下来，经乾坤悉心钻研，对寿险业管理颇有所获，先被提拔为坐办，后又升为副经理，逐步取代了郁赐。周大纶也脱颖而出，胜任了精算师工作。这时，大家才感到吕岳泉老谋深算。他聘用"客卿"既解了一时人才匮乏之围，也"借鸡孵蛋"培养了本公司的高级人才。

　　"借鸡孵蛋"虽说只培养了少量高级人才，却打开了训练大批营业人员的大门。此后，每当华安合群保寿公司有新人进公司，吕岳泉都亲自主持短期培训班。班上，他主讲保险敬业课，总要回顾自己早年走家串户推销保险的甘苦，以"失败一百次，成功一次即为成功"相勉励。经乾坤等人则分别讲授寿险学原理等。华安有了合格的营业人员，更利于业务发展。

　　为加快业务人员培训，吕岳泉还时常与各地教育机构联系，开办了华安人寿保险专业函授学校。他自任校长，以六个月为一届，设置人寿保险原理、寿险种类、保险招徕学、商业道德等科目。教材由他和公司其他高级职员编写。招生之前，国内各大报刊都登载了华安学校的启事。因启事中写明，毕业后有百分之十的优秀生可量才录用。所以，从上海等到云贵边远省份和南洋各埠，报考者十分踊跃。几年里毕业学员多达600余人，有三分之一左右被华安或其他保险公司录用。大批寿险业人才的培养，为华安业务大腾飞打下了坚实基础。

4. 重视宣传，珍爱信誉

　　华安合群保寿公司聘用"客卿"使业务得以正常运转，但成绩却不理想。有件事使吕岳泉记忆犹新。一次，他到一位老人家里招徕业务，正好有几个老人在聚谈。刚坐下寒暄几句，其中一位就用怀疑的口气责问："人的寿数还能保？"吕岳泉好一番解释，他们才晓得寿险保的不是"命"，而是生命的价值。他觉得业务推广不开，肯定和许多人不理解寿险业务有关，抓紧宣传应是当务之急。从此，《申报》《新闻报》上常刊登生动活泼的介绍寿险的短文。吕岳泉还时常约请记者召开茶话会，座谈寿险业的意义，以利其宣传。黎元洪、冯国璋、陈其美、王一亭等各界名流也应他的请求，在报上撰文、宣传寿险业和华安公司。

寿险业逐步被世人知晓后，吕岳泉又邀请了几位文人相商，推出新的宣传计划。不久，不少市民案头添了一份封面精致、文字优雅的《华安》杂志。刊内围绕寿险和家庭幸福，既有理论阐述，又有趣味文艺小品。杂志全部由公司免费赠送给保户，或做营业员招徕业务之用。其印数最高时达到上万册，深受保户和市民喜爱。

吕岳泉受风起云涌的国货高潮启发，宣传寿险业务时也紧紧贴住社会脉搏。1922年秋天，国内民众为收回被日本占领的山东胶济铁路，发起集资赎路运动。吕岳泉不失时机，一面登报启事认购赎路储金100万元，一面发起"华安储金赎路保寿"活动。这一招很新鲜，保户们既尽了爱国义务又获得了家庭保障，纷纷踊跃投保。1925年初夏，上海发生租界当局开枪射杀市民的惨剧，工商学各界一致罢工罢市罢课抗议。华安合群保寿公司除捐款抚恤外，还发起"经济救国保寿"，以期早日还清外债，收回国权。在此前后，国内保护劳工的呼声也日甚一日，其中核心就是劳动保险。吕岳泉撰文鼓吹，实行劳动保险是社会文明进步的标志。因此，他制定了团体保寿章程。保额由公司和资方商定，保费由企业缴纳。率先投保的有商务印书馆、新闻报社、家庭工业社、内地自来水公司、光华火油公司等数10家企业。团体投保，不仅扩大了公司业务，还提高了寿险的社会影响。

为增强寿险业在国内的影响，吕岳泉还积极赞助有关学术活动。1927年8月，美国保险学专家许本纳博士到日本讲学。吕岳泉闻讯，邀请他顺道来中国做学术访问。华安合群保寿公司对他盛情接待，为他组织"生命价值的科学管理"专题报告，听众多达1000余人。上海几大报都摘要刊载了他的演讲，寿险一时成了街头巷尾议论的热点。

吕岳泉懂得，宣传只有在过硬的信誉之上，才会真正有效应。信誉是华安的生命，这是他的口头禅。确实，国内寿险业刚起步，保户受损能否照章获赔，大家都拭目以待。华安合群保寿公司开业不久，上海一家商号刚投保的外勤不幸出车祸身亡，家属悲恸欲绝，不知日后如何谋生。华安公司马上派人登门慰问，送上赔款1000元大洋，其家人感激涕零。当时，上海绑票案奇多，一些富商大贾都到保险公司投保，以防备这类不测之祸。每有这些事件发生，吕岳泉和家属一起，想方设法使保户安全归来。吕岳泉善宣传，重商誉，使公司业务日益发达起来。

5. 布局南洋，投资强司

经过吕岳泉的精心宣传，华安合群保寿公司在上海等国内大都市名噪一时。到1919年末，公司在上海一地的保户已到达3400户，吸纳资金100余万元。公司营业场所也已感局促，吕岳泉就把公司从外滩一处迁到居民稠集的江西路、新康路、北四川路三处，从而使上海业务更加繁盛。他又审时度势，把业务推向国内其他大中城市。北平、天津、石家庄、青岛、郑州、洛阳、南京、杭州、苏州、宁波、广州、汉口、福建、厦门等地，都聚居着一些绅商和中等人家，华安合群保寿公司也都在当地开设了分支公司，向他们招徕业务，可说经营遍地开花。在这些城市的车站、码头，华安的广告触目可见。一时投保户迅速增加到万户以上，吸纳资金高达数百万元。

华安合群保寿公司占领国内市场后，又把业务伸向海外。1925年春天，吕岳泉远涉重洋，亲自到棉兰宣传招徕寿险业务。当地从广东、福建去的侨民人数众多，吕岳泉和侨领们推诚相见，结为兄弟。雅加达中华商会会长郭天如，出任华安在当地分公司的总经理。棉兰中华商会会长徐华新，则担任棉兰分公司经理。他们在侨民中素具威望，经一番宣传鼓动，加上侨民本来炽热的爱国爱乡之情，投保者一时如潮。没几年，南洋侨胞的投保额高达366万荷兰盾（当时每盾折国币8角）。分支机构遍设万隆、泗水、孟加锡等地。

有效地投资和运转大量吸进资金，是保险业真正立于不败之地的关键。

吕岳泉生意做得越大，越感到如履薄冰。这时，国内房地产业如旭日初升，上海、汉口、广州等大城市日益繁华，华安合群保寿公司的投资重点就首先瞄准这些城市的房地产开发。1922年，吕岳泉用50万两白银，购下上海静安寺路一块10余亩的土地。次年，他又在汉口五族街购地10余亩。随后，他还在广州泰康路珠江大桥东堍买下一块6余亩的土地，在南京白下路等处零星吃进了少量地皮。

买下这些地皮后，房地产行情也逐年"升温"。吃下汉口地皮的当年，华安合群保寿公司就在那里建造了1幢4层楼房和4幢3层楼房，取名华安大楼，供当地公司营业所用和出租房客，收益十分可观。同时，上海静安寺路随着市中心西移而日益繁华，吕岳泉就决定在这里兴建一幢国内第一流欧美风格的大厦。他投资白银10万两，请美国著名建筑师哈沙德设计，招标委托上海江裕记营造厂承建。新楼于1926年5月落成后取名华安大厦。它以精美的构思、豪华的设施，轰动了大上海。在落成典礼上，上海各界名流纷纷前来祝贺。华安大厦面临喧闹的跑马厅，紧邻首家游乐场新世界，可谓繁华丛中又添胜景。

华安大厦造好后，吕岳泉在上海商界的名声如日中天，公司业务更加红火。几年中，投保户就增加到几万户，吸纳资金达500万元至600万元。这样巨大的资金全部投进房地产，自然风险过大。因此，吕岳泉决定购买数百万元公债和优异企业股票，投资效益良好。

1930年，吕岳泉把华安大厦东侧余下的一块空地，以白银61万两卖出，售价超出整块地皮总买价的16%，公司又赚了一大笔钱。第二年，华安合群保寿公司把原资本规银20万两折成银元，增资到50万元，公司营业达到了鼎盛时期。1931年9月18日，日军悍然占领了东三省。这年冬天，国联应中国方面要求，派团到华调查。调查团到上海前夕，几家日文报纸嘲讽："恐怕中国还找不到一所供他们活动的场所。"这时，吕岳泉主动提出把新大厦的顶层借给调查团使用。有人提醒他不要冒犯日本，他却义无反顾。贵宾到达之后，很快就被这幢大楼典雅的装饰征服了，说：在亚洲，只有菲律宾的国会大厦才可以和它相比。国联调查虽没有遏止日军的野心，但吕岳泉的爱国之心天日可鉴。事后，吕岳泉把大厦底层出租给别家公司，2 楼辟为办公处所，3 楼以上开办华安饭店，作为公司副业。中资寿险公司发展到这么大的局面，在上海滩轰动一时。

6. 战乱破坏，被迫停业

1932 年 1 月 28 日，日军突然在上海挑起战火，这给了华安合群保寿公司当头一棒。华安老投保户多是上海工商业者和中上层地方人士，战争焚毁了家园产业，他们被迫暂离上海，投保客户直线下跌。另外，吕岳泉把吸纳的资金多数投向了房地产和有价证券。战火一开，房地产和有价证券抛售成风，市价大跌，公司投资效益近乎于零。吕岳泉见上海行情堪忧，广州市面稳定，就想转移重心南下，力求挽回经营颓势。于是，他在当地建造了一幢 6 层的华安大楼，除分公司业务所用外，还出租一部分给他人开饭店。同时，吕岳泉再度漂洋过海，亲自到雅加达和棉兰两地视察营业情况，策划扩大营业，这几处的业务额一度上升。但由于全公司盈不抵亏，等于杯水车薪。1935 年，美国费城保险学院特聘吕岳泉为远东地区顾问。吕岳泉在中国寿险界声名大振，远播海外。

1937 年 7 月，日军大举侵略中国，华北、华东相继沦陷。华安公司在当地的分支机构全部停业，几乎陷于灭顶之灾。上海总公司虽栖身在租界"孤岛"之内，但四周日军大兵压境，营业也完全停顿。1939 年，吕岳泉把华安大厦租给香港商人开设金门饭店，议定租约 3 条：其一，租期 15 年，期满得协商续订；其二，承租人在 8 楼上加一层开餐厅，期满后无偿归原主；其三，租金为 3 至 7 楼的旅馆收入的 30%。上海华安大厦出租的协议墨汁未干，广州、汉口、重庆等地分公司的告急电函又频频飞至，相继停业。原来，自开战以后不仅战火随时能夺走无数和平居民的生命和家庭幸福，还促使币值迅速跌落。原定保户的保费和公司的满期款与赔款，都因币值变化太快，根本无法计算。吕岳泉痛苦万分，只得下令关闭，等待抗战胜利后再东山再起。这期间，日伪方面几次派人来拉他以"优惠条件合作"重新开业，他都坚决拒绝。不料抗战结束后内战重开，法币恶性通货膨胀日甚，吕岳泉根本无法把公司恢复营业。他只好把广州、汉口等地的房地产陆续出售，维持员工生存。吕岳泉的复业梦破灭了。1948 年冬，他到香港后就患病不起，于 1953 年 11 月在香港寓所病逝。患病期间，他表示公司应接受人民政府的领导，进行清理。

　　1954 年末，华安公司按照国家财政部的有关规定，进行了清理工作。清理结束后，共有清偿价值户 8500 余户，金额值人民币 309.9 万元。其中，登记要求领款的保户为 3300 余户，应偿付金额为 170 万元。而未登记领款户的给付金额，按当时国家公布的办法上缴国库。由于华安公司亏损颇巨，清偿资金经政府协助，将华安大厦及毗连房地产拨付 148 万收购，实付应偿付户金额人民币 142 万元。此外，华安合群保寿公司在汉口、南京的房地产及其他零星资产，也陆续变卖抵交应上缴国库欠款。国外的印度尼西亚分公司（前雅加达分公司和棉兰分公司）当时尚在营业，后由中国人民保险公司与印度尼西亚磋商，于 1961 年 12 月 8 日以印度尼西亚币 500 万盾售给印度尼西亚。出售价款也上缴国库，抵充国内未登记清偿户的欠款。至此，华安公司结束了它的历史使命。

　　（摘自《开创中国人身保险业的吕岳泉》，作者陈正卿，《上海档案》，1997 年第 3 期，唐金成改编）

§8 宋汉章与中国现代保险业

　　宋汉章原名鲁，字行，浙江余姚人，中国现代杰出的金融家，中国现代金融保险事业的主要奠基人之一，为发展中国的金融保险事业做出了卓越的贡献。他一生淡泊名利，廉洁奉公，热心社会公益事业，堪为中国金融保险界之楷模。

1. 学贯中西，拥护变法

　　1872 年 4 月 6 日，宋汉章出生于福建建宁，在家中排行第二。宋汉章幼时，父亲宋世槐在福建建宁办理盐务，并经营木材业。数年后，其父出于对家乡的眷恋，全家迁回故乡浙江余姚浒塘朗霞定居。宋汉章先生早年入读余姚乡里私塾，受到了良好的启蒙教育。

　　几年后，其父受朋友经莲珊的邀请，来到上海协助其从事电报局的筹建工作。当时年少的宋汉章跟随着父亲来到上海，就读于中西书院，接触了西学，开阔了眼界。

中西书院是当时上海声名显赫的西式学校，由著名的美国传教士、当时影响最为广泛的报人林乐知创办。该校的学制为 8 年，办学理念是学贯中西。主要学习识字、音韵、英语、历史、地理、数学、物理、化学、天文、力学等，所有课程主要由美国的传教士讲授。当年，中国的海关、邮政、铁路以及实业界人才多出自该校。

1889 年，宋汉章毕业后进入父亲任职的上海电报局当会计。他业余则在夜校继续攻读英文，成绩优良，而且曾随经莲珊到香港、澳门充当其翻译。1895 年，宋汉章考取了上海海关，做关员。他信仰天主教，因此结识了不少外国友人。

1898 年，经莲珊通电拥护"康梁变法"，宋汉章也参加了这次通电。戊戌变法失败后，宋汉章受政府追缉，他跟随经莲珊一起避走港澳。因为他还年轻也不是通电拥护康梁的骨干，不会引人瞩目，于是他听从经莲珊的建议，改名汉章后返回了上海。

2. 投身银行，领袖业界

1891 年，中国第一家现代银行——中国通商银行成立，宋汉章任跑楼，负责洋务和纸币发行工作，开始了与金融保险事业紧密相关的一生。这一时期，他逐渐掌握了中国钱庄和西方银行的经营管理艺术和各项业务运作，养成了照章办事，严守各项制度的严谨作风。

1906 年，宋汉章经朋友、同盟会会员陈陶遗的引荐，出任大清银行北京储蓄银行经理。因其工作出色，业绩卓然，宋汉章次年就调任上海大清银行经理。大清银行地位非同一般，不仅是中国官方开办的最早的国家银行，也是中国第一家中央银行。

辛亥革命后，大清银行改名为中国银行。1912 年 2 月，宋汉章开始顺理成章地担任中国银行上海分行经理，开始在金融界崭露头角。1918 年 7 月，他担任了上海第一届银行公会会长；1925 年任上海总商会会长、上海银行公会及上海华洋义赈会会长；1928 年被选为中国银行常务董事；1931 年任新华信托储蓄银行董事，同年创中国保险公司，又发起中国保险学会；1935 年 3 月任中国银行总经理；1946 年任四联总处理事。宋还任至中一信托公司董事、农林部渔业银团常务理事。他虽身在政治中心，但在商言商，确保了上海中国银行的独特地位，使上海中国银行的基础日益巩固。1948 年 4 月，宋汉章任中国银行董事长；全国解放后，仍被推为新生的中国银行董事。

中国银行成立时，因为招股困难，资本全由北洋政府认垫，实际到账现金只有 300 万元，后来又补了 500 万元，其余资金靠发债筹募。1914 年以后，政府决定将官股定额降为 500 万元，之后又将剩余官股先后变卖抵押。1917 年时，中国银行的商股已招了 300 多万元股款，实现了民营商办化。这些招募的商股多是在宋汉章任上实现的。

在宋汉章主持中国银行期间，对历届政府采取不即不离的态度，使中国银行在政局动荡的年代始终保持着独立地位，银行基础日益巩固、本人声望日高。作为一位成功的金融家，宋汉章看重的是银行的信誉。他为了保持上海中国银行的信誉，保护广大民众的利益，不顾个人安危，曾抗拒上海都督陈其美的非分提款要求，拒绝袁世凯北洋政府的银行券停兑令，使北洋政府的停兑令政策对当时上海乃至全中国经济的危害程度降到了最低。

1928 年，中国银行总行从北京迁移到上海，张嘉璈为总经理。1939 年宋子文出任中国银行董事长，总经理一职落在宋汉章身上。一是宋汉章在金融界信用卓著，与外商银行关系密切，外商银行信任他；二是宋子文等深知他的巨大影响力，可以号召存款，多发纸币，于政府有利。"当时，在纸币上凡印有宋汉章的签章，群众就信任不疑。"

宋汉章对中国近代纸币发行的贡献也是有目共睹的。在他的领导下，上海中国银行发行的纸币成为当时中国发行面最广、发行量最大的货币，也是最受人们欢迎的货币。

3. 创建保险，保障民生

宋汉章创设并经理中国保险公司与中国人寿保险公司，为中国保险事业大发展奠定了基础。

1930 年，中国银行董事长张嘉璈出国考察归国后，深感保险业的重要，便建议董事会建立中国保险公司。随后，委任宋汉章全权负责筹建。59 岁的他不顾年事已高，孜孜不倦地阅读大量书籍研究保险事业，向各方请教，聘请国内外专家担任顾问，提高保险技术，完成了中国保险公司的创设。

1931 年 11 月，由中国银行独家投资 500 万元的中国保险公司，在外滩仁记路（今滇西路）正式成立，成为当时最大的中资保险公司。中国银行委派宋汉章任公司董事长兼总经理，从此开始了十三年的保险公司总经理生涯。

初任中国保险公司的宋汉章，凭借超人的胆识和智慧，经精心筹划，顺利开展了各项工作。他首先聚拢人心。由于保险业盈亏难卜，职员待遇较低，职工士气低落。为了鼓舞士气，宋汉章起早贪黑，经常利用休息时间与职工谈话，了解情况；工作时间，凡是该公司的职员不论职位高低均予亲自接见，并将自己的薪水分发给困难职工。全体职工为其行为所感动，感恩图报，涣散的人心在极短时间内得到稳定，为公司的进一步发展夯实了基础。随后，宋汉章立即着手他的第二步计划。此时的中国保险公司既无资产又无经费，宋汉章利用他久居中国银行的有利条件，以中国银行的分支机构为依托，在各地中国银行内附设外埠经理处，并派熟悉业务者担任保险业务主任，常驻分、支银行。精明的宋汉章不花费分文，就拥有了全国范围的营业网点。至 1934 年底，中国保险公司在全国范围的外埠经理处，计为：浙江 15 处，江苏 12 处，山东 8 处，辽宁、安徽各 6 处，吉林、湖北各 3 处，江西、湖南、四川、福建、广东、河北、河南各 2 处，黑龙江 1 处，另设欧洲代理处 1 处（英国伦敦威立斯公司）。

中国保险公司最初以经营火险为主，但同行激烈竞争，公司基本上无利可图。宋汉章接受职员的建议，调查发现玻璃险、水险、纱险等诸多险种尚未开办，市场潜力巨大，便率先开办了这些新险种。1933 年，中国保险公司增资 50 万元开设了寿险业务。另外，他还仿效西方保险业，在 1934 年开办了再保险业务。随后，公司与英商太阳保险公司等外资公司签订了再保险业务合同。当时，中国保险公司的营业种类已扩展到火险、水险、寿险、汽车险、车辆运输险、邮包险、银钞兵盗险、牲畜险 8 大类。

为了控制风险，公司严格核保，实地查勘每笔业务，并确定自留额，对超过承保能力的部分予以分保。事有凑巧，汉口申新四厂发生特大火灾，损失惨重，该厂的全部财产事先已由中国保险公司汉口经理处承保，此次赔付是当时国内保险业中的空前大案。一向恪守信用的宋汉章果断决定，立即对申新四厂进行理赔，此举可谓惊人，因为此次理赔的金额高达 200 多万银元，约占当时中国保险公司全部资产的 80%。汉口申新四厂为表示感谢之情，特在上海《申报》《新闻报》上刊登了通篇的鸣谢启事，用事实为中国保险公司作了有力的宣传，使中国保险公司信誉倍增，客户纷至沓来，业务量成倍增加，同时宋汉章在金融业的声望也如日中天。

中国保险公司的创立及其保险业务的发展，不但保障了中国银行财产及贷款的安全，收取保费使国家增加财富，还大大改变了以往华商保险公司常因资金不足、难以与洋商竞争的局面，使华商保险事业焕发出新的生机。宋在主抓保险业务的同时，十分注重对保险理论与经营方法的研究，谋求中国人自营保险事业的发展，联络同业创立了中国保险学会，并被推为首任会长，直至抗战胜利。

中国保险公司股本总额的 90% 是由中国银行投资的，由于中国银行国内外机构的资助以及凭借宋汉章的威望，华商保险事业阵容出现了新的生机。

1937 年初，在宋汉章的建议下，中国保险公司将人寿保险与财产保险分开经营，另设了中国人寿保险公司。抗日战争爆发后，中国保险的高级人员纷纷离开被日本占领的上海转赴香港，之后不久又撤往内地，先后在重庆、桂林、西安、昆明、贵阳、成都、兰州等地开展保险业务。同时，在香港、新加坡成立分公司，并在马尼拉、河内、西贡、曼谷、泗水等地开展业务。

太平洋战争爆发后，时运不济的中国保险公司在香港及东南亚各地的营业机构先后停业，公司在重庆成立了总管理处。当时，大后方川江盐运保险统归川盐银行保险部经营，中国保险公司与中信局、太平保险公司、裕国保险公司组成四联盐运保险总管理处，由这些公司分担了一部分保险业务。同时，中国保险公司又与太平、保丰、兴华保险公司组成分保联合办事处，在 4 家之间互相分保，这样不仅扩大了这 4 家保险公司的再保能力，还减少了向国外保险公司的分保。

1945 年 8 月抗战胜利后，宋汉章抓紧筹划中国保险公司返回上海复业。由于公司在战时曾为许多家企业承保，并大多完成了业务，公司也获得了一定效益；宋汉章又及时用它们购入外币债券，以规避金融风险。这些债券随着法币贬值而不断升值，这就为公司复业打下了基础。他还将机构略作调整，分设业务、会计、总务、财务四处，自己仍任董事长，掌管全部业务。

在宋汉章的经营下，中国保险公司又联合太平等公司组织集团，与中信局保险公司等组织的集团展开竞争。为了拓展业务，他采取了较灵活的经营方式，利用自己对银行业务的熟稔，将保险基金重新投资于工商企业短期贷款，其规模和影响几乎等同于一家中型银行。通过这项业务加强了客户联络，保护了投保人的利益，并带动了一些新的保险业务，使中国保险公司取得了较好的效益和口碑。

1949 年，宋汉章遭国民党劫持的时候，他在香港中国保险公司指示上海中国保险公司，抓紧收清贷款，发还各户抵押品；对香港中国银行的欠款则以美金公债清偿。非常干净利落地了结自己对公司的责任。上海解放后，当中国保险公司与通过英国伦敦承担分保业务的各公司关系中断时，他积极疏通各公司之间的联系，保证中国保险公司业务的正常开展。新中国成立前，由于他的精心安排，公司人员没有散失，海外各机构完整，业务没有打乱。这使中国保险公司成为上海解放后，人员、机构、业务最完整的保险公司，也成为当时最早复业的保险公司。

1951 年，根据国家关于保险业的整体战略部署，中国保险公司将国内业务全部移交给中国人民保险公司，并作为中国人民保险公司的附属公司专营海外业务。改革开放以后，中国的保险公司就是在中国保险公司等公司的基础上发展起来的。80 年后的今天，中国保险公司的血脉已融入而今的中国太平保险集团。可以说，宋汉章创立的中国保险公司等是中国现代保险业的先驱之一。

4. 独特的经营理念

宋汉章是个实干家，其卓越的事业成就，除了时代和个人才智外，还与他独特的经营理念密切关联。宋汉章虽无专著传世，但从其生平事迹中可归纳出他的几点经营理念，迄今仍有借鉴意义。

（1）对中国金融业有精准的把握，始终与政治保持着适当的距离。学者认为：独立开放的宁波商人更追求实质上的利益——摆脱政治上的干预，同时尽可能博取政府的关注与支持；以至于像集会这类不能在短时间内见效的政治活动，他们则缺乏参与热情。宋汉章的这一思想最直接地体现在，他在争取实现中国银行商办化的实践中。

在外国资本的经济扩张时代，外资对中国工商业的压制非常严重，为响应实业救国的号召，宋汉章带领着整个中国金融业肩负起对本国经济进行调节的重担。正因为对中国金融有着清醒的认识，他努力担负起举国之财、通商惠工的责任，赢得了国人和外国金融巨头的认可和尊重。这正是中国银行上海分行得以从一个只有一间店面、在当时几乎无知名度、连个普通小钱庄都不如的小银行，发展成为居于中国银行界牛耳地位，信誉闻名于世、在上海金融界是唯一能与外商银行共同出面稳定金融市场的中国本土银行的原因所在。

（2）对所在银行、保险公司采取了高效的内部管理。在内部管理上，宋汉章注重三点：提高工作效率，赢得民众满意；降低营业成本，削减不必要开支，争取最大利润；多方开辟理财渠道，注重规避金融风险。他注重工作人员的业务培训、任用贤才。他用人不拘一格，钱庄出身、精通算盘的史久鳌，精通银元成色鉴别的潘久芬，都经他冲破阻力而请进中国银行，后来均被提任为中国银行上海分行副经理，成为他的左右手；中国银行在国外的分行经理，多数是由他培育提拔的，这些人才为中国银行树立国际信誉做出了贡献。通过学习培训使全体员工在价值观上趋于一致，银行的凝聚力大大加强，这是在当时局势下中国银行上海分行得到不断发展的重要原因。

对内部资源使用上，他厉行节俭，不断开设新业务，通过各种渠道提高银行盈利能力。1919年，中国银行开始经营外汇业务，并与欧美列强银行签订代理合同，在纽约、大阪等地成立分支机构，使上海中国银行成为中国银行系统中最早经营外汇业务的机构。为培养本国外汇人才，宋汉章特派上海中国银行人员到国外学习。1928年10月，中国银行改被组为政府特许的外汇银行，分支机构遍及欧洲、南北美洲及东南亚各地，打破了外资银行的垄断。在经营保险公司期间，为保证公司和投保人的利益，将保单资金用于购买国外债券，规避了由于法币贬值而造成的金融风险。之后，他又把保单资金重新用于短期贷款，提高了资金利用率，最大限度地提高公司收益，维护了股东的利益。

（3）讲究以德立身，弘扬中华优良传统文化。宋汉章是个传统的中国知识分子，他在接受西式教育之前是在私塾上学，传统儒家思想对他产生了积极的影响。宋汉章掌握金融界枢纽，忠于职守，坚持原则，重信誉，重客户和群众利益。中国的银行要发展，除了要继承西方银行的制度管理之外，还要使管理制度得到贯彻延续，讲求信誉，提高办事效率，只有这样，银行才能独立地得到发展。在中国保险公司刚刚走上正轨时，由中国保险公司承保的汉口申新四厂在 1933 年 3 月突遭大火，损失达二百余万，若全部照赔，赔付额约占中国保险公司实收资本的 80%，幸有太阳保险公司为首的各分保公司遵守契约规定，迅速承担责任，汇来应负担的赔款，连同中国保险公司自身应承担的部分赔款，迅速及时地全额赔偿给申新四厂，使之及早重建，恢复生产。该厂在上海各大报刊登整幅鸣谢启事，实事求是地为中国保险公司作了一次十分生动的宣传，使中国保险公司声誉鹊起，保险业务发展更快。中国保险公司的创立大大改变了以往华商保险公司常因资金不足、难以与洋商竞争的局面，使华商保险事业焕发出新的生机。宋汉章十分注重对保险理论与经营方法的研究，谋求中国人自营保险事业的发展，联络同业创立中国保险学会，并被推为首任会长，任至抗战胜利。

熟悉宋汉章的张公权评价他有五个特点：自奉俭朴，不嫖不赌；操作勤劳，晨九时到行，晚八九时一切账务结清后方始离行；办事认真，每一笔生意必一再衡量利害，而后决定应否承做；爱护公物，处处为银行节省，绝不滥用分文；公私分明，无论零星开支，还是与业务往来，绝无假公济私的事情。由此可知宋汉章的为人了。

宋汉章为了能让企业更好地发展，他对内改善经营策略、完善管理制度，在外则营造出尽可能优越稳定的社会环境和独立的政治环境。前者为中国银行、中国保险公司的发展壮大奠定了良好的内部基础，后者则间接地造福于民、造福于社会。

5. 热心公益，造福家乡

宋汉章成为商界领袖后，一直积极维护华人利益，非常热心教育慈善等公益事业。辛亥革命后，黄炎培借鉴外国办职业教育的经验创立了"中华职业教育社"，希望以此改变当时国内学校教育沿用旧习不问生计的状况，实现教育救国。1917 年 5 月 6 日，中华职业教育社在上海举行成立大会，宋汉章与其他 47 人一起签署了大会宣言书，积极响应黄炎培的号召，倡导和推行职业教育，改革脱离生产劳动及社会生活的传统教育，并亲自担任中华职业学校董事。此外，他还曾担任过中国红十字会董事、上海银行公会会长、上海总商会会长、上海妇孺救济会董事、浙江会馆董事等。

宋汉章时刻不忘家乡，为余姚做了许多利国利民的实事。他不仅为救火会添办新式消防器材，创办宋氏小学，而且还在 1947 年 8 月，亲自邀集旅沪余姚同乡募得捐款数十万元，与同乡谷镜汧创建了以余姚先贤王阳明名字命名的阳明医院（今余姚市第一人民医院）。又亲自回甬主持奠基典礼，并派其侄子宋梧生（留法医药博士）出任院长，为保障父老乡亲的健康尽心尽力。

宋汉章并非富豪，却在动荡年代仍时刻以私人集资与募捐等方式支持家乡建设，凡故乡有事求助，他总是慷慨解囊。晚年移居香港时，他坚辞各方馈赠，港报曾以"清操励俗"赞誉他。

6. 颠沛流离，客死他乡

1948 年国民党政权摇摇欲坠，处在人民革命风雨之中，中国银行高级人员开始怀疑、动摇，早已逃往美国的孔祥熙，辞去了中国银行董事长职务。蒋介石面对朝野指责，急需寻找位合适的人选担任中国银行董事长，为达到暂时过渡的目的，便物色上了年已八旬的宋汉章。他虽被政府任命为中国银行董事长，但此时的中国银行根本没有自主经营的权力，只是充当政府的账房。1949 年 5 月，中国人民解放军解放了上海，这时中国银行部分职员已迁往香港，由于国民党特务的胁迫，宋汉章被迫逃往香港。

逃往香港后的宋汉章等高级职员，根本无心经营行内事务，经常不到行内上班。1949 年 8 月，宋汉章等人联名致函海外分支机构经理，令其自行酌情商定各行的去留，总行不再管理。宋汉章怀着无奈的心情辞去了中国银行董事长职务。国民党想让他去台湾，心灰意冷的宋汉章寻机携子从美国转道巴西定居。1963 年，他重返香港定居，1967 年病逝，享年 97 岁。

§9 民国保险枭雄：丁雪农

　　丁雪农原名丁乐平，江苏扬州人。他青年时代留学美国并专攻保险，归国后任交通银行青岛分公司总经理。丁雪农在耳闻目睹中国保险业的落后，于是决定在保险行业大展宏图。

1. 创办太平水火保险公司

　　1929 年 11 月 20 日，当时号称"北四行"之一的金城银行独资创办太平水火保险公司，注册资金 100 万元，经营水险、火险、船壳、汽车等保险业务。太平水火保险公司由金城银行行长周作民任总经理，特聘丁雪农任第一协理（副总经理）兼上海分公司经理。1930 年 2 月 19 日，太平水火保险公司在上海江西路 212 号金城银行大厦（现江西中路 200 号交通银行上海分行）正式开业，丁雪农的保险事业从此展开。

　　在丁雪农等人的带领下，太平水火保险公司以"太平保险，保险太平"为口号，运用稳健而严谨的经营方法管理公司，依靠金城银行大力发展代理业务，锐意开拓自营业务。三年后，太平保险就取得了获利 20 万元的经营佳绩，分支机构代理网点遍布华南各大城市，进而涉足南洋市场，成为华人保险业中规模最大的民营公司。其发展速度和优异业绩令人钦佩，尤使外商同业刮目相看，从此不再藐视华商保险公司。

　　太平水火保险公司的快速发展吸引来了大批投资者。从 1933 年到 1934 年，交通、大陆、中南、国华、东莱、四行储蓄会先后入股太平水火保险公司，与金城银行共同成为其七大股东，太平保险总资本随之扩充为 500 万元。公司董事会也进行了改组，太平水火保险公司进而更名为太平保险公司。

2. 涉足寿险，打造太平保险集团

随着财产险业务的成功经营，丁雪农主持的太平保险高瞻远瞩，开始涉足寿险业务。1934 年 4 月 20 日，太平保险公司特批国币 100 万元作为寿险基金，成立相对独立的人寿保险部，并吸收社会各界人士组建寿险监理委员会，推动了寿险业务的发展。当时，国民党元老林森、蔡元培等为寿险部开业题词"同登人寿""实行互助"，以示祝贺。太平保险重金聘请了当时被称为"中国三大寿险精算师"之一的陈思度任寿险精算师，业务得到迅速发展。

1938 年 12 月 30 日，以人寿保险部为基础成立了太平人寿保险股份有限公司，1941 年底，太平人寿的有效保额达国币 3500 余万元。至此，太平人寿已成为华商保险业中规模最大、实力最强和市场份额占有最多的民族保险公司。

随着太平保险经营实力的不断增强，丁雪农又开始考虑兼并和联合其他保险公司。其主要股东之一——东莱银行原来投资开设的安平保险公司，由于投资关系于 1933 年合并给太平保险公司。丰盛保险公司因经营不善，将牌号以 10 万元的代价盘给太平保险公司。1936 年，中国垦业银行将其投资开办的中国天一保险公司转让给太平保险经营。上述 3 家保险公司对外仍保留其原来的牌号，继续经营，对内则由太平保险统一负责业务经营，太平保险遂成为集团性公司，壮大了自身的竞争实力，业务较前有了更大发展。

为了加强对太平保险集团内各公司的领导和管理，1935 年 5 月成立了太安丰总经理处，丁雪农仍担任协理，后扩充为太平、安平、丰盛、中国天一总经理处，统筹处理集团公司的各项事宜。太平保险采取了欧美资本主义托拉斯性质的管理形式，对集团内各公司进行联合管理，是当时中外保险公司中独树一帜的新型管理制度。太平保险（集团）公司资本雄厚，分支机构遍设全国各地口岸及内陆城市，最鼎盛的时候，全国代理网点总数达 990 余处，成为当时全国最大的华商保险公司。

3. 重视分保，组建华商联合分保公司

在太平集团发展过程中，丁雪农还能妥善处理分保问题，注意分散经营风险。他主动与华商各保险公司协商签订再保险合约，结成联合阵线，并组建

了华商联合分保公司，以抵制外商保险公司的刁难与控制。这也是华商自办的第一家再保险公司。为了能够更好地解决分保问题，太平集团先后派专人赴瑞士、英国、法国、美国、日本等国考察学习，深入调研国际保险业务发展新方向、新技术以及经验教训。同时，加强太平保险的国际宣传，扩大国际影响，赢得了国际保险市场的信任，并先后与瑞士再保险公司（Swiss Re）等数家实力雄厚、信誉卓著的国际保险和再保险公司签订了分出与分入再保险业务的平等互惠协议。此举，不仅极大地提高了太平保险的国际声誉，更为其日后的业务发展拓展了道路。

4. 规避战乱，重点拓展南洋市场

抗日战争期间，丁雪农领导的太平保险（集团）公司受到巨大冲击。此时，公司在国内各大城市已经建立起了完善的经营网络，北起哈尔滨，南到香港，西接重庆，东至上海，都开设有分支机构及代理处；在东南亚的西贡、巴达维亚、新加坡、马尼拉等地也设立了分支公司。由于受战乱影响，除了国外分支公司和西南地区的分支机构得以幸免之外，国内大部分分支机构遭到破坏，员工大量流失，经营处于瘫痪状态。因此，这一时期太平保险的经营重点集中在了国外业务，受到海外华侨及当地民众的欢迎和支持。

同时，丁雪农还一直担任中国保险学会常务理事、上海市保险业同业公会常务委员兼华洋联合委员会委员，还曾任上海人力车夫团体保险委员会主席。此外，他还积极倡导扶持体育事业，是华东体育会的创办人之一，并担任该会会长。

1949 年上海解放后，丁雪农积极参与筹组民联分保交换处，太平保险公司领导下的上海"民联"发挥了积极作用，显示出了上海保险业自立自强的决心，打破了依赖外商的心理，增强了华商保险业的团结与信心。

1951 年，丁雪农去香港发展，后定居台湾，1962 年在台湾病逝。

§10 一代保险儒商——朱如堂

朱如堂是民国时期著名的保险儒商，经济学教授，曾对我国保险业早期的

发展作出重要贡献。

1. 留洋美国的大学者

朱如堂 1901 年生于浙江吴兴，为实业家朱子谦之子。他幼时受到良好教育，早年毕业于上海圣约翰大学。

1921 年，朱如堂又赴美国约翰大学留学，专攻商业管理，并获得 MBA 学位，后归国寻求发展。

朱如堂 1924 年回国后，即担任暨南及国民两大学的经济学教授，不久又荣任暨南大学商学院院长，培养了大批经济管理人才。稍后，朱如堂被任命为广东国民政府财政部第三课课长。

2. 弃官从商，拓展保险事业

1926 年，朱如堂辞官后进入保险行业发展，担任保裕保险公司经理。此后，他为中国保险业的发展壮大倾注了极大心血，作出了不可磨灭的贡献。

1931 年，朱如堂直接参与组建近代中国首家中外合资保险公司——宝丰保险公司。同年 9 月，该公司在上海成立后，朱如堂兼任董事与总经理，副总经理和五名董事则由太古洋行派出。宝丰保险公司由上海商业储蓄银行与英商太古洋行联合设立，实收资本金 50 万银元，中方占 51% 的股份。宝丰保险公司在全国各大城市设有分支公司或代理处，并委托各地银行代办，经营各种财产保险业务，成为当时规模较大的合资保险公司。上海商业储蓄银行以及各地分行的押汇、押款、仓库等业的水、火灾保险，当时均在宝丰保险公司投保。同年，朱如堂被推举担任上海市保险业同业公会执行委员。1935 年被推任为同业公会的常委。

太平洋战争爆发后，朱如堂领导的宝丰保险公司联合九家华商公司共同组织久联分保集团，缓解了中资保险公司的分保困难。朱如堂后来担任了上海商业储蓄银行董事长兼总经理。1943 年，他又兼任环球信托公司董事及中国第一信用保险公司、亚洲大药房董事和上海银行公会执行委员。当时，汪伪政府为解决财政困难，准备对上海的金融业开征营业所得税，朱如堂与徐寄庼、陈朵如等同行相商后，决定在会计账目上做手脚以抗拒巨额所得税，从而使各行减少了损失。抗日战争胜利后，陈光甫回沪因无暇兼顾上海银行业务，便推朱如堂任董事长。当时银行职员从事投机盛行，朱如堂虽有意整顿银行纪律和风气，但已无能为力。解放后，朱如堂一直担任上海银行副董事长。

3. 呕心沥血，丰功伟绩留青史

朱如堂先生对我国保险业早期的发展，功绩颇丰。除上述功绩之外，早在1933年，在中英文火险保单标准条款与格式的制定与实行运动中，朱如堂就率先垂范、出力良多。其后，上海保险公会又设立保险单译文委员会，朱如堂任常委之一，先后审定了火险、汽车险等多种保单的译文。

1935年，中外保险机构为密切联系，邀请朱如堂出任华商公会方面的代表。为谋求华商同业者的利益，他不辱使命，据理力争，赢得同行的爱戴。

1936年，上海实施火险经纪人规章，这是我国保险史上划时代的一笔。这项重要规章的提议、起草、讨论、修正以至实施，花费了许多人的时间和心血，朱如堂便是其中最重要的组织推动者。

§11 任硕宝：保险公益事业的开拓者

任硕宝，福建闽侯人，旧中国著名的保险经理人，热心保险公益事业的开拓者。

1. 年轻的保险经理人

1918年，任硕宝从福州格致学院毕业后，进入保险行业发展。他先是在法商保太保险公司任视察员，在各地视察各代理处的业务状况，颇受公司赏识。

1924年，美商美亚保险公司总经理史带在华开设友邦水火保险公司，聘任硕宝为公司经理。他经营水火业务的经验与学识与日俱增，且取得惊人业绩。后又兼任美亚保险公司中国各口岸水险部经理。

1932年8月，由浙江兴业银行与美商美亚保险公司等合资创设的泰山保险公司成立，该公司资本额为 100 万元，分 10 万股，全额实收。其中，美亚集团占资本总额近 30%，中国通商银行、浙江实业银行、中孚银行也有参股。泰山保险公司是继 1931 年 9 月由上海商业储蓄银行与太古洋行及英国多家保险公司合资创办的近代中国首家中外合资保险公司——宝丰保险公司后，成立的第二家中外合资保险公司。泰山保险公司聘任硕宝为水火险部经理，掌管公司实权，个人名望不断提高。这也是他脱离洋商进入华商，为民族保险发展奋斗的开始。

此后，任硕宝专心于泰山保险公司的业务发展与经营管理，重要事务必亲自料理，公司业务日渐兴隆，根基也日趋稳定。先后在香港、广州设立了分公司，在南京、天津、北京、汉口、重庆、郑州、扬州、宁波、厦门、青岛、杭州、无锡、常熟、吴兴等地设代理处。该公司主要经营包括：人寿、水、火、汽车、意外、邮包、行李、盗窃、电梯、玻璃、兵险、风、电、房租、车辆等各类险种。到 1936 年，其寿险、水险、火险、意外险共盈余 5.1 万余元。1937 年后，依当时的《保险法》规定，宣布分设为泰山产物和泰山人寿两家独立公司，内部实际仍是一家。1945 年，该公司资本改为法币 500 万元。

2. 保险公益事业的热心人

任硕宝对保险公益事业也极为热心。他曾兼任上海市保险业同业公会的评价委员、兵险委员会主席、火险查勘研究班委员；还担任华洋联合委员，统一保价委员会中方主席，为华商公司争取权益。任硕宝对华商公司的火险保价问题，曾进行潜心研究，并制成火险保价表，以供同业参考、使用，推动了火险业务发展。

1943 年在重庆开张的中国农业保险公司，抗战胜利后随国民政府迁沪，任硕宝被聘为其总公司协理，即副总经理。1946 年，任硕宝被选为上海保险同业公会理事，为保险同业的合作与发展做了许多有益工作。

1948 年 8 月，任硕宝主持组建的国民产物保险公司在上海成立，中国农业保险公司为主要投资人，任硕宝担任第一任总经理。1949 年 10 月，国民产物保险公司被上海军管会接管。而此时，任硕宝已离开上海，去了海外发展。

§12 中文保险条款的开拓者——胡咏骐

胡咏骐（1898 ~ 1940），字志昂，是中国民族保险业尤其是中文保险条款的拓荒者，也是中国保险业上层人士中最早的中共地下党员之一。

1. 虔诚的基督教徒

1898 年，胡咏骐出生于浙江鄞县的一个手工业者家庭，父亲是一家手工织绸茧作坊的职员，育有 8 个子女，胡咏骐排行第六，家境并不宽裕。

胡咏骐少年时就读于宁波的教会学校——斐迪中学，在校学习期间开始信仰基督教。中学毕业后，胡咏骐进入上海沪江大学学习，1919 年修业完毕获文学士学位。胡咏骐毕业后回宁波创办基督教青年会，任总干事，后转任中华基督教青年会全国协会董事、书记、司库，兼任上海市分会组委会主任委员、上海基督教青年会董事等。1926 年，胡咏骐得到教会资助，赴美国哥伦比亚大学攻读人寿保险和商业管理学，并有机会到纽约联邦人寿保险公司实习一年余。

胡咏骐 1929 年回国后，任宁绍商轮公司保险部经理，公司改组后担任宁绍保险公司总经理。

2. 白手起家创办寿险公司，推进保险教育

1931 年 11 月 1 日，胡咏骐根据其所学专业，发起创办宁绍人寿保险公司，召集的股东大多是宁绍帮旅沪富商，收到资本金规银 25 万元，专营人寿保险业务。总公司起初设在上海江西路（今江西中路）59 号，后迁至北京路（今北京东路 356 号）国华银行大楼，由邵长春、乐振葆先后任董事长。胡咏骐任总经理，他充分施展个人才华，实行科学管理，爱护人才，知人善任，用人得力，立业成规，倡导循序渐进经营、严格审慎投资。其寿险营销方式深受社会欢迎，公司业务蒸蒸日上，市场扩展很快，相继在广州、北京、汉口、青岛设分公司，在九江、重庆、南京等地设立了代理处。

胡咏骐把人寿保险作为社会事业来看待，积极在公司内推行寿险优质服务三步策略：第一，劝人投保寿险，应先从其需要上着想，谋其适当之保障，

并使要保者充分了解其效益，欣然乐从，杜绝因情面或回佣而征得之营业。为贯彻此项主张，聘请专家担任教练，凡从业员开始出外服务之前，必先经过相当时期之训练，培训合格上岗。第二，承保才是真实服务之开始。除贡献被保险人以保障权益外，并时或以文字作报道，时或派员前往访候，务使公司与被保险人间沟通消息，没有隔阂，并防止失效或停保之发生。设有失效或停保之户，仍思谋其恢复，在可能范围内必予最大之方便。第三，事故发生后必须迅速进行调查，如属保险责任则立即赔付。寿险公司自赔款拨付后，由于领受赔款者多为孤儿寡妇，不善处理金钱，且巨额现款易遭人觊觎，故于赔款时谆谆劝导受益人如何妥为保管，并善为使用。该公司印有单页客户指导书，多加提醒，有时还代办其他手续，务求被保险人满意，完成寿险之真实使命。

作为受过欧美大学系统专业培训的保险经理人，胡咏骐深知普及保险知识、培养专门人才的重要性，因而想方设法扩大保险宣传。1933 年 4 月 10 日，宁绍人寿保险公司创办《人寿》季刊，每三个月出版一期，这是中国保险界最早出版的定期刊物，也是较早研究寿险理论的专业刊物（该刊 1941 年 11 月停刊）。

3. 投身同业组织建设，为振兴民族保险业殚精竭虑

由于胡咏骐在中国保险业界的声望和影响力，1933 年开始，他连续当选上海市保险业同业公会执行委员；从 1935 年秋起，更连续被推举为保险业同业公会主席。此间，他对上海市保险业同业公会进行了革新，在全国具有广泛的影响力。胡咏骐常说 "今日之保险公会，不同于以往仅司例行公事之机关，而实为积极化、学理化、研究化、同业互助化之组织"，在任同业公会领导工作的 8 年中，以共存共荣为目标，团结同业，热心擘划，为维护华商保险企业的共同利益和振兴民族保险事业，做了以下许多开拓性的工作。

（1）促成华洋同业合作。胡咏骐主张华洋同业应该携手互助合作，不应作无谓之倾轧。鉴于外商独占再保险市场的残酷现实，他经常告诉同人 "华商同业应埋头苦干，静以待时，他年水到渠成，自会有发展"。

（2）将保险教育发展作为保险业的首要工作。他以同业公会的名义吁请国

民政府庚款委员会在公派赴外留学生中规定保险专科名额，以谋多培养保险人才；由同业公会和中国保险学会联名向各大学商学院建议，在商科中规定保险学列入必修课；与中国保险学会联名呈请教育部通令全国各大书局，援照欧美日本先例，在中小学教科书中增加有关保险知识的课程内容，借以倡导。这些建议得到有关部门赞同，并付诸实施。全国公私大学及专门学校大多响应，如上海沪江大学、武昌中华大学、广东法科学院等均有复函表示赞同，设法设立保险专业。各大书局如中华、大东、世界、开明等书局，均于重编教科书时将保险教材加入。

（3）倡导专业知识学习，开展学术理论研究。1937年秋，胡咏骐倡议首创上海保险业同业公会阅览室和图书馆，公会每年于预算内划出一定款项，购置中外文保险书报及杂志。鼓励保险从业者学习业务，提高素质。创议出版公会会刊《保险季刊》。创造条件组织举办保险学术讲演，大兴保险研究之风，并多次应邀到复旦、沪江等大学进行人寿保险问题专题演讲。

（4）承办利于同业的工作，争取行业利益。保险业同业公会代表会员公司与政府交涉有关印花税、营业所得税等问题，替会员公司争取政府在业务上的支持及提倡保险学识等，甚至代替政府出台了有关管理保险经纪人的若干规定。如1936年国民政府立法院有修改《保险法》之议，并邀公会推派代表列席陈述意见。为此他积极推动同业座谈征询，费时三月详事研究，最后形成意见书。胡咏骐等6人为特派代表，赴京列席讨论，反映民族保险企业的利益诉求，立法院对保险公会代表的建议大多采纳。同年，在国民政府修改《所得税法暂行条例及施行细则》时，保险公会再度集思广益，由胡咏骐领导，竭力与当局磋商，力争将人寿保险列入免税项下，以同业名义争取对保险企业的优惠政策。

4. 创建保险业余联谊会，积极投身抗日救亡事业

1937年"八一三"淞沪会战爆发后日军占领了上海，上海公共租界和法租界很快沦为"孤岛"。胡咏骐以保险业同业公会主席的身份，带头参加国际救济会致力于难民救济工作，又积极参加上海职业界救国会，发起组织上海保险

界战时服务团，并参加联系各界上层爱国人士的"星二聚餐会""星五聚餐会"活动，而且是这些聚餐会的核心组织"九人聚餐会"的成员。胡咏骐如饥似渴地阅读他所能获得的介绍中共和红军的书籍（如《西行漫记》）和中共关于抗战主张的文件（如《论持久战》《论新阶段》等），还在沙文汉的引导下直接阅读英文版《资本论》。他刻苦钻研，难懂之处就不断向进步朋友请教。这使胡咏骐的思想认识产生了巨大飞跃，萌生了为共产主义事业奋斗的强烈愿望。

胡咏骐自觉投身爱国进步事业，在以团结抗日为宗旨的聚餐活动中，他结识了许多文化、教育、工商、金融界的爱国进步人士（其中有中共地下党员和抗日救国会的骨干），并同胡愈之、郑振铎、许广平、王任叔，刘湛恩、章乃器等过从甚密，建立了深厚友谊。他还积极参加了"星二聚餐会"成员共同发起的"复社"，为出版发行埃德加·斯诺所著的《西行漫记》中译本以及《鲁迅全集》（20 卷本）、《瞿秋白文集》等进步书籍筹措资金，提供多方面帮助。包括把这些书籍的纸版，存放在宁绍人寿保险公司和自己家中，以避免被租界巡捕房查究。当夏衍、王任叔等创办的进步报纸《译报》因经济困难被迫停刊改组时，也得到了胡咏骐的及时支持和资助。他还曾掩护中共上海地下党领导人刘晓（化名刘镜青），安排其在宁绍人寿保险公司任经理员职务。在刘晓因工作需要自沪赴渝时，胡咏骐又设法给刘晓以宁绍商轮公司职员的身份作掩护，使他在沿途得到照顾。

1938 年上半年，中共地下党决定发起组织上海市保险业业余联谊会（简称"保联"）。胡咏骐与谢寿天、程恩树、林震峰、郭雨东、董国清等作为共同发起和筹备人，通过个别征求方式征集到会员 300 余人。当年 7 月"保联"成立时，胡咏骐当选第一届理事会理事，并被聘为顾问。胡咏骐依托保险同业公会为"保联"提供了会所和其他福利支持，如图书馆、消费合作社的基本设施，都是他帮助解决的。从第二届理事会起他又被聘为"保联"的名誉理事兼顾问。他为会刊《保联》题写刊名，为创刊号题写"乐业好群"贺词，多次撰写理论文章，专题演讲，勉励保险业从业人员"努力学习业务，增进学问品行之修养"。他还积极资助"保联"开展各种文娱体育活动，鼎力支持话剧组、评剧组和体育组的正常活动，为其热忱服务。胡咏骐的实际行动在保险业界上中层人士中起到了很好的示范倡导作用，为地下党在保险业职员中广泛团结群众，开展抗日民族统一战线工作提供了便利条件。

同年，胡咏骐向沙文汉提出了申请入党的愿望。中共地下党江苏省委对他的转变过程和实际表现早有了解，因而其申请很快就得到了江苏省委的同意。但由于胡咏骐当时是民族资本家，按照党章规定，还须经省委上报党中央批准。1939年初，中共中央特别批准了胡咏骐为中国共产党预备党员。当胡咏骐得知被批准入党时，心情万分激动。他向党组织明确表示：只要是党的事业需要，他随时准备抛弃自己在上海的社会地位和家庭生活，到解放区去参加战斗，流血牺牲在所不惜。当时负责同他保持单线联系的沙文汉告诉他：一切服从于党和人民的需要是完全正确的，每个党员都应该随时准备奔赴党指向的战线。但是党需要他并不是到解放区去，而是留在上海，利用自己的社会地位和影响，更好地做好各界上层人士的统战工作，以壮大抗日力量。从此，他更加自觉地团结各界上层人士，按照党的方针不遗余力地进行抗日统战活动。

1939年7月24日至30日，在地下党的发动和领导下，"上海职业界救亡协会"发起举办了"上海业余话剧界慈善公演"，胡咏骐担任筹委会副主任，发动许多知名上层人士参与演出筹备。这场声势浩大的慈善公演共演出9场，轰动了全上海，演出取得了空前成功。义演结束后，胡咏骐在张菊生和李伯龙的陪同下，代表义演筹委会将义演收入面交八路军驻沪办事处的刘少文，请求转给新四军。

5. 主持制定中英文保单标准条款格式

1935年，中国保险学会成立后胡咏骐为常务理事，随后他又出任上海保险业同业公会主席。

胡咏骐在任职期间，联合朱如堂等同业公会委员，主持翻译并制定了中英文保单标准条款格式，审定了保险单上长期沿用的英文条款译文，结束了我国早期民族资本保险公司保险单上没有中文条款的历史。以往，华商、洋商火险营业保价互异，规章不同，各自为政，不利于保险行业发展。胡咏骐等人经过与外商多轮谈判，成立了囊括华商和外商火险公司在内的上海市火险联合委员会，协调统一了火险费率和条款，限制了外商保险公司对华商保险公司的不正当竞争。

胡咏骐因长期超负荷工作而积劳成疾。但他不以为意，仍全力投入工作，直到病情急剧转重，才于 1940 年 5 月住进医院。住院时并发黄疸症，在手术中确诊他患的是胰腺癌，在当时医药条件下已回天乏术。胡咏骐知道病情后，想的还是怎么实现自己的信仰。10 月 24 日，他在遗嘱中写到 "余信仰为人在世应为大多数人民谋福利，生为中国人应先中国而后世界。余不赞成私有财产制度，家人日常生活应力求简朴，只求合乎卫生，切弗奢侈。每年全数收入除简朴生活所必需之外，应用于为大多人谋福利之事业。"这一遗嘱充分体现了胡咏骐的信仰和追求。

1940 年 11 月 5 日，胡永琪不幸在上海病逝，年仅 42 岁。上海市保险业同业公会、上海市保险业业余联谊会、宁波旅沪同乡会、上海沪江大学、中华基督教青年会全国协会、上海中华基督教青年会、宁波中华基督教青年会、上海联青社、宁绍人寿保险公司等机构联合组织了悼念活动，并出版了《胡咏骐先生纪念册》。

在胡咏骐的影响下，其子女始终把父亲的遗嘱作为自己做人做事的座右铭。他们均较早踏上了革命道路，并成为国家的栋梁之才。

§13 中国再保险业先驱——傅其霖

傅其霖，浙江镇海县人。早在民国之前，傅其霖就开始潜心从事保险事业了。因此，他被称为中国近代保险与再保险事业的先驱和开拓者。

1. 扎根保险，建树良多

傅其霖早年供职于上海最早的华商保险公司——华兴水火保险公司，不久升任该公司水险部主任。由于他天资聪慧，业务建树颇多，深得公司董事会的重用。第一次世界大战爆发后，外商航运大受打击，而我国民族航运业则迅速发展。傅其霖看到这一市场的保险商机，连续为三北、宁绍、鸿安三家轮船公司及国营的招商局扩大水险经营计划，成绩显著，旋即升任该公司的副经理。

当时，由于保险业者未能通力合作、相互分保，所以对巨额再保险业务极感困难。傅其霖极力倡导同业合作，并邀请各华商保险公司建立了保险公会。公会成立后，傅被推举为董事、执行委员，为维护同业利益贡献巨大，深得保险同业推崇。不久，华安水火保险公司经理沈仲礼先生逝世，其董事会力邀傅其霖出任公司经理。经过十余年的发展奋斗，公司各项业务欣欣向荣，傅其霖又任公司常务董事兼总经理。

2. 力主合作分保，推动组建华商联合保险公司

对于水火险同业合作分保的方法，傅其霖倡议极多，贡献也很大。傅其霖集合同业创建华商分保团，后又正式成立船舶保险联合会，傅其霖任委员，聘请工程专家及验船师办理修理救助事宜。此外，傅其霖又联络上海航政局，组织评判及审定船员资格，博得各界赞誉。

1933 年 6 月，傅其霖与华商同业组建的华商联合保险公司成立，专营再保险业务。华商联合保险公司 8 月注册，实收资本 40 万元。该公司是中国第一家特许经营再保险的专业公司，傅其霖任常务董事并一度兼任董事长。

华商联合保险公司的前身是成立于 1929 年 12 月，原为上海联保、肇泰、联泰、羊城 4 家保险公司联合组建的"四行联合总经理处"，由肇泰保险公司总经理徐可升任司理，办理分保业务。1930 年 2 月，又有华安水火、宁绍商轮公司保险部、通易信托公司保险部等相继加入，并更名为"中国联合保险公司"。实际参加的公司是上海联保、华兴、肇泰、华安水火、永宁水火、永安水火、先施置业、中国海上、宁绍水火、通易信托公司保险部 10 家保险公司。

华商联合保险公司总公司设在上海，别无分支机构。公司定有章程 6 章 34 条，注册资本为 80 万元，实收 40 万元；国民政府实业部特拨 5 万元，加入官股，以示提倡扶持，专营各种再保险业务。总经理初为顾馨一，后由傅其霖任董事长兼总经理。1936 年，由于通易信托公司倒闭，其在保险部的股份退出，几乎出现危机。后经商定，由太平保险公司承担了通易保险部的全部股份，并参与改组，由太平保险公司协理丁雪农任董事长，邓东明任总经理，并与瑞士再保险公司签订分保合约，继续经营再保险业务，并获得了很大发展。1947 年 8 月，公司增资到法币 1 亿元。

解放后，华商联合保险公司接受了社会主义改造。1951 年 11 月，该公司联合其他 14 家民营保险公司，与中国人民保险公司共同组成了公私合营的太平保险公司，也就是今天的太平保险集团的前身。

§14 谢寿天：红色保险的掌门人

谢寿天（1914~1972），名本守，号叔申，出身于浙江泗门镇一书香门第。我国现代著名金融专家，中国社会主义保险事业的开拓者之一。

1. 投身革命的热血保险青年

1926 年，谢寿天自诚意商业学校毕业后，来到上海，进入正风中学读书。1931 年，他进入民信银行当练习生。谢寿天白天上班，晚上坚持到基督教青年会办的夜校读书。1932 年春，谢寿天转入沪江大学商学院夜校部会计系，开始接受系统的专业教育。1935 年毕业后，他进入上海天一保险公司担任会计科科长。

当时，日本帝国主义的武装势力已经从东北扩展到华北。中共中央发布了著名的《八一宣言》，号召停止内战，一致抗日。上海民众积极响应，谢寿天经公司同事杨经才介绍，参加了上海市职业界救国会。通过各项抗日救亡的群众运动，他认识了许多爱国进步人士。在时任上海市保险业同业公会理事长、宁绍人寿保险公司总经理胡咏琪的影响下，谢寿天参加了中共上海地下党文委领导的"复社"，并为"复社"出版发行《西行漫记》和《鲁迅全集》筹集资金。在天一保险公司内部，他时常借与公司同事共进晚餐之机，进行抗日救国宣传教育，从而团结了一大批进步青年，成为后来筹建"保联"的部分骨干力量。

1937 年 7 月，卢沟桥事变爆发后，谢寿天和胡咏琪、杨经才、郭雨东等保险界进步的中上层人士，共同发起成立了"上海市保险界战时服务团"，报名参加的保险界职工有三百余人，谢寿天任该团秘书长。8 月，他作为保险业团体代表，参加了"上海市职业界救亡协会"。"八一三"淞沪会战爆发后，他联系全体团员积极开展募集捐款、慰问伤员、救济难胞等工作。

2. 筹建"保联"，发展抗日统一战线

上海沦陷后，租界成为被包围的"孤岛"，公开抗日活动因而受到一定限制。中共上海地下党组织考虑到保险公司与各行各业的联系相当广泛，通过保险公司的业务活动，又可与各行各业中的中上层人士保持经常联系，有利于开展党的抗日民族统一战线工作，还可利用保险公司这一组织，掩护地下党员和党组织的秘密活动。因此，党组织抽调程恩树、林震峰两位党员组成保险业党支部，筹备建立上海市保险业业余联谊会。谢寿天在筹备中发挥了重要作用，他把全部精力都投入在筹备工作上，他的宿舍一时也成为大家经常碰头、讨论工作的地点。

1938 年 7 月 1 日，经过近半年的努力，"保联"成立大会在宁波同乡会召开，参加的会员有三百余人。谢寿天当选为常务理事兼组织部主任和图书委员会主席。"保联"是中共上海地下党领导下的团结保险界职工和中上层人士的群众团体，以"联络感情，交换知识，调剂业余生活，促进保险业之发展"为宗旨。历届的理事、监事均由上中下各阶层人士担任，理事会主席则大多由各保险公司的总经理、副总经理担任。这样在开展会务活动的同时，也开展了统一战线工作。

"保联"在抗日战争时期，利用公开合法团体的地位，根据不同形势和保险业的特点开展工作。通过创办《保联月刊》和《保险月刊》，进行政治、经济、时事形势的宣传教育，激发保险业职工的爱国热情，积极投入抗日救亡活动。有的人随后转入大后方，有的则进入解放区，奔赴抗日前线工作。同时，通过保险讲座和学术研究班的形式，还培训了一批急需的保险业务技术人员。"保联"通过开展各项活动，广泛密切地团结联系保险业职工，使其日益发展壮大，在上海保险业职工运动史上留下了光辉一页。

1938 年至 1939 年，谢寿天作为保险界代表，还参加了由中共上海地下党组织的"职业界理论会"，以学习中共中央公开发表的宣言、毛泽东的讲话文章为主，同时到各团体进行演讲和为报纸杂志撰稿，在青年职工中开展进步文化普及活动。他还用个人收入和积蓄为由中共江苏省委主办的《每日译报》社

筹集资金，使毛泽东的《论持久战》和美国进步作家斯诺的文章得以在上海登载。还通过"保联"销售该社出版的其他进步书籍，使党的正确主张和抗战的真实形势在保险界得以迅速传播。

经历抗日救亡运动的实践和锻炼，1941 年 2 月，谢寿天经石志昂介绍加入中国共产党，由中共上海职员运动委员会书记陆志仁直接联系。1942 年到 1943 年，他曾两次进入解放区，分别在淮南黄花塘和葛家巷向华中局城工部汇报工作，并参加党的整风学习。此后，按照上级党组织的指示，他的工作重点由"保联"转向金融界上层人士的统战工作。

3. 创建执掌红色保险公司，筹集革命经费

太平洋战争爆发前夕，原控制上海保险市场的英美商保险公司相继被迫停业，在沪的日商保险公司因实力薄弱，一时难以取代英美各公司的地位。这是一个发展民族保险事业的大好时机。谢寿天向陆志仁提出创办保险公司的建议，经过地下党领导的同意，由谢寿天出面，邀请郭雨东、陈巳生、关可贵、董国盾、龚渭清、全家瑜等为发起人，定名为大安产物保险公司。该公司自 1941 年 10 月 19 日开始筹备，分头负责筹集股金，借广东路 51 号大莱大楼二楼办公，注册资本法币 50 万元，实收 25 万元。同年 11 月 28 日公司举行了创立会，次年 5 月正式开业，谢寿天任常务董事兼总稽核。公司开业后先后在敌占区天津、北平、南京、广州、青岛、烟台设立了分公司，并在武汉、无锡、苏州等地设有代理处。

大安产物保险公司是一个不满 30 人的保险企业，其高中级职员多属中共各系统的地下党员，如谢寿天、陈巳生、蒋学杰、赵帛、孙文敏、蔡同华、吴福荣、施月珍等。连天津分公司经理孙文敏、广州分公司经理石志昂都是地下党员。其中蒋学杰是谢寿天的夫人，曾任上海中国职业妇女俱乐部副主席。他们以大安产物保险公司的职业为掩护，在大力发展保险业务的同时，积极遵照上海地下党的意图从事革命活动，筹集革命经费，并为支持"保联"的各项活动，作出了显著贡献。

此后，谢寿天根据不同时期党的不同工作要求，经常参加上海金融界、工

商界和知名人士组织的座谈会、聚餐会，联系和团结爱国民主人士，开展统战工作。1944 年，他按照地下党的指示，参与关勒金笔厂的改组事宜，并兼任该厂董事。后来，中共江苏省委书记刘晓（化名刘镜清，当时上海地下党组织归江苏省委领导）到关勒金笔厂任常务董事，省委组织部长王尧山任该厂职员，为他俩取得了社会职业的掩护。

4. 发起建立大上海分保集团，积极开展统战工作

上海沦陷时期，英国、美国、法国等国的保险公司已被迫关闭，华商保险公司的分保关系中断，因此，唯一解决分保问题的就是华商公司联合起来，走自力更生的道路。经保险业同人的共同努力，在平等互利的基础上，完全由华资保险公司组织的分保集团相继成立了六个。

大安保险公司决定发起、推动建立了大上海分保集团，以便依靠华商自己的力量，团结互助，妥善解决集团内部各公司的溢额分保问题。1942 年 2 月，大上海分保集团正式成立，参加公司有大安、大上海等 19 家保险公司。当时，其实力仅次于太平分保集团。该分保集团都以所属公司的资本金额，以公积金额与营业情况等核定，按比例分配，共同负责盈亏。每年将纯利润提成充作赔款准备金，借以增强集团组织的经济力量和维护保户的权益。此举有效地解决了民族保险业的分保问题，是民族保险业团结互助、反日控制和业务经营上的重要建树，抵抗了日本帝国主义妄想控制上海保险市场的企图，有力地推动了华商保险业的自主经营。

1944 年至 1945 年间，谢寿天在上海地下党的部署下，会同吴承禧、胡宣同与金城银行董事长兼总经理周作民、中国银行沪行经理吴霞修多次接触，以便争取和团结这些在上海金融界颇有影响的代表人物，扩大和巩固抗日民族统一战线。谢寿天以学者、专家的身份同他们进行坦率深入的交谈，通过分析国内外形势、抗战前途、国共关系等问题，向他们介绍共产党的主张和政策。经过一段时间，周作民、吴霞修两人的态度开始明朗，1945 年初，周作民表示愿意去新四军根据地参观访问，吴霞修则赞同并积极支持。此后，两人一直与谢寿天亲密合作，为中华民族的解放事业出了不少力。

抗战胜利后，中共上海市委又委托谢寿天创办了《经济周报》。他把党内外进步的经济学家团结在周围，把刊物办得很有特色，受到工商金融界的重视。《经济周报》还和其他团体共同组织"上海各经济团体联谊会"，扩大了与民族工商业者和进步经济学家的团结和联系，为党的统战工作开辟了新的阵地。通过《经济周报》，谢寿天还为党调查收集有关国民党政府企业的经济情报和资料，对党组织做出正确决策提供了重要依据。1949年4月，因《经济周报》揭露国民党财政经济内幕情况，介绍解放区形势及解放战争的进展详情，遭国民党当局警告，并被勒令停刊。直至上海解放后，才得以复刊。

1946年，为了在恶性通货膨胀的情况下，使党组织的有限资金不受贬值影响，同时也为掩护地下党员的革命活动，谢寿天和梅达君、陈巳生、方行等筹建了"东方联合营业公司"。谢寿天任总经理。该公司以经营进出口贸易为主，公司内建有党小组。在他的悉心经营下，公司业务不断扩展，在香港也设有分公司。1948年下半年，谢寿天随张执一多次往来于沪港之间，并在香港参加由上海地下党举办的学习班，举办学习班的全部经费由"东方联合"香港分公司提供。是年10月，谢寿天奉党的指示撤离上海，为了使公司业务不致中断，他邀请原天一保险公司的同事张统桢、徐兰甫，去"东方联合"从事股票、金银的买卖，以遮人耳目，直至上海解放。

5. 为新中国的金融保险事业呕心沥血

1949年初，谢寿天从香港出发到达石家庄，由中共中央分配参加接管上海的准备工作。5月27日上海全部解放当天，正式成立了中国人民解放军上海军事管制委员会财经接管委员会金融处。谢寿天任副处长，负责对官僚资本银行和保险机构的接管工作，他充分发挥熟悉上海金融界情况的特长，对在10月1日新中国成立前夕胜利完成接管工作作出了重大贡献。在此期间，他还作为公股董事派往原由官商合办的新华信托储蓄银行，使新华信托储蓄银行成为上海最早的公私合营银行之一。

1950年6月10日，中国人民银行又派谢寿天为公股董事，参与私营上海商业储蓄银行的内部管理，实现初步的公私合营。随后，被称为旧上海北五行的金城、盐业、中南、大陆以及联合商业储蓄信托五家银行也申请公私合营，获得中国人民银行同意。是年 8 月 25 日，五家银行董事会分别推派代表董事，与中国人民银行指派的十名董事一起组成北五行联合董事会，谢寿天任副董事长。9 月 1 日，在保持各行原有法定地位，兼顾公私股东利益的原则下，成立公私合营的北五行总管理处，谢寿天任主任。

新中国成立后头几年，谢寿天历任中国人民银行华东区行副行长，兼中国人民保险公司华东区分公司总经理等职。他在团结民族工商业者，打击金融投机以及对私营金融保险业的社会主义改造中，付出了大量心血。

1954 年，中华人民共和国和英国建立代办级外交关系，谢寿天任第一任驻英商务参赞。1960 年，谢寿天奉调回国，历任外贸部出口局副局长、中国五金矿业进出口公司总经理、中国人民银行国外业务局局长、中国银行副总经理等职，多次参加政府代表团出国访问。"文化大革命"初期，谢寿天受到冲击和迫害，但他仍泰然处之。1972 年，周恩来总理指名要求恢复谢寿天的工作，准备派驻联合国。不幸在接待外宾过程中，他突发心肌梗死，抢救无效，于 1972 年 8 月 10 日去世，终年 58 岁。

1978 年 7 月，中共中国人民银行党组对谢寿天的历史进行复查，追述他历史清楚，参加革命三十多年来，对党忠诚，努力学习，为党为人民的金融事业勤勤恳恳工作，是党的好党员、好干部。对在"文革"期间蒙受的不白之冤，予以平反昭雪，恢复名誉。

§15 中国海上保险业旗手：陈干青

陈干青是我国著名的爱国航海专家，首位外轮船长及总船长，也是我国第一位海事专家，他最早倡导发展海上保险。

1. 杰出的首位外轮船长及总船长

陈干青（1891 ~ 1953），名耀烈，字干青，上海崇明县港西镇团结村（原界排镇）人。1910 年，读了 15 年私塾及中小学的陈干青，在三千考生中以第一名的成绩考入由海军名将萨镇冰任校长的国立吴淞商船专门学校。

当时，我国航海主权受英国人控制，远洋轮的船长、大副，二副及轮机长等要职都由外国人把持。陈干青1914年毕业后背负着民族的耻辱，黯然返回了家乡。1915年，经航运界巨头虞洽卿推荐，陈干青上升利轮任三副，不久调任升孚轮和肇兴轮任二副。

1917年9月11日，肇兴轮在厦门口外突遭暴风雨，船底触礁漏水，船上从船长到大副的多名日本人都一筹莫展。这时，陈干青勇挑全船生命财产安危之重任，经过一整夜艰苦卓绝的抢险，肇兴轮终于幸免于难。于是，聪明能干的陈干青开始在航海界崭露头角。

1921年的一天，在上海海关理船厅里，英国人港务长就航海天文、国际船舶避碰章程等知识，对中国海员陈干青进行口试。面对洋人的提问，他毫不惊慌，用英语娴熟地回答着。口试无懈可击，洋人港务长就对他进行笔试。陈干青很快就做完了试卷，答得还是那么出色。洋人港务长还不死心，几天以后，再由他亲自监考，要陈干青完成天文测量、海图作业等高难度试题。陈干青没有被难倒，迅速、正确地做完了试题。洋人港务长亮出了最后一道难题——要他全文背诵《避万立章程》，不料陈干青竟倒背如流，一字不错。洋人港务长瞠目结舌，他叹服了，不得不同意轮船公司提升陈干青为外洋轮"升利"号船长。陈干青就这样以精湛的业务知识，冲破把持中国海关的外国人的重重阻拦，成为中国第一个外洋轮——升利轮的船长。以后数年，陈干青带领升利轮航行在长江沿岸、北到海参崴南到东南亚沿海的各大港口，经历多次大风浪考验，他在航海界声名鹊起。

1924年，陈干青又破天荒地升任中国首任总船长——肇兴轮船公司的总船长，掌管二十多条大海船。打破了洋人在中国航海界一统天下的局面，为中国的航海史写下了光辉的一页。

2. 著名的爱国航海专家

陈干青当上总船长后，时刻不忘把我国航海权从洋人手中夺回来。他一方面积极行使总船长的职权，让一批有中等文化程度的中国学生上船当实习生，对他们进行业务培训，使其尽快掌握先进的航船技能；另一方面，迅速淘汰洋驾驶员、洋船长，用自己培养出来的青年人替代，逐渐把我国航海权从洋人手中夺回。

为了更多更快地培养航海人才，陈干青四处奔走，多方呼吁，吴淞商船专门学校终于恢复招生了。该校培养了一大批我国自己的航海专门人才。中国的轮船上终于没有洋技术人员的立足之地了，中国海员扬眉吐气。

在大家无比兴奋之时，陈干青却在考虑如何夺回中国的引水（领航）权。在旧中国，引水权和领航权一样，一开始也掌握在英国人手中。我国沿海主要港口进出港航道引水，都由洋人担任。中国的海域由英国人测绘制成海图，卖给中国人使用，中国港口航道的秘密都掌握在洋人手中。陈干青在他主持的驾驶员总结大会上，多次慷慨陈词，还在报上发表文章，力主夺回引水权。他与会员们一起，以中国驾驶员总会的名义，上书交通部，要求组织中国引水管理委员会。

通过斗争，陈干青参加了引水员资格审查委员会的审查工作。有了中国人参加审查工作，洋人不能像以前那样为所欲为地卡中国人了。在他的有力支持下，吴金祥等三名海员通过了审查，成为中国第一批引水员，从而打破了上海港引水由洋人一统天下的局面。之后，在他的关心下，中国建立起一支自己的引水员队伍，洋人控制中国引水权的现象一去不复返了。

1925年，由于陈干青遇到"亚东号"轮沉没而引起上海保险公司的理赔纠纷，他就专门研究当时中国尚未有人学习的海商法水险和船壳险，而逐渐成为这方面的专家。1926年，他积极发起筹建中国商船驾驶员联合会，并被推举为会长，1928年被推举为总会会长。1929年，陈干青由总商会推荐，被国民政府委任前往瑞士日内瓦，出席第十三届国际劳工大会资方代表。1931年，陈干青被推荐为上海船舶碰撞委员会委员，各国委陈干青为中国口岸代理。

陈干青也是我国第一位海事专家，海损理算、船舶检验、货物检验、船舶估价这四项业务原来都被洋人霸占。海难发生后，洋人利用职务之便，敲诈勒索，收取高额服务费，使中国的航运业和保险业遭受很大打击。陈干青有丰富的航海经验和全面的业务能力，1935年，中国交通部任命他执行这四项任务，这样就打破了洋人的垄断，这方面所付的费用只占洋人处理费用的十分之一。

抗日战争期间，陈干青坚持民族气节，不为敌人所用，毅然辞职。并断然拒绝江伪交通部以丰厚报酬邀他出任航政司司长的聘请。他说：人生上寿，不过百年，与其富贵而遗臭，不如清贫而流芳。此后，陈干青隐居家乡崇明，清白自守。抗日战争胜利后，陈担任上海轮船业公会监事和高级船员考试委员会委员。

新中国成立后，中央政府宣布收回国家一切主权，当然包括航海权，陈干青高兴得热泪盈眶，并出任上海港务局船舶碰撞委员会领导等职。

3. 投身保险，倡导发展海上保险事业

鉴于船舶海事频繁，船员因而丧身，为使船员获得经济保障，1928 年，陈干青同肇兴轮船公司总经理李子初先生商议，投资创立了肇泰保险公司，专门承保国内商船的船舶保险，并兼任该公司协理长达 8 年。

1932 年春，陈干青等又发起筹备中国海上意外保险公司。得到航运界领袖虞洽卿、袁履登的赞同，又经肇兴轮船公司经理李子初、直东轮船公司总经理盛昆山、华安水火保险公司总经理傅其霖等参与，共同发起组建，遂于当年 10 月正式成立。随后，该公司加入了上海保险同业公会。1935 年，陈干青担任上海市保险同业公会执行委员。

中国海上意外保险公司的总公司设于上海爱多亚路（今延安东路）160 号，实收资本 20 万元。公司总经理为陈干青，常务为董事李子初、傅其霖、陈干青，主要经营水火险、意外险业务。抗日战争爆发后，中国海上意外保险公司改名为中国海上产物保险公司。上海解放后，该公司宣布停业。

全国解放后，陈干青出任中国人民保险公司的海损顾问，从事船舶碰撞仲裁、海损理算、船舶估价师等工作。1953 年，陈干青病逝于上海，享年 62 岁。

陈干青为中国海上保险事业的发展贡献了毕生精力，可谓中国海上保险业的一面旗手。

§16 民国百货大王与永安保险

郭乐是民国时期著名的百货大王，也是热衷于保险事业的实业家，为早期民族保险事业的发展作出了很大贡献。

1. 澳洲创业，香港掘金

郭乐（1874～1956），字鸢辉，号景崇，香山县环城竹秀园村（今属中山市）人。其父郭沛勋有六子，依序是：郭炳辉、郭乐、郭泉、郭葵、郭浩、郭顺。据郭氏宗谱载，郭沛勋目光远大，常训导儿子好男儿志在四方的理念。

郭乐幼时家境贫寒，但天资聪敏，才识过人。1883年，兄长郭炳辉在父亲的激励下，去悉尼闯天下。1890年，16岁的郭乐也只身前往墨尔本谋生。他先后做过种植园工、小菜贩和店员。1897年，他与哥哥及同乡欧阳庆民、梁创、马祖星、彭容坤等集资1400元澳币，在悉尼盘进一家果栏，改名为永安果栏，郭乐担任司理，从此开始了他的经商生涯。由于生意兴隆，郭乐便把其他弟弟也带到了悉尼做帮手。

1902年，郭乐兄弟又用积蓄在斐济首都苏瓦埠（今苏瓦纳）建立了生安泰果栏，种植和贩卖热带水果，由其弟郭泉主理经营。

1907年，郭乐兄弟带着创业所赚的16万英镑钱财及洋人的先进经营理念，在香港创办了永安百货公司。由于经营有方，公司营业额迅速上升，并成为香港四大百货公司之一。郭乐兄弟不但获取了巨额利润，而且在经营管理方面也积累了不少经验。此外，附属于该公司的还有永安货舱、永安金山庄及大东酒店。1910年，郭乐的永安公司又在现香山石岐设立银业部，专门负责吸收侨汇，为永安公司及其集团的发展获取了大量侨资支持。

2. 多元经营，上海称雄

1915年，郭乐兄弟锐敏地嗅到了上海的发展商机，决定将经商目标转向国内商业最发达的上海。当时，悉尼的华侨听说郭乐要招股筹建上海永安百货公司，纷纷踊跃投资，原额定招股50万港元，招股结果达到200万港元。

1916 年 4 月，设计豪华的永安百货公司大楼开始建造。大楼占地面积 5811 平方米，建筑面积 30992 平方米。其外墙用圆柱和方柱修饰，南京路和浙江路转角呈弧形，底层设大门，大门两侧为爱奥尼克双柱。沿南京路有三座圆柱拱形门，设有大玻璃橱窗，沿南京路西北角顶层上有一座三层塔楼"倚云阁"，是南京路上明显的制高点。夜幕初上，华灯璀璨，满是霓虹灯的倚云阁透露着永安的繁华和辉煌。

1918 年 9 月 5 日，上海永安百货公司在一片锣鼓声中正式开业，公司兼营天韵楼及大东旅社等副业。郭乐采用形式多样的广告宣传，产生了强烈的社会效应，以至百货公司开张大吉，创造了相当可观的营业额。从公司开业的第一天起，郭乐就确定了以"统办环球货品发售，输出中华诸省土产"的营业方针。最初经销的商品以进口货为主，搜罗了世界各地最有特色的商品，整个商场成了世界各国名牌商品的陈列所。郭乐很注重商品的信誉，废除了讨价还价的陋习，实行明码标价，做到货真价实。对于外国厂商和洋行推销的一些新颖商品，郭乐常约定包销，即永安公司定购一大批货，并要求他们在一定时期内不卖给其他百货公司。根据上层社会的习惯和需要，郭乐自己加工或定制的产品也不少，甚至对于一般商店不经营而又为上层社会所需要的小商品，如打蛋器、木勺等，也委托有关工厂加工定制。

永安公司最初也经营国货，如景德镇瓷器、福建漆器、金华火腿、湖州丝绵等各地土特产品。但郭乐痛感民族工业不振，致使洋货长期占领我国市场。于是决定，凡原料和生产技术等方面有条件的厂家，就组织他们仿制外国名牌产品，生产一些高质量的小商品，用"永安"本牌加以推销。郭乐还积极组织推销如翡翠饰品、樟木箱、丝绒、漆筷、碗垫等国货手工业产品。他多向工厂直接进货，且要求改进样式或改用上好原料，以凸显永安公司的商品，在式样和用料上总比同行略胜一筹。而且，永安公司和一些工厂建立了特约经销关系。郭乐在挑选特约工厂时，规模不论大小，主要看其生产技术水平的高低，这样更能保证永安公司商品的质量。

经营商业最忌"压本"。郭乐强调货物的周转是公司命脉的关键，所以他要求永安公司的商品货物要像车轮一样不停地周转。他在"办货""推销"两大环节上下好功夫，注意市场行情的涨落、商品信息的反馈、歌舞表演、附带赠品、及大减价等手段，使永安公司的货物周转较快。

郭乐生意经的核心是"千方百计让顾客称心如意"。他身为监督，事无巨细，亲自过问，并相当注意管理人员的素质，支付职员的薪水都高于其他同行。所以公司职员都能忠心耿耿，尽心效力于公司。

几年之间，永安公司陈列的各样百货五光十色，美不胜收，凡生活必需用品应有尽有。以前上海最大的百货公司是英商惠罗公司和福利公司，等到先施公司、永安等百货公司创办以后，英商公司立即沦为二流公司，国人引以为荣。相比之下，永安百货公司又在各方面略胜他人一筹，成为旧上海著名的四大百货公司之首。累计利润高达 1070 万港元，为原始资本的四倍之多。郭乐在民族百货业中可谓独占鳌头，成为著名的百货大王，创造了民族工商业的奇迹。

郭乐在经营百货、保险公司的同时，还向纺织工业等领域投资，由商业销售转向工业生产。1922 年，他与其六弟郭顺等集资创办了上海永安纱厂，经营很好，生产不断发展。随后陆续增设了永安第二、第三、第四、第五纱厂，共计纱锭 24 万枚、布机 1500 台，资本总额达到 3600 多万元，成为仅次于申新纺织品公司的上海第二大纺织企业。上海永安公司和永安 5 大纱厂齐头并进，使郭乐的实业活动进入了鼎盛时期。他们生产的色布，也大部分由永安公司经销，从而走出了一条逐步以国货代替洋货、自产自销的道路。

1933 年秋天，为了适应激烈的商场竞争，郭乐在永安商场四楼开辟了国货商场，代办国货寄售业务。并决定筹办规模巨大的新国货商场，在老楼之东兴建一座现代风格的摩天大楼——永安新大厦。大厦占地 1400 平方米，建筑面积 14438 平方米，北部 22 层，高达 92 米，南部 8 层，有地下室。在浙江路建有两座平行的封闭式天桥，与老大楼相连，以方便顾客消费，并成为上海的新地标。后因上海"八一三"战事发生，永安国货公司未能开张。

永安公司在经营环球百货公司的同时，还兼营游乐服务业，在永安公司的大楼里，郭乐创办了大东旅社及永安游乐场。它的规模和设备是上海一流的，里面设有各种娱乐设施，这样就带动了百货公司的旅游。而永安公司也就成了以经营环球百货为主、兼营服务游乐业的综合商业企业。

到 20 世纪 30 年代中期，郭乐已在上海拥有永安百货公司，包括 5 家纺织厂、1 家印染厂的永安纺织股份有限公司和天韵楼屋顶花园、七重天酒楼等，成为集商业、工业、娱乐、餐饮为一体的永安企业集团。郭乐创办的永安百货公司与先施公司、新新公司、大新公司一道被列为四大百货，开创了中国近代百货业的先河。

1939 年，郭乐先生赴美代表祖国参加金门博览会，时值第二次世界大战爆发，他便留美主持发展三藩市及纽约的永安公司业务。1956 年 10 月 12 日下午 1 时，郭乐在美国加州寓所逝世，享年 83 岁。其生平道德事业，成就超人，为世人鉴崇。

3. 创办保险，涉足金融

1915 年，郭乐看准了中国保险业的发展前景，便计划投资筹建永安水火保险公司。1916 年 1 月，由香港永安集团公司及侨商发起，集资 150 万港元的永安水火保险公司宣告成立。总公司设在香港并注册，郭乐任董事长，林弼南为总司理，经理为郭瑞祥。先后在上海（南京路 627 号）、广州设了分公司，在汕头、汉口、天津、石岐、暹罗、雪梨（今悉尼）等地设分支公司；又在南京、苏州、无锡、常州、杭州、青岛、澳门等地设代理。公司经营水火险、兵盗险、汽车险、按揭、货仓、储蓄、信托、汇兑等业务。在郭乐兄弟的精心经营下，公司业务日新月异，经营效益不断提高，并成为香港中资保险业的中坚力量。随后，他又瞄准了人寿保险业。

1924 年 11 月 21 日，由香港永安公司、上海永安公司、永安纺织公司、雪梨永安公司、永安水火保险公司等发起组织的永安人寿保险公司在香港注册成立。其总公司设在香港，郭乐为董事长，何纫秋任总司理，资本初为 150 万港元，后增资为 500 万港元。1925 年 5 月，永安人寿保险公司在上海南京路 535 号设了上海分公司。继而在广州、汉口、雪梨设分局，并在南京、北平、重庆、长沙、南昌、青岛、石歧等地建代理处。经营终身寿险、储蓄保险、特种储蓄保险、儿女婚嫁保险、教育年金保险、三益保险以及人身意外保险等业务。

继永安水火及人寿保险公司成功运作之后，郭乐又于 1930 年冬扩大对金融业的投资，创立了香港永安银行。数年来获利甚为可观，在香港银行界中已占有重要地位。1934 年，郭乐再次扩大保险业的投资，入股于上海的"华商联合保险公司"，成为其主要股东。

1937 年"七七"事变后，由于战争和时局影响，加上通货恶性膨胀频发，永安水火及人寿保险公司后期业务难以开展，公司业绩滑坡，勉强维持生存。

解放后，永安水火及人寿保险上海分公司接受社会主义改造。永安人寿保险根据《解放前保险业未清偿的人寿保险契约给付办法》，进行清偿后办理停业，其总公司仍在香港继续经营。1952 年 1 月，永安水火保险上海分公司联合 12 家民营保险公司与中国人民保险公司组建公私合营的新丰保险公司。其总公司仍在香港继续经营。

4. 百年财团，面临转型

全国解放后，永安集团的经营中心重新回到香港，集团各项业务依旧兴旺。20 世纪后期，永安水火保险公司已发展成为香港华商保险界的权威公司，而永安人寿保险公司还于 1956 年秋季，建成了矗立在香港商业中心区的 15 层大厦，为华商保险界掀开了崭新一页。20 世纪末期，永安集团开始经营转型，不再大量经营保险、银行等业务。

1990 年 9 月，郭家以 3.56 亿港元将 40% 的永安百货股份出售给日本西武百货集团，组成合资公司，合作经营百货业，位于新加坡的合资百货店也于当年开业。

1993 年，郭家开始进军大陆市场，相继在武汉、天津开设了店铺。

郭氏家族虽然以百货起家，自郭乐、郭泉开始已不断购进物业，目前集团的财富已主要来自地产。1993 年，其来自地产投资的利润占 70% 以上。1994 年，仅出售永安中区大厦和永安人寿大厦，就获利 2.76 亿港元。随后，又斥资 3 亿港元购入澳 3 项物业作收租用途，预期每年有 12% 的回报率。郭氏家族现持有永安国际集团 44.58% 的股份，通过永安集团持有永安百货，50% 大昌行和其他地产、金融业务等。1995 年 3 月底，永安集团已是市值 26 亿港元的大企业。

目前，永安集团仍以百货零售为主业，占集团营业额的 8 成。估计家族财富达数亿美元。

§17 "远东保险王"史带的创业趣事

1892 年，高·旺达·史带出生于美国加利福尼亚州的布拉格堡镇。成年后，史带当过兵，后被招聘到当地的一家房地产公司。在那里，他第一次接触到了保险，这也决定了他一生的从业方向。

1. 创业上海滩

1919 年 11 月，史带这位曾做过保险经纪人的 27 岁年轻人，辞掉了日本的工作来到中国上海，下船时口袋里仅剩 300 日元。幸得在美丰银行老板、加州同乡费兰克·礼文的一个保险部门任职。史带不仅把这个保险部门搞得有声有色，同时在哈特福德火险公司等公司任管理总代理商。史带在上海看到了新兴保险市场的巨大潜力，他发现当时上海保险业主要掌握在英国人手中，这些英国人推销保险的方式更像是银行家，并且投保对象也仅限于居住在上海的外国侨民和驻守官兵。然而，他认为本地人的投保意识也已相当强烈。在礼文的鼓动下，史带于 1919 年 12 月 12 日即自立门户，创立了一家只有 2 间房和 2 位员工的保险代理公司，并将其命名为美亚保险公司。美亚在百慕大注册，总公司设在上海，由此拉开了"远东保险王"的发家史。

2. 诚信经营，快捷理赔

起初，美亚保险主要代理美国保险公会属下大美洲和五洲等少数几家保险公司的业务，进而取得代理大不列颠等英国大公司的水险和火险业务，随后又开发出形形色色的保险产品。不久，美亚保险公司就以能够提供多种风险保障而小有名气，其承保的风险，小到棒球队要求投保的暴风雨保险，大至运载难民的捷克轮船。

1920 年，史带的脚跟尚未在他的新办公室踩实，美亚承保的一些上海堆栈就发生了火灾，损失惨重。当时，还没赚到多少保费的美亚保险公司，就要面临赔出一大笔款子，许多灾户都谣传美亚公司要赖账了。但出人意料的是，史带甚至不惜负债，迅速处理了保险赔款事宜。美亚保险公司"被灾户深为满意，从此获得社会各界人士的信任，业务日有起色"，小小的美亚保险也很快就从上海滩众多财产保险公司中脱颖而出，日渐壮大。

3. 拓展寿险市场，提高综合实力

随着史带逐渐对上海以及中国人的了解，他看好中国寿险市场的发展前景，打算拓展中国寿险市场这一富矿。

1921 年，史带利用美亚公司的赔款准备金，在上海注册了友邦人寿保险公司。这是向华人推广寿险产品及服务的首家外国保险公司。取"友邦"之名，有向中国人示好之意。其司徽设计图案为喜马拉雅山山脉和"寿比南山"文字，图文意为"永恒如喜马拉雅山"，意即人寿保险使人福如东海、寿比南山，更是取悦于中国人，讨客户欢心，表明史带深谙大众营销心理。

在新成立的友邦人寿公司中，员工几乎是清一色的中国人，而且还聘请了几位杰出的中国名人加入董事会，以利新公司业务发展。友邦由礼文、史带、蔡士、马士奇、潘学安担任董事，史带自兼总经理，潘学安、鲍云任协理，蔡士任司库，史凤德担当坐办，刘崇生、高罗森、杨士珍、林樑城、费孟福就任会办，吴兴业任医务部主任。总公司设在上海广东路 3 号，在北京、广州、天津、汉口、重庆、长沙、杭州、宁波、福州、厦门、奉天、济南、香港、暹罗等地陆续开办分公司，其余各大城镇遍设代理处。先后开办了终身保险、限期缴费终身保险、储蓄保险、儿童教育保险、三益保险、双倍还款保险、定期付费休养年金、担保还款及终身休养年金、人身意外保险等业务种类。

史带也借力朝气蓬勃的在校大学生来展业，并取得了很好的效果。那时，在清华读书的学生听说，友邦人寿保险公司还设立了一项奖金，用来鼓励在暑假中销售人寿保险单最多的学生，这使友邦的保险理念在中国渐渐深入人心。史带打听到清华大学讲授英语与哲学的是美籍教师曼斯菲尔德·弗里曼，史带就去征询他的建议。于是，师生们共同拟订了计划来赢取这份奖金。不久，笃

守信用的史带，带着大笔奖金千里迢迢赶到北京，兑现了当初的诺言。借此机缘，史带和弗里曼确立了工作伙伴关系。弗里曼协助友邦人寿建立了北京分公司，并负责管理，凭借其做教师的经验，走遍大半个中国，培训出一支十分干练的以大学生为主体的代理人队伍。也使友邦的人寿保险理念在中国渐渐深入人心，成为时尚（1941 年弗里曼回到美国，到 1960 年退休时，他已是公司董事会的副董事长）。就这样，友邦人寿的生意很快就席卷全中国。

4. 重视国际市场，打造保险帝国

1925 年，美亚根据中国贸易法令，向中国政府注册。1926 年，史带在美国纽约设立了美国国际承保公司 AIU（美国国际集团的前身），并且其机构和业务扩展到印度尼西亚、新加坡、越南、菲律宾等其他亚洲国家和地区。1927 年，史带将其公司迁入上海外滩 17 号，也就是今天的"友邦保险大厦"。到 1929 年美亚升级改制为美亚保险股份有限公司，发行股票 3 万股，每股 10 美元，共筹得 30 万美元。通过美国储蓄会董事施佩的大力协助，股票价格被人为抬高。上市招股成功，有了雄厚的资金保障，美亚的业务发展，更是如虎添翼。

此后，史带又在上海创建了友邦水火保险公司，并与英商、法商、华商相继合办了 8 家保险公司。同时，还代理了 26 家保险行的业务。

20 世纪 30 年代，庞大的美亚保险集团控制了中国保险市场三分之一的业务。1931 年，史带合并了与华商合资的四海保险公司，新公司的名称为友邦四海保险公司。1948 年，史带取得了该公司大部分的控股权，并将公司更名为"美国友邦保险有限公司"，该公司也就是我们今日所熟知的友邦保险。其业务最发达时，这些公司曾控制着中国五分之三的保险市场。据 1936 年《中国保险年鉴》记载，美亚保险公司的资本为 279.72 万美元，公积金及准备金 107.48 万美元，美亚代理的外商保险业务多达 26 家，每年营业额达 800 余万美元，其中属于华人方面的业务以及华商公司的分保费，占 70% 以上。

史带仅用了十几年的时间，就在东亚地区创建了一个庞大的保险帝国，他的"远东保险王"雅号也就不胫而走，其发迹史也成为旧上海津津乐道的经典故事。

此外，史带还利用充裕的保险资金开设了友邦银行，1931年他又接管了英文日报《大美晚报》，并和礼文先生合资投资房地产。

1939年底，史带为躲避战火不得不把友邦总部从上海搬到了纽约。1941年爆发了珍珠港事件，友邦的远东业务部也被迫相继关闭。但他又以古巴首都哈瓦那为中心，迅速将其业务辐射到被德国、意大利人控制的几个拉美国家。

1945年第二次世界大战刚一结束，史带便携带旗下保险公司迅速重返亚洲，重新成为远东市场的霸主。而且，他紧紧跟随美军的步伐，挺进了欧洲和日本市场，奠定了其世界级保险集团公司的地位，直至今日也是如此。

5. "远东保险王"的成功秘诀

史带在事业上的巨大成功，除了其自身的发奋努力、卓越的组织经营与管理才能外，还在于他能在中国选贤任能，实行人性化服务、让利经营以及本土化发展战略。

史带深知保险公司要追求利润最大化，必须尽可能争取更多的保单。而美亚作为一家外商公司，首先必须借助当地人的智慧与技巧，倡行代理人营销模式，实行本土化经营战略：不是坐等客户上门，而是聘用那些在当地有号召力且愿意为公司服务的华人做代理人，积极主动发展客户。因此，史带精心挑选社会名流委以重任，一经任用即给予优厚待遇。比如，以重金聘请上海青帮头目魏筱辅作买办，利用青洪帮势力营销，很快在上海滩打开了局面。他还重金招徕赵伯秀为经理，打出"新大陆保险公司"的招牌，逐渐包揽了长江沿岸及沪宁路沿线纱厂、面粉厂的火险及运输险业务。同时，史带还招募了众多小代理人，各显其能。史带在上海滩掀起的保险代理人营销浪潮，给上海乃至整个中国保险市场带来了巨大的震撼。美亚相继造就了一大批华人保险精英，这些人为美亚的大发展立下了汗马功劳。

史带与其他外商以及华商经营的保险公司不同，他很懂得利益共享和授权。比如，航运投保"水险"，期限短，费率高，保费大。一般来说，轮船公司不敢不保。但投保给华商，怕信誉不好；投保给洋商，又觉得太贵。史带看准这一点，在保单上印上"费率如议（Rates as proposed）"，他只告诉代理人一个最低费率，多出的部分都归代理人。这大大激发了代理人的积极性，对同行、对手麾下的代理人也颇具诱惑。据载，美亚集团在抗战前的全盛时期，为史带服务的大小代理人有两千多人，遍布上海各行各业。

史带倡行"客户第一、服务至上"的宗旨，并从细节处重视落实。当时，一般保险公司的营业时间，是上午 9 点至下午 4 点，周六下午、周日和节假日都关门歇业，这对一些客户办理业务造成不便。鉴于此，史带安排职员在办公时间之外轮流值班，如遇急需办理的保险业务，值班经理先在投保单上签字生效，并可向银行办理押汇，次日再签发正式保单。这一做法深得客户的欢迎，赢得了广泛赞誉。

1968 年圣诞节前夕，76 岁的史带在纽约家中孤独离世。

§18 沃伦·巴菲特：保险业成就的世界首富

1. 天才的聚财金童

1930 年 8 月 30 日，沃伦·巴菲特出生于美国内布拉斯加州的奥马哈市。巴菲特从小就有强烈的赚钱欲望和投资意识，他钟情于股票和数字的程度远远超过了家族中的任何人。他满肚子都是挣钱的道儿：5 岁时就在家中摆地摊兜售口香糖；稍大后他带领小伙伴到球场捡大款用过的高尔夫球，然后转手倒卖，生意颇为红火；1941 年他刚 11 岁便跃身股海，购买了平生第一张股票；12 岁上中学时则利用课余做报童，还与伙伴合伙将弹子球游戏机出租给理发店老板挣取外快，并发誓要在 30 岁之前成为百万富翁；13 岁时这个业余兼职的初中生每个月可挣到 175 美元，相当于当时一个标准白领的收入；14 岁时拿出自己积攒的 1200 美元，买了一块 40 英亩的农场，当上了小地主。1947 年 6 月从高中毕业时，巴菲特已经递送了差不多 60 万份报纸，挣到了 5000 多美元。上大学前，他把自己的弹子球公司转手，卖了 1200 美元。

2. 格雷厄姆的得意门生

1947 年，沃伦·巴菲特进入宾夕法尼亚大学攻读财务和商业管理。两年后辗转考入哥伦比亚大学金融系，拜师于著名投资学理论学家本杰明·格雷厄姆。在格雷厄姆门下，巴菲特如鱼得水。格雷厄姆反对投机，主张通过分析企业的盈利情况、资产情况及未来前景等因素来评价股票。他传授给巴菲特丰富的知识和诀窍，而天才的巴菲特很快成了格雷厄姆的得意门生。课余时间，他开着一辆老款福特车坚持送报赚钱。1949年冬天，他开设了"巴菲特高尔夫球公司"，到次年7月共销售了220打高尔夫球，从中赚了1200美元，此时他既是老板，又是经理人。大学毕业时巴菲特已攒下了9800美元，在当时算得上是一个小小富翁。1951年，21岁的巴菲特学成毕业的时候，他获得了A+，并已拥有15年的商业与管理经验。

3. "财华"横溢的年轻富翁

大学毕业后，巴菲特在父亲的证券经纪公司做了三年经纪人，之后终于得到机会在格雷厄姆的投资公司工作了两年。在导师的言传身教下，巴菲特终于得到了价值投资的真谛，投资业绩大大改善，个人财富也从9800美元激增到14万美元。1956年春天巴菲特回乡创业，创办了自己的投资公司。1957年，巴菲特掌管的资金达到30万美元，年末则升至50万美元。1962年，巴菲特合伙人公司的资本达到了720万美元，其中有100多万是属于他的。当时，他将几个合伙人企业合并成一个"巴菲特合伙人有限公司"，最小投资额扩大到10万美元。这有点像中国的私募基金或私人投资公司。1964年，巴菲特的个人财富达到400万美元，而此时他掌管的资金已高达2200万美元。1967年10月，巴菲特掌管的资金达到6500万美元。1968年，巴菲特公司的股票取得了它历史上最好的成绩：增长了59%，而道·琼斯指数才增长了9%；巴菲特掌管的资金上升至1.04亿美元，其中属于他的有2500万美元。1968年5月，当股市一路凯歌的时候，巴菲特却考虑要隐退了。次年，他在股市高峰时逐渐清算了巴菲特合伙人公司的几乎所有股票，解散了该公司，也躲过了随后股市50%的暴跌。在1957～1969年的13年间，他取得了30.4%的年平均收益率，远远超过了道琼斯8.6%的年均收益水平。其间，道·琼斯工业指数虽下跌了5次，但巴菲特的合伙投资公司却从来没有发生过亏损。

4. 构建庞大的保险帝国

自 1965 年开始，巴菲特执掌以保险为核心业务的伯克希尔·哈撒韦公司。合伙公司解散后，他把大部分资金都悄悄投资到伯克希尔保险公司的股票上，巴菲特夫妇的持股比例占 40% 以上。此后，巴菲特开始精心经营保险业务，并称之为"未来几十年最重要的收入来源"。事实上，保险业务为巴菲特提供了源源不断的巨额低成本保险资金，让他能够通过伯克希尔这家上市公司，大规模收购企业或投资股票。在取得了超高的投资回报后，巴菲特保险业务的资金实力大大增强，从而提供了更多更好的保险业务，带来了更多的保险资金，庞大的资金带来更多的企业收购或股票投资，更多的回报再带来更庞大的保险业务，如此形成一个良性的循环。随着巴菲特的伯克希尔公司的企业版图越来越大，公司业务范围逐步扩大到投资、新闻出版、能源、涂料、地毯、珠宝、家具等多个行业，最终形成规模巨大，总资产近 3000 亿美元，旗下拥有众多子公司的综合保险控股集团。

目前，仅伯克希尔·哈撒韦旗下拥有的国际著名保险公司就有：盖可汽车保险公司、国民赔偿公司、得克萨斯联合保险公司、莱克兰火灾与意外保险公司、艾奥瓦保险公司、家庭与汽车保险公司、内布拉斯加州意外伤亡保险公司、航空保险公司、国民火灾海运保险公司，WellPoint 健康险公司、Alpplied 养老保险公司。此外，还有一系列再保险公司：GEICO 再保险、可可灵再保险公司、通用再保险公司、巴郡再保险公司、Employers 再保险公司、NRG 再保险公司、瑞士康氏再保险公司（北美业务）、英国 Equitas 再保险公司、大众再保险公司。可以看出，上述保险公司分属于财产保险、意外伤害保险、健康与养老保险、责任保险以及再保险，大多数都属于非寿险业务。其中，盖可汽车保险公司是全美最大的汽车保险公司，通用再保险公司和其他伯克希尔旗下再保险公司已是世界最主要的再保险集团。巴菲特也曾明确表示，其旗下保险业务的重心为意外险与再保险。其中，伯克希尔·哈撒韦保险公司位居 2007 年《财富》全球 500 强企业第 33 位，位居保险业第 6 位，当年营业额为 985.39 亿美元，实现利润 110.15 亿美元；通用再保险公司也位居全球再保险业第 3 名，当年营业额为 78.35 亿美元。集团的迅速扩张也使巴菲特成为名副其实的保险巨头，其个人财富越来越多。

5. 谨慎经营成就大业

巴菲特在经营决策上非常慎重，始终追求最大的盈利确定性。要知道，伯克希尔公司的主营业务是保险，谙熟风险管理之道。谨慎是巴菲特多年养成的好习惯。一是每一项投资都非常慎重；二是通过科学搭配各种投资，把公司整体风险降低到最小；三是从不进行恶性价格竞争，即使保费收入下降。

尤其是 2001 年的"9·11"恐怖袭击事件，让伯克希尔·哈撒韦保险公司支付了 22 亿美元赔款。巴菲特对这次巨额损失作了沉痛反思"一次巨灾的发生并不令人吃惊，巨灾总是会偶然出现，这绝不会是我们遇到的最后一次巨灾。然而，我们从没有为人为的巨灾（保险）定过什么价格。我们没有这样做是很愚蠢的。其实，我们以及本行业其他所有公司，所提供的保单中包括了恐怖主义活动和其他风险，却未曾因此而多收取任何附加保费，这是一个严重的错误，我自己承认这个错误。"

从此，巴菲特在集团经营中更加谨慎小心，无论是在保险业务，还是在投资上无不如此。他在 2005 年年报中如此表白：成千上万的投资者，其中包括我们大部分董事会成员和主要经理人，将其财产的很大一部分投资到伯克希尔股票上，公司的一个重大灾难就会成为这些投资者们个人的一个重大灾难。不仅如此，对于那些我们已经向其收取 15 年甚至更多年保费的客户们，也会造成永远无法弥补的伤害。对于这些股东以及其他客户，我们已经承诺，无论发生什么情况，他们的投资都会绝对安全，包括金融恐慌、股市关闭（1914 年持续了很长时间的股市关闭），甚至是美国遭受核武器、化学或生物武器袭击。

6. 依托保险业登上全球首富宝座

良好的保险经营业绩推动了伯克希尔·哈撒韦公司的股价，从每股 15 美元一路上涨到惊人的每股 13.65 万美元，一直保持着全球最高股价纪录。据测算，从 1965 年到 2007 年的 31 年间，伯克希尔·哈撒韦公司的股价年度升幅为 27.7%，远高于标普 500 指数的 12.8%，取得了 4008 倍的投资收益率，远远超过同期美国标准普尔指数 68 倍的收益率。巴菲特作为伯克希尔·哈撒韦公司的控股者，其个人财富也迅速增长到了 2008 年 620 亿美元，从而登上当年世界首富的宝座。

准确地说，巴菲特成为世界首富的关键就是融保险家、企业家、投资家三位一体。

§19 从自耕农到华人保险巨头

2004 年 9 月 27 日晚上 6 时 49 分，华人保险巨头、台湾首富蔡万霖没能等到中秋节，就因心肌梗死引发多重器官衰竭，在其创建的国泰综合医院中去世。其生命最终定格在 81 岁，留在他身后的则是高达 46 亿美元的巨额财产。而在 1995 年，他曾以傲人的 85 亿美元位居全球第 6 位、华人第一富豪。

1. 随兄打拼四十年，打造台湾最大企业集团

1924 年 11 月 10 日，蔡万霖于出生在台湾省苗栗县竹南镇的自耕农家庭，排行第三，小他二兄长蔡万春 8 岁。早年家境贫寒，全家依靠种田维持生活。

1932 年，8 岁的他就跟兄长蔡万春到台北打天下。蔡万霖没有接受过完整的现代教育，只是在完成了小学学业后，考入台北市的一所中学读夜校。当时的蔡家并不富裕，蔡万霖只有白天打工晚上读书，由此完成高中学业。1979 年之前，蔡万霖主要是跟着兄长蔡万春做生意，当时蔡万霖的心比较细，蔡氏家族整个账务基本上都由他来管理。

蔡万春无疑是个商业天才。他在 1938 年便开始带领全家生产酱油，并租赁了台北一个小门铺卖杂货，至 1945 年日本投降时，蔡家已经积累 60 万台币的积蓄。这在当时可是个天文数字，并成为家族事业的起点。依靠这 60 万元旧台币，蔡氏兄弟先后投资商场、旅社、日化、玩具、钢铁等行业，财富迅速扩张。

1957 年是蔡家事业真正的起跑点。这一年，蔡氏兄弟拿下了台北第十信用合作社（以下简称十信），当时在台湾的 73 家信用合作社中业务排名第 61 位。

在蔡万春的领导下，十信三年后一跃而成为台湾第二名。尔后，蔡氏兄弟开创一元开户的"幸福存款"储蓄运动，获得蒋介石的赞赏，并亲自到十信开户鼓励民众节俭储蓄。一时间十信名声大震，业务飞速发展，并成为台湾最大的信用合作社。

1960 年，蔡氏兄弟联合红顶商人林顶立，创建了国泰保险公司。两年后，蔡氏兄弟再拓展保险业务，创建了国泰人寿保险公司。

1964 年，蔡氏兄弟先进入地产业；随后又进军海运界，同时运作的还有国泰塑胶这样的新兴行业。

1971 年，蔡氏兄弟成立了国泰信托投资公司；1973 年运作石油化工公司；此时，蔡氏家族为核心的国泰集团的主要关系企业已有 9 家。到 20 世纪 70 年代末，国泰集团的实力迅速壮大，经营涉及金融、保险、交通运输、建筑、广告、塑胶、租赁、纺织、食品饮料、电器电子、工程等众多行业，成为台湾第一大企业集团。

2. 独立经营，成就保险巨头

1979 年，蔡万春因中风患病难以再继续掌舵，决定将整个蔡氏企业 "一分为六"，而蔡万霖依靠分到的 4 家大企业用力打拼，迅速蹿升到台湾首富的位置。

蔡万霖分得国泰人寿保险、国泰建设、三进工程与国泰汽车工业 4 家公司。他在分析了台湾的经济情况后，看准保险业必有一番大发展，决定以国泰人寿保险公司为核心，很快组成一个新的国泰人寿保险集团，后来改名为霖园集团。

蔡万霖在跟随兄创业历程中，积累了众多商业经验，并形成了一套自己的商业哲学。那就是：生活严谨，自奉节俭，理财有方。他常对外讲自己的 4 条经营理念：经营脚踏实地，工作精益求精；注重商业道德，讲究职业良心；重视保护权益，负起社会责任；加强员工福利，兼顾股东权益。正是依靠这样的理念，蔡万霖才能在 "分家" 之后，继续高速扩张他的财富。

霖园集团中，以国泰人寿保险公司最为强大。蔡万霖接手后，更是将人身保险业务推广到台湾的各个角落，远及澎湖列岛。20 世纪 80 年代中期以前，台湾只有少数几家人寿保险公司，国泰人寿保险公司具有垄断性质，市场占有率一度超过 60%。国泰人寿还拥有大量的不动产，100 多栋大楼分布在全省各地，除供集团企业使用外其余出租，年租金就达数十亿元新台币。该公司自 1985 年起，就一直是台湾第一大民间企业，也是世界 500 强企业，当年营业额超过 2000 亿元新台币。1987 年，台湾保险市场对外开放，人寿保险公司迅速增至 30 多家，竞争十分激烈，国泰人寿也面临巨大压力。其市场占有率逐年下降，从最高峰的 60% 降为目前年的 40% 左右，但仍不影响其龙头地位。迄今，国泰人寿仍是台湾市值最大的上市公司，在世界 500 强中居 360 位前后。

蔡万霖最善于利用的是，国泰人寿滚滚的现金流。据统计，国泰人寿每天都有数亿元新台币的营业额。蔡万霖对于公司巨额营业额采取分散经营的方式，以降低风险。他将所得资金的三分之一用于贷款，赚取利息；三分之一投入股票市场，并凭他高超的股市操作技术，赚取可观利润；三分之一投入房地产，由其旗下的国泰建设公司建造了 100 多栋大楼，仅房地租金收入每年就高达 10 亿多元新台币。依靠蔡万霖的苦心经营，不到 10 年时间，霖园集团便发展成为以保险为主的台湾第一大财团。

3. 历经风浪，扭转乾坤

人们注意到，蔡万霖将保险资金的三分之一都倾注到了房地产上，这多少有点儿"恶炒"的嫌疑。20 世纪 80 年代末以来，台湾房地产价格暴涨，民众反抗财团炒作土地的呼声更高。一些人将其归咎于蔡万霖等富豪的不断炒买炒卖，更有人指名道姓地批评他从事保险业是"高保险、低理赔"，将所赚的钱投资于房地产，坐享暴利。霖园集团一度背上"恶名"，社会形象不太好。

此外，还有一度让蔡家声名几近毁于一旦的"十信风暴"和"国信事件"。

1979 年"分家"之时，蔡万春的长子蔡辰男分得了国泰信托投资公司，次子蔡辰洲则分得了十信以及国泰塑胶。然而，国泰塑胶是亏损企业，在蔡辰洲时代，由于盲目投资不断兼并亏损企业，其亏损越发厉害。在高息融资承担不起巨额利息后，蔡辰洲便利用掌控十信的便利，将大笔银行存款放贷给自己的家族关系企业。1980 年起，就不时发生十信员工向政府有关部门密告蔡辰洲挪用资金的事情，蔡辰洲利用蔡氏家族在政治上的强大影响力，将诸多检查"大事化小"。然而到了 1985 年，蔡辰洲终于扛不住了。当年通过专项清查，十信被发现贷款总额已经超过存款总额，无法继续经营。消息公布后，十信发生了严重的挤兑事件。短短数日内，"十信"被提领走了 61.8 亿元新台币。受此影响，蔡辰男掌控的国泰信托投资也开始出现挤兑与退票，被提领走 150 亿元新台币。这形成了台湾历史上最大的"金融暴动"之一。

当时，蔡辰洲的债权人打着"蔡家债，蔡家还"的口号，曾要求蔡辰洲的叔叔蔡万霖出面代还债务。然而，蔡万霖发表了一篇"情、理、法"的声明，表示霖园集团与十信、国泰信托没有关系，不承担蔡辰洲与蔡辰男两人的债务。但出于亲情，蔡万霖还是拿出 3 亿元新台币救急，霖园集团就此扭转了乾坤。

在台湾当局向十信和国泰信托大输血平息挤兑后，蔡辰洲被判入狱 600 多年，由于患有轻微的小儿麻痹症，蔡辰洲在狱中很快不慎摔死；而蔡辰男则在把整个国泰信托投资集团交予政府后，换得免罪、远遁他乡；蔡万春的其他三个儿子的企业，也在此事后经受重创，一批批倒闭。唯有蔡万霖和蔡万才两人的企业存留了下来。

蔡万霖就此变得异常低调，从不接受媒体专访，甚至不太出面参加公众活动。在生病前，他独自一人占据国泰人寿保险公司大厦 28 层 1500 平方米的大空间，跟随他身边的只有一群保镖，他缺少娱乐活动，除了工作外的消遣方式就是每周一次的高尔夫球及平时的太极拳。

但蔡万霖受的负面影响仍十分巨大。20 世纪 90 年代初，台湾放开民营银行，蔡万霖也申请成立汇通银行，但却未获通过。当时共计申请的 19 家银行中，有 15 家获得通过，只有 4 家未获批准，汇通银行就是其中之一，蔡万霖深受打击，可见当年的金融事件影响之巨大。

蔡万霖也许是为了缝合蔡氏不好的社会形象，生前一直热衷于公益事业，每年进行多项捐赠。国泰综合医院、国泰人寿慈善基金会与国泰建设文教基金会便是他的三大公益事业平台。在很大程度上，霖园集团依靠这么多年的稳健经营，一改公众对"十信风暴"后对蔡氏的负面印象，得以平稳发展。

　　蔡万霖因其在企业上的卓越成就与对社会公益事业的贡献，受到国际社会的肯定。1980 年 10 月 29 日，蔡万霖荣获美国纽约圣若大学名誉商学博士学位。1993 年 2 月，蔡万霖获得教宗保罗二世所颁赐的"圣思维"爵士勋章，这是为数不多的华人才能享有的荣誉。

4. 长袖善舞，精心交班

　　蔡万霖去世后，市场普遍认为将由其第二子——现任国泰人寿董事长的蔡宏图接班。因为长子蔡政达健康状况不好，虽然位居霖园集团董事长之职但他很少上班，整个集团的大部分决策都由蔡宏图来进行。蔡宏图早在 14 年前，就接手了国泰人寿的具体经营管理。

　　蔡宏图在台湾大学法律系毕业后，又获得美国达拉斯南美以美大学法学博士学位，与陈水扁是大学同班同学。

　　蔡万霖去世后，其子女没有出现争权夺利的现象。因为一是蔡宏图在家里的地位早已确立；二是蔡万霖身前对子女管教甚严，遇事"长兄为尊"的伦理深入人心；三是蔡万霖设计出了一套股票相互保管的体制，使家庭成员之间争夺财产的可能性降到最低，且在股份持有上，四兄弟加起来才是大股东，分散开来，任何一个都不是大股东。

5. 善用保险，合理避税

　　蔡万霖身高只有 160 厘米，方脸大头，其貌不扬，但财富往往与相貌成反比。1987 年，美国《福布斯》杂志公布世界富豪排名榜，蔡万霖首次进入世界亿万富翁前十名之列，此后连续多年，他都在全球十大富豪之内。1995 年 7 月《福布斯》公布全球十大富豪排行榜，蔡万霖以 85 亿美元排名全球第 6 位，成为全球华人首富，而其整个家族的资产总值则高达 3000 多亿美元。

　　蔡万霖一生共娶有两房妻子，育有四男三女。他在生前就一直在有计划地将公司股权的一部分向子女转移，但人们仍在关注蔡家如何申报遗产税。毕竟，对于蔡万霖这样的大富豪，台湾的遗产税高达 50%。蔡万霖过世后，外界估算他的子女需要缴纳 700 多亿元新台币的巨额遗产税金。但据了解，他早已通过保险等合法节税途径，逐步把财产转移到子孙名下，使其后代需要缴纳的遗产税金大概只有几亿元新台币。

据了解，蔡万霖生前除了购买巨额寿险保单来避税，也通过申设投资等子公司的名义，逐步把其财产转移给子孙。光保险他就买了 62 亿元新台币，由于保险免税，其财产得以"安全"地过继给继承人。早年增资股票发行时，他也用面值转让给子女认购，都是合法的节税途径。经过合理理财和税务规划后，蔡万霖名下的财产并没有外界传的那么庞大，因此，台湾当局能收到的遗产税金大概只有 6 亿元新台币。

第二章　政界名流保险逸闻

§1 革命导师马克思的保险思想

　　卡尔·马克思（1818~1883）是伟大的政治家、哲学家、经济学家及革命理论家。是马克思主义及科学社会主义的奠基人，第一国际的组织者和领导者，全世界无产阶级和劳动人民的伟大导师和精神领袖，国际共产主义运动的鼻祖。他和恩格斯共同创立的马克思主义学说，是指引全世界劳动人民为实现社会主义和共产主义伟大理想而进行斗争的理论武器和行动指南。他的主要著作有《资本论》《共产党宣言》等不朽之作。

　　作为经济学家，马克思曾对保险的性质、作用、建立以及加强保险业管理等，作过深入的研究和论述，并有着丰富的思想内涵。

1. 关于保险性质的论述

　　保险的性质是指其区别于其他事物的本质特征。关于保险的性质，马克思在《资本论》等著作中并没有直接和正面进行阐述，而是将有关保险问题的研究纳入整个资本主义再生产和流通过程，把它与生产过程、固定资本补偿、社会总产品分配等密切联系起来。这样，就能从更深层次把握和理解保险的性质。在研究资本主义生产过程时，马克思主要从以下三方面对保险的性质进行了考察。

　　（1）马克思认为，保险费是生产上的非生产费用，保险是对经济损失的部分和全部的平均分摊

　　马克思曾说"使商品变贵而不追加商品使用价值的费用，对社会来说，是生产上的非生产费用，对单个资本家来说，则可以成为发财致富的源泉。另外，既然把这些费用加到商品价值中去的这种加价，只是均衡地分配这些费

用，所以这些费用的非生产性质不会因此而消失。例如，保险公司把单个资本家的损失在资本家阶级中间分配。尽管如此，就社会总资本考察，这样平均化的损失仍然是损失。"在这里，马克思认识到加到商品价值中的保险费具有非生产的性质，是生产上的非生产费用。同时，他也注意到通过保险在资本家之间形成一种对经济损失的部分和全部的平均分摊关系。即保险公司"只是把单个资本家的损失在资本家阶级中间分配"，而这种对经济损失平均分摊关系的实现方式就是：通过把这些费用加到商品价值中去的这种加价，均衡地分配这些费用。也就是说，在资本主义生产方式下，这种对经济损失的部分和全部的平均分摊关系的发展，能够使风险在投保人之间进行分散，通过对经济损失的平均分配来满足人们转嫁风险的需求，进而实现补偿经济损失的作用。

（2）马克思认为，保险费必须由剩余价值补偿，是剩余价值的一种扣除

在资本主义条件下，从表面上看，保险费支出表现为生产商品的经常性的前提和条件，不购买保险，在出现风险时就难以确保生产要素的安全。这样，保险就作为资本家生产必要的固定支出，构成生产预付的组成部分，保险费支出表现为生产剩余价值的重要前提条件。但实际上，保险费则是对剩余价值的单纯分割，这是因为"对于由异常的自然现象，火灾、水灾等引起的破坏所作的保险，和损耗的补偿及维修劳动完全不同。保险必须由剩余价值补偿，是剩余价值的一种扣除。或者从整个社会的观点来看，必须不断地有超额生产，也就是说，生产必须按大于单纯补偿和再生产现有财富所必要的规模进行，——完全撇开人口的增长不说，——以便掌握一批生产资料，来消除偶然事件和自然力所造成的异乎寻常的破坏。"在考察社会总资本的再生产和流通时，马克思明确指出：这不过是说一部分剩余价值，作为总利润的一部分，必须形成一个生产保险基金。这个保险基金是由一部分剩余劳动创造出来的，就这一点说，剩余劳动直接生产资本。就是说，直接生产那种要用在再生产上的基金。至于固定资本的'维持费用'等，那么，用新的固定资本补偿消费掉的固定资本，并不是什么新的形式更新。至于固定资本的修理，亚当·斯密把它也算在维持费用之内，那么，这种费用也应算在预付资本的价格中。资本家无须一次支出这种费用，他只是根据资本执行职能期间的需要逐渐地支出，并且可以用

已经赚得的利润支出，这个事实并不改变这个利润的源泉。产生这个利润的价值组成部分，只是证明工人既为保险基金，也为修理基金提供剩余劳动。对此，恩格斯在《致保尔·拉法格》一文中也认为，防止"损失"的保险费确实是从剩余价值中提取的，但它算在利润之外。

（3）马克思认为，保险公司是新的交往形式和获得财产的新方式

随着资本主义社会生产力的迅速发展，商品生产和交换的规模日益扩大，生产的社会化程度越来越高，资本积累和资本集中日益发展。与此同时，各种风险也越来越集中，任何生产和流通环节上发生意外和危险，对生产力造成的破坏都是巨大的。因此，当资本主义经济发展到一定阶段，产业资本为了保障其生产资料和利润的安全，必然产生强烈的保险需求；另外，一部分资本也会从总资本中自发分离出来，专门用来经营风险，成为保险资本，以获取平均利润。

马克思说"代替每个资本家自行保险的是，他用（总）资本的一定部分专门负担这项业务，这样，就更可靠、更便宜地取得相同的结果。"就对自然灾害和偶然事故所造成损失进行补偿的可靠程度来看，资本家自行保险的巨大压力是来自筹集所需补偿资金方面的困难，而且损失补偿支出又会常常突破单个资本家的资本数量界限，这样就难以保证损失补偿活动的正常化。在保险公司代替每个资本家自行保险后，被保险人只是以一个极小的有限价值额，获得遭受在受损时的接近全额的赔偿。这样，保险就使被保险人在更可靠、更便宜的条件下，获得与自保相同的结果。从而使单个产业资本家节约了一部分在自保条件下用来补偿经济损失的资本。由此，马克思和恩格斯指出"每当工业和商业的发展创造出新的交往形式，如保险公司等的时候，法便不得不承认它们是获得财产的新方式。"这就是说，保险公司作为独立经营的保险形式，作为一种新的交往形式和获得财产的新方式，是在一定生产方式下，适应经济发展的要求，随着商品生产、货币交换和贸易运输的发展而产生的。这种新的交往形式的发展，促进了资本主义工业社会的发展。马克思总结说"一旦资本主义生产和与之相连的保险事业发展起来，风险对一切生产部门来说实际上都一样了；风险较大的部门要支付较高保险费，但会从他们的商品的价值中得到

补偿。"

2. 关于保险基金的必要性及其作用的论述

不言而喻，要实行保险，就必须讨论基金问题。保险基金是保险经济关系赖以存在和发展的物质基础，也是保险经济关系的表现形式。

在社会再生产过程中，保险基金发挥着重要的作用，这主要是由于自然灾害、意外事故及社会危险的客观存在。马克思说"这个不变资本在再生产过程中，从物质方面来看，总是处在各种会使它遭受到损失的意外和危险中。（此外，从价值方面来看，由于劳动生产力的变化，这个不变资本也可能贬值；但这种情况只与单个资本家有关）因此，利润的一部分即剩余价值的一部分，从而只体现新追加劳动的剩余产品（从价值方面来看）的一部分，必须充当保险基金。在这里，这个保险基金是不是由保险公司作为一种单独的业务来管理，这丝毫不影响问题的实质。"应当指出，马克思所讲的保险基金是广义的保险基金，就是利润的一部分形成的、整个社会的后备基金体系，既包括集中形式的国家储备、财政后备和社会保障基金，也包括商业形式的保险基金。根据马克思的理解，保险基金主要补偿灾害事故所造成的经济损失，这些损失的不确定性和偶然性，使保险基金通常不能直接投入生产和流通。显然，"这种基金是收入中既不作为收入来消费，也不一定用做积累基金的唯一部分。它是否事实上用做积累基金，或者只是用来补偿再生产上的短缺，取决于偶然的情况"。

马克思根据自然灾害和意外事故在任何社会制度下都不可避免的客观性，进一步论述了在社会主义制度下，建立保险基金的相关问题。他指出，社会主义制度下的社会总产品中应该扣除"用来应付不幸事故、自然灾害等的后备基金或保险基金"。同时，马克思对建立保险基金的量的规定也作了原则性论述。他指出"至于扣除多少，应当根据现有的资料和力量来确定，部分应当根据概率论来确定，但是这些扣除根据公平原则无论如何是不能计算的。"至此，马克思已经揭示出保险是一个经济范畴，以概率计算分摊金，执行经济补偿职能，是促进社会经济发展的一种特殊的经济形式，而以保险形式组织的保险基金。

"这也是在剩余价值、剩余产品、剩余劳动中，除了用来积累，即用来扩大再生产过程的部分以外，甚至在资本主义生产方式消失之后，也必须继续存在的唯一部分。"恩格斯则进一步指出，保险基金和积累基金一样，"都是一切社会的、政治的和智力的继续发展的基础"。

3. 关于社会主义国家建立社会保障体系的论述

社会主义国家社会保障体系建立的依据，是马克思 1875 年在著作《哥达纲领批判》中描绘的、社会公有产品的分配蓝图。马克思设想，社会主义国家有计划地划分出一部分社会产品作为一种特殊基金，用于给丧失劳动能力者提供物质保障。他指出："如果我们把'劳动所得'这个用语首先理解为劳动的产品，那么集体的劳动所得就是社会总产品，现在从它里面应当扣除：

第一，用来补偿消费掉的生产资料的部分。

第二，用来扩大生产的追加部分。

第三，用来应付不幸事故、自然灾害等的后备基金或保险基金。"

"……剩下的总产品中的其他部分是用来作为消费资料的。在把这部分进行个人分配之前，还得从里面扣除：

第一，和生产没有关系的一般管理费用……

第二，用来满足共同需要的部分，如学校、保健设施……

第三，为丧失劳动能力的人等设立的基金，总之，就是现在属于所谓官办济贫事业的部分。"

马克思论述的社会总产品扣除中，包含有劳动者在不幸事故、自然灾害、丧失劳动能力之后的保障金在内。社会成员在年老不能劳动之后，有权利享受国家和社会通过再分配形式，给予劳动者劳动价值的补偿。而且，从理论上肯定了对劳动者在丧失劳动能力之后，实行基本的生活保障是劳动者应有的权利。

4. 马克思保险理论的现实意义

马克思主义保险理论的一个鲜明特点，就是突破了传统保险理论研究的视线，他从社会再生产过程的研究出发，深刻地阐述了保险性质的内在规定性，并提出了社会主义条件下发展保险业的若干问题。这些理论成果毫无疑问，对社会主义国家的社会保障以及保险制度建设，具有奠基作用及深远的影响。对深化我国当前保险业的改革和发展，同样具有重要的现实意义。

第一，在遵循保险性质的内在规定性的基础上，我国应尽快构建保险业和谐发展的外部环境。应尽快完善相关保险法规，制定科学的保险产业发展政策及税费优惠政策，营造良好的舆论宣传氛围等，积极扶持、努力促进保险产业的健康成长。

第二，不断提高商业保险公司的风险保障能力，活化保险基金的运用。以保险形式组织的保险基金在被保险人遭到承保损失时，能否保证迅速足额地给予补偿，这是世界各国保险业发展中面临的一个普遍性问题。为此，保险监管部门应强化保险公司的偿付能力监管，督促保险企业重视风险管理，实行全面风险管理。既要放宽保险投资限制，又要及时跟踪监管，防范投资风险，切实实现保险基金的保值和增值。只有这样，才能保证灾后保险人能迅速足额地给予补偿，有效保护保险消费者的利益。

第三，马克思认为将社会总产品分配给劳动者个人时，应首先扣除社会保障费用的论断说明：在国民收入分配的过程中，社会保障具有非常重要的地位，扣除各种社会保障费用，就是在财富的二次分配问题上体现真正的公平。这种公平性在于维护和延续社会有机体的生命力，是通过国民收入再分配实现收入的转移，对低收入者或无收入者提供必要的经济帮助，有效减少社会成员的生存风险，最终发挥其社会稳定器和安全网的重要作用。

因此，随着我国经济的迅速发展，财政收入的快速增长，应进一步完善社会保障制度，尤其是全民的社会保险制度。只有不断扩大社保覆盖面，提高社保投入和支付标准，提高其运行效率，才能真正让民众感受到社会的公平，享受到改革开放与发展的成果，最终实现社会的稳定与和谐。

§2 革命导师列宁的社会保险观

革命导师列宁丰富和发展了马克思主义的保险思想。列宁不仅提出了保险事业国有化思想，同时强调应加强对保险机构的统一领导。列宁的社会保险思想，尤其是他提出的工人国家保险的几项主要原则，对苏联乃至其他社会主义国家的社会保障制度有奠基作用及深远的影响。

1. 列宁关于加强对保险业的集中管理的论述

列宁根据垄断资本主义发展及其苏联社会主义过渡时期的实践，丰富和发展了马克思主义的保险思想。这主要体现在两个方面。

（1）列宁提出了保险事业国有化思想

列宁在《大难临头，出路何在？》中指出：银行国有化对同时进行的保险事业国有化会有极大的帮助，保险事业国有化就是把一切保险公司合并为一，集中它们的活动，由国家来监督。他同时指出：把这一事业统一起来，就可以减低保险费，使所有保险者都能够获得许多便利，并减轻他们的负担，在原有人力和资金的条件下可以增多保险者的数目。他在《革命的任务》中指出："必须立即把银行、保险事业以及各个最重要的工业部门收归国有。同时，必须无条件地取消商业秘密，并且规定由工人和农民严格监督一小撮资本家。因为他们一向靠供给国家商品发财。"

实际上，保险事业国有化就是推行保险业的国家垄断。按照列宁的设想，保险业的国家垄断是一种既能够控制资本主义保险制度对人民的剥削，又能消除无效竞争，进而谋取高效率的理想方式。在社会主义条件下，保险公司只有通过走国有化道路合并为一，相应地达到一定规模，社会主义的保险事业就可以减少保险费，广大人民群众就能够获得更多便利，并且在原有经营条件下可相应增加保险需求。实践证明，在当时俄国落后的社会条件下，这种保险事业国有化思想，是符合广大人民群众根本利益的。

（2）在保险业国有化的同时，应加强对保险机构的统一领导

列宁注意到，当时俄国保险业的发展水平较低，还不足以为社会提供较好的保障。所以，保险业国有化的同时，应该加强对其集中管理。在社会主义条件下，通过成立一个独立的管理机构来加强对保险业的统一领导，是推进社会主义保险事业快速发展的一个重要方面。因此，他在《论报纸上的一篇短文》

中说：不言而喻，要实行保险就必须讨论基金问题。可敬的作者在这里有一个严重缺陷。难道关于筹划的机构归哪一部、哪一司管理的问题，就不"必须提出和讨论"了吗？第一，毫无疑问，内务部社会经济司应当管理这个机构；第二，内务部地方司也有密切联系；第三，财政部也应管理保险事业。因此，筹划单独成立一个"全体农民义务互助人寿保险管理局"，就像国家种马场管理总局一样，不是更合适些吗？

2. 列宁的社会保险思想

列宁的社会保险思想是对马克思主义社会保障思想的继承和发展。他既吸取了马克思关于社会保障的思想精华，又是在其领导俄国革命实际斗争中逐步形成的。

马克思主义的奠基人始终关注资本主义社会里劳动者社会生活无保障的问题，同时也寻找与这种无保障斗争的措施和方法。马克思和恩格斯指出："必须实行国家社会保险，国家保证所有工人都有生活资料，并且负担照管丧失劳动能力的人。"马克思在《哥达纲领批判》中描绘了社会公有产品的分配蓝图。他设想社会主义国家有计划地划分出一部分社会产品作为一种特殊基金，用于给丧失劳动能力者提供物质保障。即包括劳动者在不幸事故、自然灾害、丧失劳动能力之后的保障金在内。社会成员在年老不能劳动之后，也有权利享受国家和社会通过再分配形式，给予劳动者劳动价值的补偿。

马克思关于随着资本主义发展无产阶级无保障情况增加的思想，是由列宁进一步发展的。他指出："资本主义的这种增长意味着一小撮厂主、商人和土地占有者的财富和奢侈程度大大增加，工人的贫困和受压迫的程度更加迅速地增加。大工厂在生产上的革新和采用机器，既促进了社会劳动生产率的提高，也加强了资本家对工人的统治，增加了失业人口，从而使工人处于任人宰割的境地。"列宁认为，要摆脱这种状况，在于工人阶级反对一切依靠他人劳动为生的阶级和反对一切剥削的斗争中。列宁指出："只有社会主义才可能广泛推行和真正支配根据科学原则进行的产品的社会生产和分配，以便使所有劳动者过最美好、最幸福的生活。只有社会主义才能实现这一点。"

列宁在 1917 年《修改党章的材料》中提出 "工人在年老和完全或部分丧失劳动能力时，得享受国家保险，国家向资本家征收特别税作为保险基金。工人享有各方面的受社会保险：各种雇佣劳动的保险；丧失劳动能力及失业等保险；一切保险机构完全由被保险者自己管理；保险方面的开支由资本家负担；免费医疗，同时医疗事宜由工人自己选出的互助保险会管理。"

3. 列宁积极运用保险为争取工人阶级福利而斗争

列宁的社会保险思想，是在俄国革命实践过程中逐步形成的，并积极运用保险为争取工人阶级的福利而斗争。

（1）沙皇俄国无产阶级社会生活无保障的贫穷状况

19 世纪末 20 世纪初，俄国仍是农业国家，但资本主义在迅速发展，国内形成了工业无产阶级。无产阶级依靠出卖自己的劳动力生存，年老和丧失劳动能力的劳动者常常陷于饥饿、死亡或赤贫生活状态，其生存无法保障。

沙皇政权只关心庞大的官僚和军队，颁布了一些关于军队和官僚保障的法令。1883 年关于低级官员及其家庭抚养措施的法令，仅对那些由于不胜任职务而被开除的低级官员、完全残疾者及没有生活来源者，每月发给 3 卢布的微薄退休金。为数不多的老人院、残疾人院和孤儿收容所的建立也是依赖私人的慈善活动来维持，疗养事业刚开始发展并且是有产阶级的特殊专利。

"19 世纪末期，俄国不但没有工人的国家保险，而且也没有关于企业主对在生产中给工人造成的伤害负责的法律。"

（2）列宁积极运用社会保险为争取工人阶级福利而斗争

列宁的社会保险思想，是在其领导无产阶级进行经济斗争、争取工人阶级福利的过程中，逐渐形成和发展的。

19 世纪末开始，列宁就一直非常关注劳动者的生活状况，领导工人阶级提出经济要求，争取各项社会保障的权利。他在《经济罢工和政治罢工》一文中指出 "如果不提出经济要求，不直接而迅速地改善劳动群众的状况，劳动群众是永远也不会同意去考虑什么全国共同进步的。只有在改善劳动者经济状况的条件下，群众才会投入运动，积极参加运动，高度重视运动。工人阶级在争取改善生活条件的同时，在精神上、思想意识上、政治上也成长起来了，变得更具有实现自己伟大的解放目的的能力了。这就是说，在运动的初期，许多工人把经济斗争放在第一位，而当运动发展到最高潮的时候，情况就相反了。""工人的冲击愈猛烈，他们争得生活的改善就愈多。社会的同情和生活的改善都是斗争高度发展的结果。"

列宁在许多文章中论述了工人的社会经济要求，并逐渐发展为争取法律规定的社会权利。例如：从 1895 年《党纲草案》、1902 年《俄国社会民主工党纲领草案》、1903 年《关于对遭受不幸事件的工人补偿法》及《告贫苦农民》、1912 年《关于对待杜马关于工人国家保险法律草案》等文章中可以看到，列宁关于工人国家社会保险思想形成的过程。

列宁在领导工人阶级争取自身状况改变的斗争中，首先争取的是使工厂法普及到俄国境内所有的工业领域以及手工业工场。要求颁布该法律的要求，体现在 1895 年列宁所起草的社会民主党党纲草案中。其中第四部分是俄国社会民主党为工人提出的各项要求，"以法律限定一昼夜工作时间为 8 小时；以法律禁止夜工和夜班，禁止雇用 15 岁以下的童工；以法律规定节日休假制度；以法律规定，厂主应对工人伤残事故负责，如过失在工人方面，厂主则应对此提出证明；以法律规定，厂主有供给学校经费、给工人以医疗帮助的义务"。

1902 年，列宁在俄国社会民主工党纲领草案中提出"对未满 16 岁的儿童一律实行免费的义务教育；由国家供给贫苦儿童膳食、服装、教材和教具。同时，为了保护工人阶级和增强他们的战斗能力，俄国社会民主工党要求：（1）一切雇用工人的工作日应限制为一昼夜 8 小时；（2）由法律规定，国民经济各部门的男女雇用工人，每周连续休息时间不得少于 36 小时；绝对禁止加班加点；（3）国民经济各部门禁止做夜工（晚 9 时至翌晨 5 时），由于技术原因绝对必须做夜工的部门除外；（4）禁止企业主雇用年龄未满 15 岁的童工；（5）禁止在对妇女身体有害的部门使用女工；（6）由法律规定，工人由于不幸事故或有害的生产条件而部分或完全丧失劳动能力时，雇主应负民事责任；工人无须证明上述丧失劳动能力的情况是由雇主的过错造成的；（7）国家对失去劳动能力的老年工人发放养老金。俄国社会民主工党力求达到自己最近的政治目的和经济目的，支持任何反对俄国现存社会政治制度的反政府运动和革命运动。"

在制定俄国社会民主工党的第一个纲领时，列宁就提出用国家退休金制度保障年老工人的物质生活。列宁认为，工人的劳动养活了整个富人阶级及整个国家，所以他们同当官的一样有权领取养老金。这一意见在 1903 年列宁直接参与制定并在俄国社会民主工党第二次代表大会通过的纲领中得到体现。纲领中提出"每周连续休息时间改为不得少于 42 小时；工人在年老和完全或部分丧失劳动能力时，得以享受国家保险，由国家向资本家征收特别税作为这项支出的专用基金。"

列宁在《告贫苦农民》中写道"社会民主党人给自己提出的任务，是支持一切工人为改善生活而进行的斗争。既为城市和农村中那些在家里给雇主干活的手艺人，又为那些被小作坊主和手工业者雇用的工人，也同样为农村工人争取这些改善。所有这些工人，以工厂工人为榜样并且在其帮助下，现在开始在全俄国团结起来，为改善生活条件、缩短工作日、提高工资而斗争。"

列宁在《关于对杜马提出的工人的国家保险法案的态度》一文中，对俄国政府 1912 年通过的关于工人不幸事件的保险法案作出了全面批判。"在目前反动势力猖獗的时刻，在反革命势力统治的时期，经过政府同资本家的代表的多年预备性的谈判和取得协议，也只能产生这种极端粗暴地嘲弄工人最迫切利益的法律。"列宁由此得出结论"必须彻底推翻沙皇制度，争得无产阶级自由进行阶级斗争的条件，才能实现真正符合无产阶级利益的保险改革。"他还在文中揭露了沙皇政权颁布法案的实质在于欺骗工人。同时向工人解释，仅仅颁布保险法消除不了贫困、生活不安定和缺少权利等问题，并且督促工人通过社会保险斗争配合无产阶级的全面政治斗争。

列宁还在 1912 年 1 月召开的《俄国社会民主工党第六次全国代表大会》上，分析了资本主义社会劳动者需要保险的原因：雇用工人以工资形式取得的那一部分自己创造的财富非常少，刚能满足工人最迫切的生活需要。因此，无产者根本不能从自己的工资中拿出一些钱去储蓄，以便在因伤残、疾病、年老、残疾而丧失劳动力时，以及在资本主义生产方式必然造成的失业时使用。因此，在出现上述一切情况时对工人实行的保险，完全是资本主义发展的整个进程所决定的一种改革。"最后，列宁提出了自己的社会保险方案以及四项主要原则，包括保险产生的条件、被保险者范围、保险金赔偿标准及承担者、保险的管理四个方面。"最好的工人保险形式是工人的国家保险，它是根据下列原则建立的：（1）在工人丧失劳动力的一切情况下，国家保险都应给工人以保障；（2）保险应包括一切雇佣劳动者及其家属；（3）对一切被保险人都应按照偿付全部工资的原则给予补偿，同时一切保险费应由企业主和国家负担；（4）各种保险应由统一的保险组织办理，这种组织应按区域和按被保险人完全自行管理的原则建立。这些原则是对之前斗争中提出的、所有社会经济要求高度全面的总结。

列宁的这篇演讲文稿最终形成了关于工人国家社会保险的主要思想。此后，这一决议被称为著名的列宁工人国家社会保险纲领，但在沙皇时期这一大纲并未成为现实。俄国无产阶级在社会保险方面的要求，只是在十月社会主义革命完成后才得以真正实现，并对后来苏联社会保障制度的建立和发展产生了重要影响。

（3）列宁运用社会保险为工人阶级争取到的福利

在列宁社会保险思想的指导下，俄国无产阶级争取社会经济权利的斗争取得了一些成果。社会保险最初产生于资本主义社会，其本身就是无产阶级面对有产阶级有组织、不断斗争的结果。社会保险的权利实现是无产阶级斗争中的要求之一。俄国社会保险事业的发展进程尤其与俄国无产阶级的经济斗争紧密相连。

1896 年俄国工人提出了缩短工作日的要求，并且以大罢工来支持自己的要求。于是 1897 年 6 月 2 日，沙皇颁布了缩短工厂工作日和规定节日休假的新工厂法，这是俄国工人从沙皇政府那里夺得的被迫让步。同样，在工人罢工运动的压力下，沙皇政府被迫于 1901 年 5 月通过了丧失劳动能力的山区工厂工人、矿工退休金暂行法令。

1903 年 6 月 2 日通过的《关于对遭受不幸事件工人的补偿法案》，并未规定无产阶级的社会保险，只是列入了个别企业主对在生产中造成的伤害特殊的责任。对导致劳动能力降低和丧失的伤害赔偿被称为退休金。这一法律虽然是对无产阶级的某种让步，但对改善无劳动能力无产者的状况并无本质意义。此外，补偿只在规定的不幸事件发生时才实行（其中排除职业病和普通疾病及不是在生产中所受的伤害）。工人（或其家庭成员）被补偿的只是由于伤害所损失工资的一部分。企业主免于承担由于他蓄意和忽略而导致工人受伤的责任。法律规定了其他一系列规则，更加限制了工人取得无劳动能力补偿的可能性。这一法律不符合无产阶级的利益，因而并没有能使无产阶级斗争减弱。

1904 年末，沙皇政权迫于压力允诺实施工人国家保险，但却拖延了很多年。1910~1914 年新的革命高潮迫使沙皇政权重新关注保险法。1911 年春天，第三届国家杜马提出关于工人疾病和不幸事件保险的法律草案。在讨论保险草案时布尔什维克党代表进行了一些修改，提出把保险普及整个俄国、所有雇佣劳动者及所有丧失劳动能力的人，取消工人支付保险费，所有费用由资本家承担。

1912 年 6 月 23 日，俄国杜马通过关于工人疾病和不幸事件保险的法案，规定了工人只有在生病和工伤、妇女在怀孕和生育时才得到保险金。在由于其他原因（年老、残疾、失去抚养人、一般性疾病和生产无关的伤害、失业等）失去工资时，工人及其家庭成员仍和从前一样没有任何保障。

该法案仅包括同期在工厂和矿山就职的 1200 万工人和职员中的 250 万人，不包含西伯利亚、中亚地区工人和职员、农业工人及其他人。保险金额也很低，例如，发放给工人的生病补助金是工资的一半或三分之二，发放补助金从无劳动能力的第四天算起。而且该法案还规定了许多限制条件，例如，（1）给女工发放怀孕和生产补助金规定的条件为，她们在生育前在该企业工作不少于 3 个月，且带薪休假期非常短，为生产前 2 周和生产后 4 周。（2）保险支付的费用主要由劳动者自己负担，工人支付的费用超过了企业主支付费用的 1.5 倍。（3）为了实施疾病保险建立了医疗基金，其中企业代表有决定权，管理医疗基金的全体大会主席只能是企业所有人或其全权委托代表。（4）实施生产中不幸事件保险归保险协会处理，而后者完全在企业主掌握之中，工人并不能参与管理这些保险协会。形式上这些协会的资金由企业所有者的投入构成，事实上不幸事件保险费用的很大部分仍落在劳动者的肩上。由于不幸事件导致无劳动能力的最初 13 周内工人由医疗保险提供保障，其资金大部分由被保险人本人支付的费用构成，依靠保险协会资金的保障只是从无劳动能力第14周开始。

　　总之，在列宁社会保险思想的指导下，俄国无产阶级争取社会经济权利斗争取得了一些成果。迫使沙皇政权通过了工厂法，其中包括一些改善工人状况的条款。例如，法律规定在生产中受到的损害要对企业主征收罚金，而且颁布了《关于工人疾病和不幸事件保险的法案》，提供给一小部分无产者退休金、补助金和医疗帮助。但是这些规定的内容很不清楚，加上工人文化水平偏低，无法支付庞大的法庭费用，法庭的官僚主义等，通常使工人没有希望在法庭顺利地实现自己的权利。而且在当时的俄国没有针对老人和无劳动能力者的其他保障措施和服务。此外，也没有给劳动者提供医疗帮助的法律。一些工厂建立了工人互助基金，但对无产者的保障没有多大意义。因为基金只能包括很少的一部分人并且主要依靠工人自己的投入，一次性补助金的作用也微不足道。因此，列宁认为：只有彻底推翻沙皇制度，争得无产阶级自由进行斗争的条件，才会实现真正符合无产阶级利益的保险改革。

4. 列宁社会保险思想的意义

　　在《关于对杜马提出的工人国家保险法案的态度》一文中，列宁提出的工人国家保险原则具有深远的历史意义。它是苏俄及后来的苏联社会保障建立和发展的理论依据。在整个苏联时期，社会保障制度的基础一直是列宁在工人国家社会保险纲领中提出的保险原则，尤其在研究苏联社会保障的发展变化时，从中能够清晰地看到这一线索。同时，列宁的工人国家保险原则，对其他社会主义国家社会保障制度的建立和发展也有很大影响。此外，这一思想对同时期资本主义国家中的无产阶级争取更广泛深入的社会保障权利的斗争，也具有示范和声援作用。

　　尽管苏联社会主义事业失败了，但列宁的社会保险纲领在当今仍具有重要现实意义。其中保险的四项原则即（1）包括工人丧失劳动力的一切情况；（2）包括一切雇佣劳动者及其家属；（3）偿付全部工资；（4）被保险人完全自行管理。从四个方面对劳动者的社会保险作了周密安排，仍然是社会保障事业追求的目标。

§3斯大林对保险的论述

斯大林是原苏联共产党和国家主要领导人，武装力量最高统帅，政治家、战略家和军事家。斯大林曾多年担任苏联共产党党中央总书记、苏联部长会议主席和苏联武装力量部长，领导苏联人民恢复和发展遭到战争严重破坏的经济，加强国防建设，迎接"冷战"的挑战。

1. 坚定的马列主义者

1879 年 12 月 21 日，斯大林诞生于格鲁吉亚哥里城的一个鞋匠家庭。1894 年，他进东正教中学读书时，就开始读《共产党宣言》，并积极参加革命活动。他 18 岁开始学习《资本论》，22 岁之后写出了一系列宣传马克思主义的文章。如《俄国社会民主党及其当前任务》《无产阶级和无产阶级政党》《无政府主义还是社会主义》等。斯大林直至去世前一年，还在写《苏联社会主义经济问题》。

斯大林堪称一生都在学习马克思主义。1953 年斯大林死后，人们从他的住房、办公室、别墅清理出两万多册藏书。其中有马克思、恩格斯、列宁、考茨基、普列汉诺夫、拉法格、卢森堡等人的全部理论著作。"许多书的字里行间和页边上都注满了斯大林的强调号、评论和批语……"《列宁全集》（第一版）他不仅通读过，而且读过几次，有些卷里填满了着重号、加重号、惊叹号。

斯大林一生著有《斯大林全集》《论苏联伟大卫国战争》《马克思主义和语言学问题》《苏联社会主义经济问题》等。

2. 杰出的军事家和战略家

在斯大林的一生中，军事活动占有重要地位。他对苏联军事理论和军事学术的发展作出了重要贡献。

早在 1918 年及 1919 年相继爆发的俄国内战与波苏战争中，斯大林都曾在前线指挥军队作战。1941 年 5 月至 1946 年 3 月，斯大林任苏联人民委员会（后改称部长会议）主席。1941 年 6 月任国防委员会主席，同年 8 月任苏联武装力量最高总司令。在第二次世界大战苏联卫国战争期间，他成为同盟国最成功的统帅。1941 年冬季，德军兵临莫斯科城下期间，斯大林始终留在首都组织大反攻。在其卓越的指挥下，苏军先后赢得了斯大林格勒保卫战和库尔斯克战役的胜利，使当时的形势急转直下，兵锋指向德军后方，他领导苏联人民最终战胜了纳粹德国。斯大林参加了盟国的几次首脑会议，包括和英国首相丘吉尔、美国总统罗斯福举行的德黑兰会议和雅尔塔会议。1945 年 6 月，获得最高军衔——苏联大元帅称号。

1946 年 3 月至 1953 年 3 月，斯大林任苏联部长会议主席。1952 年 10 月联共（布）十九大时，他当选为中央主席团委员和中央书记处书记。1953 年 3 月 5 日，斯大林因脑出血病逝。斯大林在一生中也犯过许多错误，特别是肃反扩大化、搞个人迷信、后期思想僵化和把苏联一国经验绝对化等，给苏联和国际共产主义运动造成了不可挽回的不良影响。

3. 斯大林对保险后备的论述

从 1927 年到 1941 年苏德战争爆发前，斯大林提出要在短期内实现赶超发达国家的目标，于是按照每五年一计划的方式，以高度集中的指令性计划经济模式发展社会主义经济。1928 ~ 1932 年的第一个五年计划主要推行农业集体化政策。随后的第二个五年计划则以牺牲农业为代价，大规模发展重工业。在这段时间内，苏联的工业总产值以惊人的速度增长，平均每年增速为 18%。其中钢产量达 1770 万吨，煤为 1.28 亿吨，电力为 362 亿度。其间在乌拉尔山以东的马格尼托哥尔斯克、库兹涅茨克等地建立了诸多新兴工业区。1938 年起第三个五年计划则集中发展军事工业。到 1941 年 6 月，苏联的坦克总数高达 2.4 万台，火炮约 11 万门，飞机 1.8 万架，从而成为重工业和军事大国，为赢得第二次世界大战的胜利奠定了物质基础。但国内消费品生产却被忽视，城市居民并未分享到多少工业进步的成果。

斯大林不仅对经济发展有所研究，而且对保险后备事业有诸多论述。例如，他在《关于苏联经济状况和党的政策》中指出"第四，国家手中必须积蓄防备国家遭受任何意外（歉收），为滋养工业、扶助农业、发展文化等所必需的一定后备。现在，没有后备是不能生活和工作的。就是一个从事小生意的农民现在也非有一定的储蓄不可。"他在《联共中央委员会向第十六次代表大会的政治报告》中指出"（八）后备问题。一般国家特别是我国，没有后备是不行的。这一点我已说过好几次。我们的粮食、商品和外汇是有一些后备的，很多同志已经感觉到这些后备的良好作用。但是，对我们来说，只有一些后备是不够的，我们需要在各方面都有丰富的后备。因此，任务在于积蓄后备。"他在《苏联社会主义经济问题》中指出"应该指出，马克思在他已经不是研究资本主义而是也顺便研究共产主义第一阶段的《哥达纲领批判》中，承认交给社会来扩大生产，办理教育和保健事业、支付管理费、建立后备物资等的劳动，是与用来满足工人阶级消费需要的劳动同样必要的。"

§4 周总理力挽狂澜护保险

20 世纪 50 年代末期，在极左错误思想的影响下，我国保险事业陷入了发展低谷。当时，唯一经营保险业务的中国人民保险公司被迫停办了国内保险业务，仅保留了部分涉外保险和国际分保业务。

"文革"开始后，中国人民保险公司的涉外保险业务也被当成资本主义的产物，认为保险保障的是资产阶级法权，应该立即停办。随后，就强行停办了远洋船舶保险业务，接着又停办了绝大部分国际再保险业务，只同意保留出口保险业务。

1968 年 5 月，中国人民保险公司的大部分干部被下放到淮滨"五七"干校接受改造，总公司机关仅留下 9 人进行"清理收尾"工作，被人们戏称为保险公司的"治丧委员会"。此时，上海的造反派也砸了中国人民保险公司的牌子，无法开展正常业务。在这危急关头，又发生了一起严重的意外事故：1969 年 6 月，我国外贸部从巴基斯坦进口的 6 公斤铂金在空运途中丢失，给国家造成 8 万英镑的巨额经济损失。

周总理得知此事后，即令着手调查事故原因。在追查有关责任时周总理问道，这批货物为何没有办理保险？外贸部的领导回答："我国的保险业务已经停办了。"当周总理确知中国人民保险公司朝不保夕的艰难处境时，严厉批驳了"砸保险"的有关错误言论。他指出，保险业务一定要办，它是我们对外联系的重要渠道。敌人想要孤立我们，但我们绝不能自己孤立自己。周总理的这一重要指示，立即刹住了砸保险的歪风，并得到了国家有关部门的重视和支持。

1970 年 6 月至 12 月，中国人民银行从淮滨"五七"干校相继抽回一部分保险业务骨干，逐渐充实了保险业务力量。1971 年起，对我国进口的贵重货物与外国保险商签订了固定的、不声明价值的分保合同，从而使濒于消亡的人民保险事业出现了重大转机。此后，我国的涉外保险和国际分保业务得以延续、恢复和发展，并为 1979 年国内业务的全面恢复发展奠定了基础，储备了人才。

§5 中华民国首任内阁总理及其保险故事

唐绍仪是清末民初著名的政治活动家、外交家和教育家。曾任驻朝鲜总领事、清末南北议和北方代表、清政府总理总办、中华民国首任内阁总理、国民党政府官员等。也曾担任山东大学第一任校长、北洋大学（现天津大学）校长。他为争取中国主权、外交权益及推进民主共和做出了重要贡献。

1. 干练卓越的晚清外交家

唐绍仪又名唐绍怡，字少川，1862 年 1 月 2 日，诞生于广东省珠海市唐家镇唐家村。其父唐巨川是一名上海的茶叶出口商。唐绍仪自幼即随父到上海读书。1874 年，清政府官派 12 岁的唐绍仪等公费去美国留学，经中学直接升至哥伦比亚大学读文科。

1881 年，唐绍仪学成回国后，进入天津水师附设的洋务学堂教书。1885 年，到天津税务衙门任职。1889 年他被派往朝鲜办理税务，后为驻朝鲜汉城领事，在任上表现出干练的外交才能，成为清政府驻朝鲜大臣袁世凯的得力助手。1896 年 10 月，清政府正式委任唐绍仪为中国驻朝鲜总领事。1898 年 9 月，唐绍仪因奔父丧返国，结束其出使朝鲜近 10 年的外交生涯。

1901 年，袁世凯升为直隶总督兼北洋大臣，他重用唐绍仪为天津海关道。唐绍仪在任期间，办理接收八国联军分占的天津城区、收回秦皇岛口岸的管理权等事务，成就斐然，令同僚们刮目相看。袁世凯也上奏朝廷，称赞唐绍仪出色的外交表现和能力。

1904 年，清政府任命唐绍仪为全权议约大臣，赴印度与英国代表谈判有关西藏问题。唐绍仪坚持民族立场，运用灵活的外交手段，力主推翻英国与西藏地方政府签订的所谓《拉萨条约》，挫败了英国妄图将西藏从中国领土中分割出去的阴谋。1906 年 4 月，中英签订《续订印藏条约》，虽然英国取得从印度架设电线通往西藏已开商埠的特权，但不得不承认中国对西藏的领土主权。

唐绍仪在西藏问题谈判中的成就，使他晋升为外务部右侍郎。此后，唐绍仪参与主持中日、中俄关于东北问题的谈判。在客观条件十分不利的情况下，他力争避免损失过多的权益，抑制了日本在东北扩张侵略的野心，并完全拒绝了俄国企图保留在东北利益的要求。

自 1906 年起，唐绍仪先后被委任为全国铁路总公司督办、税务处会办大臣、邮传部左侍郎。他主持路政后，着力扩大我国在外资铁路中的行政管理权和挽回铁路借款方面的损失。由于他的据理力争，沪宁铁路的续借款由原定的 9 折改为 9.55 折，总管理处由原来的华员 2 人、洋员 3 人组成，改为只设华员总办 1 人，洋员在总办主管下分理部门职能。在广九铁路合约的谈判中，唐绍仪把用人用款之权从英国人手中争回，由两广总督一手经理。

唐绍仪还是近代第一位致力于收回海关控制权的人。1906 年，他以税务处会办大臣之职主持全国税务总署的工作。他上任伊始即宣称"此次奉命办理海关税务，实为收回税权之一大关键，且海关为中国海关，聘用洋员自应归中国节制。今虽时事艰难，无所措手，亦当力任其难"。唐绍仪在税务署成立之时，即电召海关总税务司的赫德及各关税务司到京城听训。过去垄断海关税务司职位数十年的洋人，如今不得不收敛其威风，在税务处会办大臣的统辖下办事了。

1907 年，唐绍仪聘任奉天巡抚，并负责东北地区的对外交涉。他计划引进英美资本，修筑一条贯穿东北全境的铁路，以制约日本，但英商在日本的抗议下退缩了。唐绍仪又打算联美制日，计划依赖美国资本开发东北来遏制日本。翌年，美国以部分庚子赔款退还中国政府，他被派为专使赴美活动。在美期间，他鼓动美国财团到东北投资，随后访问日本等八国考察其财政。但日本拉拢美国抢先签订了日美协议，使唐绍仪的计划落空。1910 年，唐绍仪曾一度被任命为邮传部尚书，但不久即辞职。

武昌起义爆发后，清政府起用袁世凯为总理大臣。聘任唐绍仪为袁内阁的全权代表，赴上海与南方民军总代表伍廷芳谈判议和。他在和谈中未尽袁世凯之意，并劝袁迎遂南方之意将谈判地点设于上海，以"清廷不足保全，而共和应当推动"为自己参加议和的指导思想。他此后坚持"拥袁共和"的方针，对南方作出了很大让步。由于南北双方代表的共同努力，终于达成了确定共和体制、停止内战、优待清室、推举袁世凯为大总统的协议。

2. 宏图难展的中华民国首任总理

唐绍仪留美时已接受民主共和思想的熏陶。民国初年，其思想立场更向民主共和方面转变，他由黄兴、蔡元培介绍，并由孙中山监誓，加入了同盟会。不久，唐绍仪得到革命人和袁世凯的推选及任命，成为中华民国第一任内阁总理。1912 年 3 月 25 日，唐绍仪到南京内阁就任，4 月迁往北京。唐绍仪出任总理之初抱有极大的政治抱负，挑选宋教仁、蔡元培、陈其美等同盟会骨干成员入阁担任农林、教育、工商总长，使同盟会会员在政府中占据多数，被称为"同盟会中心内阁"。唐绍仪勤于公务，注重办事效率，使新政府呈现一派新气象。

然而，袁世凯习性独裁，对唐绍仪推行责任内阁制甚为不满，在用人、财政、遵守《临时约法》规定的总理附署权等问题上，两人的裂痕不断加深。唐绍仪主张"民国用人，务贵新不贵旧"，拒绝袁系赵秉钧（为内阁内务总长）私自安排北洋旧人入阁，赵秉钧竟以辞职相威胁。在筹款方面，唐绍仪拒绝了英、美、德、法四国银团提出监督中国财政的无理要求，引起了袁世凯和财政总长及四国银团的合伙攻击。王芝祥督直事件最终导致了唐绍仪与袁世凯分道扬镳。1912 年 6 月初，直隶省议会选举王芝祥（已加入同盟会）为直隶都督，袁世凯不予承认，并抛开总理附署权，公布另任命令。唐绍仪见《临时约法》

已遭到破坏，"彻悟袁之种种行为，存心欺骗民党"，遂于6月15日愤而提出辞呈。

唐绍仪辞职后一直寓居上海，但仍密切关注着政治舞台。1913年，袁世凯派人刺杀了宋教仁，唐绍仪予以强烈谴责，并拒绝袁世凯拉拢其复任北洋军阀政府总理。同年，袁世凯复辟称帝，唐绍仪与蔡元培、汪精卫联名致电，警告袁世凯"取消帝制野心，并辞职以谢天下"。护国军兴起后，唐绍仪再次致电袁世凯，劝其退位。

1916年6月，袁世凯暴毙后黎元洪继任总统，但皖系军阀段祺瑞大权在握。唐绍仪被聘为外交部长，他站在孙中山革命派的立场上，力主恢复旧约法和国会，并多次拒绝北洋军阀的拉拢利诱。

3. 创办保险，有始而无善终

1914年4月2日，唐绍仪在关心政治之余，联合伍廷芳等政界好友，集资巨款，在上海创办了金星人寿保险有限公司。唐绍仪任董事长，聘易次乾为总经理，开办各种人寿保险业务。创业初期，唐绍仪等人凭借其政治影响力，由农商部告知全国各省加以保护推广，很快在直隶、奉天、吉林、山东、广东、广西、湖南、湖北等省设立了分公司，业务发展蒸蒸日上。1915年5月，唐绍仪又创办了金星水火保险有限公司，开办非寿险业务。

1920年，金星人寿保险有限公司与金星水火保险有限公司合并为金星水火人寿保险有限公司，简称"金星保险公司"。唐绍仪任公司主席，卢信为副主席，欧阳荣之为水火险总经理，寿险总经理仍为易次乾，公司办公地址为上海市四川路127号。由于有各级政府官员、军警保驾，其业务曾经煊赫一时。

20世纪20年代后期，该公司由于官商经营，热心政治，不善管理，业务日渐沽竭，被迫于1929年8月23日退出上海保险同业公会，不久宣告停业。1930年，公司清理寿险债务时，曾因财力不济，拖了很长时间而影响不好。

4. 晚年不忘爱国，始终支持革命

1917年8月，唐绍仪辞职南下参加护法运动，被孙中山任命为护法军政府

财政总长。滇桂军阀排挤孙中山，唐绍仪曾进行过调和。军政府改组后，唐绍仪为七总裁之一。1919年初，北洋军阀政府与护法军政府谈判议和，唐绍仪担任南方总代表。他维护孙中山的护法旗帜，但其主张被北方代表拒绝，同时也为把持南方军政府的桂系军阀所不容，被撤掉总代表之职。"五四"运动爆发后，唐绍仪表现出强烈的爱国热情，通电政府表示支持爱国学生。他还去电巴黎，要求出席巴黎和会的中国代表、他的女婿顾维钧拒绝在和约上签字。

1920年6月，唐绍仪与孙中山等在上海通电反对桂系军阀，正式脱离军政府，赴上海坚持斗争。11月，桂系军阀势力被驱逐出广东，唐绍仪随孙中山回到广州，重建军政府。但此时唐绍仪与孙中山的政治主张已发生分歧，唐绍仪认为孙中山的理想太高，难以实现，且孙中山所制定的总统制与其政党政治和责任内阁制理想也不符。他拒绝出任军政府财政总长一职，寓居上海闭门不出。

1927年南京国民政府成立后，唐绍仪挂名为国民党中央监察委员和国府委员。1929年，他就任中山县训政实施委员会主席，1931年3月16日兼任中山县县长，集中精力建设其模范县的计划。他还编印《中山县发展大纲》，散发到港澳和海外，想方设法从各方面筹集建设资金。由于其为政清廉，革除官衙陋习，并微服察访，及时解决实际问题，享有"布衣县长"之称。

1934年10月，军阀陈济棠派军队包围唐绍仪的寓所，逼其去职。1936年，陈济棠发动"六一"事变，公开与南京国民政府对抗，唐绍仪站在蒋介石一边，促使陈济棠兵败下台。事后，唐绍仪举起家寓居上海，未再参与政治。

抗日战争爆发后，唐绍仪多次发表支持抗战的言论，呼吁全民抗日。冯自由认为唐绍仪是自卢沟桥事变后，"主张抗战最力之一人"。上海沦陷后，唐绍仪仍留居上海以便抗日。蒋介石、孔祥熙等不断派人游说他离开，广东的抗日组织也派代表劝唐绍仪离开上海，但他不从。日本特务头子土肥原还组织了一个对华特别委员会，负责做唐绍仪、吴佩孚的工作。1938年9月28日上午，土肥原赴唐宅长谈，潜伏于上海的国民党军统特务侦知此事后，奉命于9月30日将唐绍仪刺杀。10月5日，重庆方面为掩人耳目，以国民政府主席林森、行政院长孔祥熙等的名义，特地颁布"唐绍仪褒扬令"，同时拨付治丧费5000元，并令将唐氏生平事迹"宣付国史"。国史馆撰写的《唐绍仪传》，称唐绍仪晚年被日本人拉拢，要其充当傀儡，"终不肯出"。

§6 罗斯福靠保险成功竞选州长

富兰克林·德拉诺·罗斯福（1882~1945 年）是现代著名政治家，美国历史上任期最长、最伟大的总统之一。

1. 罗斯福总统的丰功伟绩

富兰克林·德拉诺·罗斯福是 20 世纪世界经济危机和世界大战的中心人物之一。自 1933 年至 1945 年，他连续出任四届美国总统，任期长达 12 年，且是唯一连任超过两届的美国总统。

在 20 世纪 30 年代经济大萧条期间，罗斯福推行新政以提供失业救济与复苏经济，并成立如公共事业振兴署、国家复兴管理局和农业调整管理局等机构，来改革经济和银行体系。虽然直到第二次世界大战爆发为止，美国的经济仍未能完全复苏，但他所发起的一些计划，如联邦存款保险公司、田纳西河谷管理局以及证券交易委员会等，仍继续在国家的商贸中扮演重要角色。除此之外，在其任内设立的一些制度，包括社会安全系统和全国劳资关系委员会等，仍然保留至今。

1941 年 12 月以前，英国正与纳粹德国作战，而美军还未参与第二次世界大战之际，罗斯福已经利用租借法案向丘吉尔及英国军方提供援助。在后方，他引进了价格管制和配给，并将大约 11 万日裔美国人迁往收容所。罗斯福领导美国，将其转变为"民主国家的兵工厂"。罗斯福与他的助手哈里·霍普金斯紧密合作，使美国成为同盟国主要的军火供应商和融资者，也使美国国内产业大幅扩张，实现充分就业，并为非裔和妇女制造了新的机会。而随着经济渐有起色，国会内新成立的保守联盟也主张失业已消失，而促使不少如公共事业振兴署与民间护林保土队等救济计划被解散。第二次世界大后期，同盟国逐渐扭转形势后，罗斯福对塑造战后世界秩序发挥了关键作用，其影响力在雅尔塔会议及联合国的成立中尤其明显。后来，在美国的协助下，盟军击败德国、意大利和日本，取得了最后胜利。

罗斯福曾促成了政党重组，大胆地利用联邦政府导致新政联盟的建立，政治学家称之为"第五政党制度"。该联盟主导了民主党近半个世纪，直到 20 世纪 60 年代末。罗斯福推出新的税种，影响到所有的收入群体。虽受保守主义人士的强烈反击，但罗斯福仍常占优势，直到他在 1937 年试图打发走最高法院。他与其妻埃莉诺·罗斯福至今仍是美国现代自由主义的典范。罗斯福政府重新定义了自由主义，并根据他的新政联盟重组了民主党。罗斯福始终被学者排名为最伟大的美国总统之一。

2. 优越环境下的良好教育

1882 年 1 月 30 日，富兰克林·德拉诺·罗斯福出生在纽约州哈得孙河谷中的海德帕克。其父亲老罗斯福和母亲萨拉·罗斯福分别来自纽约州富裕的荷兰裔和法裔大家族，富兰克林是他们唯一的孩子。他们老来得子，对其疼爱有加。

罗斯福在优越的环境下长大，很小就学会了骑马、射击、划船、打马球和网球，并熟稔德语和法语。罗斯福 5 岁时，跟随父亲去见当时的总统克利夫兰，总统曾给他一个奇怪的祝愿："祈求上帝永远不要让你当美国总统。"可有意思的是，他却成了美国历史上执政时间最长、最有威望的总统。

1896 年，罗斯福被送入以培养政界人物为目标的格罗顿学校，开始适应新的环境。他读书多，见识广，酷爱体育，擅长网球、高尔夫球、爱好骑马和驾驶帆船。当时，格罗顿公学橄榄球盛行，他就主动组织了拉拉队，当管理员。他擅长辩论，是"辩论学会"会员，而且他的学习成绩优良。

1900 年，罗斯福进入哈佛大学攻读政治学、历史学和新闻学。这年，他 72 岁的父亲去世，留下了 12 万美元存款，其母从外祖父处继承了 130 万美元的遗产。罗斯福在哈佛大学读书期间，居住在豪华的宿舍，并成为 Alpha Delta Phi 兄弟会的成员。他还曾担任《哈佛深红报》的总裁。

1905 年，罗斯福进入哥伦比亚大学法学院读研，但于 1907 年辍学，因为他已通过纽约州的律师考试。1908 年，罗斯福为声誉卓著的华尔街卡特、莱迪亚德和米尔本律师事务所所雇用，主要处理有关公司法的事务。

3. 初入政坛的坎坷人生

1910 年，罗斯福决定从政。他经人推荐自达切斯县海德帕克选区当选纽约州参议员，而民主党自 1884 年以来就从未染指过这一位置。他借着罗斯福家族的盛名，以及财富、威望和在哈德逊河谷的影响，以及那年民主党选举的大胜进入了纽约州州府奥尔巴尼。

1911 年 1 月 1 日，罗斯福进入州参议院，并很快成为改革集团的领袖，该协会是控制民主党的曼哈顿政治机器。罗斯福很快成为纽约州民主党的党内之星。他于 1912 年 11 月 5 日再次当选州参议员，1913 年 3 月 17 日辞去该职务。

1913 年，美国总统伍德罗·威尔逊任命罗斯福为海军助理部长，协助部长约瑟夫斯·丹尼尔斯工作。1914 年，罗斯福在竞选美国参议院议员的民主党内初选中，被有坦慕尼协会背景的詹姆斯·W.杰勒德击败。

1918 年，罗斯福前往英国和法国视察美国海军的军事设施。视察期间，他第一次遇到了温斯顿·丘吉尔。罗斯福虽然反对完全解散海军的计划，但在 1918 年 11 月第一次世界大战结束时，他仍被指派去处理军队复员事务。

1920 年 7 月，罗斯福辞去海军助理部长一职。随后在民主党全国大会上，他被推举为美国副总统候选人，与俄亥俄州州长詹姆斯·M.考克斯搭档共同参加 1920 年美国总统选举，但最终被共和党候选人击败。选举后，罗斯福回到纽约法律界，仅有少数几人认为他会很快再竞选公职。

1921 年 8 月，他在缅因州的坎波贝洛岛和家人一起度假，谁知不幸降临到他身上。他在冰冷的海水里游泳后，忽然发觉双腿麻痹，后经诊断是脊髓灰质炎（俗称小儿麻痹症）。在当时的医疗条件下，39 岁，正值壮年的罗斯福可能永远瘫痪，成了显而易见的事实。从此，罗斯福只能选择离开政界，开始全面的休养和治疗。他每天要花大量的时间锻炼身体，以增强体质。直到 1924 年，罗斯福去佐治亚州的温泉治病后，病情才逐步有所好转。

1928 年，纽约州州长、民主党元老史密斯建议罗斯福竞选州长，这个职位是他走向白宫的阶梯之一。1928 年 10 月 3 日，出于他对政治的远大抱负，罗斯福宣布接受纽约州州长的提名，并且在 1929 年成功当选州长。

4. 靠保险再次成功竞选州长

1930 年，当罗斯福准备再次竞选纽约州州长时，他的竞争对手共和党人查尔斯·塔特尔便以罗斯福的健康状况作为主要的攻击点，四处散布有关罗斯福身体状况恶化的各种谣言。

罗斯福为了击退关于他健康状况的种种流言，就让保险公司的医生为他检查身体，并打算购买巨额健康保险。检查结果表明，48 岁的罗斯福就像 30 多岁的人一样健康。保险公司的医生们在大肆渲染中，审批了他总数为 56 万美元的健康保险单。而按照惯例，一个人所能购买的健康保险最多 50 万美元。

事实胜于雄辩。于是各种流言不攻自破。选举结果很快就出来了，罗斯福以 1770342 票对 1045341 票击败了竞争对手塔特尔，再次成功当选纽约州州长。

可以说，这张 56 万美元的健康保险保单，是对罗斯福最好的宣传，并帮助他成功竞选了纽约州的州长，也为他日后竞选美国总统打下了良好的基础。

基于此，罗斯福对保险是由衷地感激。他当选美国总统后，就是这样高度评价保险的 "保险是一个有责任感的人对父母、妻子、儿女真爱的表现，在于他对这个温馨、幸福的家庭有万全的准备。保持适当的寿险，是一种道德责任，也是国民该负起的义务"。

§7 美国前总统杜鲁门的保险趣闻

1. 杜鲁门其人其事

哈利·S. 杜鲁门（1884 年 5 月 8 日 ~ 1972 年 12 月 26 日），1945 年开始担任美国第三十四任副总统。富兰克林·罗斯福总统于任内逝世后，他继任成为第三十三任美国总统（1945 ~ 1953 年）。在杜鲁门的任期内发生了很多世界大事，如第二次世界大战的终结、冷战的开始、联合国的成立以及朝鲜战争。

1945 年，杜鲁门为提早结束第二次世界大战，避免在日本本土发起登陆战造成可能的大规模伤亡，签署同意使用原子弹轰炸广岛与长崎两城市，造成大量伤亡与核辐射污染，但也成功迫使日本政府提早宣布投降，从而结束了太平洋战争。1947 年，他建立了美国中央情报局。1949 年，他曾提出了"公平施政"的口号。1950 年朝鲜战争爆发，杜鲁门下令出兵朝鲜半岛协助南韩政权。他在任后期威信逐步下降，又受到极端反共主义者麦卡锡的攻击，共和党人控制了议会，1953 年他卸任回乡。他在任期间提出了"杜鲁门主义"，即美国对世界反共产主义政权的物质及军事援助，并成为后来美国制定冷战政策的核心。他还提出了"自由世界"（非共产主义国家）和"极权政体"（以苏联为首的共产党政权）的概念，是冷战格局形成的关键人物。

2. 终身推崇人身保险

杜鲁门总统生前对人身保险异常钟情，参悟也很深。他曾说 "我一直是人寿保险的信仰者，即使是一个穷人也可以用寿险来建立一笔资产，他可以感受到真正的满足。因为他知道，倘若有任何事件发生，他的家庭也可以受到保障"。

杜鲁门总统生前还言传身教，不仅亲自购买了多项人寿保险和医疗保险，而且终生积极推进美国全民医疗保险计划。

1945 年，杜鲁门总统亲自出席国会联席会议，要求制订一项全面的医疗保险计划，但却被美国医协狠狠地打败了。非常有意味的是，20 年后与此相关的医疗补贴法案之战，仍旧是约翰逊总统与美国医师协会之间一次引人注目的交锋。这次为对付约翰逊，美国医协雇用了 23 名专职人员在国会游说，不惜代价。杜鲁门则以亲自打电话和邀请到白宫做客的方式回击，软硬兼施，历经204 天战斗，这个法案首先在杜鲁门的家乡签署，使一直对此事耿耿于怀的 81岁的前总统大感欣慰。但让他万万没有想到的是，当年会有人为他的就职仪式购买了大量保险。

3. 为总统的就职仪式投保

1949 年，杜鲁门当选为美国的第 33 位总统，并于 1 月 2 日举行总统就职仪式。举行就职仪式那天，首都华盛顿将云集四方来客，各大旅店均准备敞开大门接纳国内外来宾。然而，一些店主却忧心忡忡，担心哈利·杜鲁门会因各种原因不来参加就职仪式，这就势必会影响到旅店的营业收入。于是，他们与一家保险公司协商后签订了保险契约，如果杜鲁门总统不来参加就职仪式，保险公司就得赔付 20 万美元。为总统的就职仪式投保，真是前所未有、闻所未闻。

§8 凭保险金安享晚年的国王

曾任泰国国王的帕拉贾德希波克一生中最值得称道的事情之一，就是他在地位声望达到巅峰的时候，却对自己的未来命运有着清醒的预测。

帕拉贾德希波克 1925 年登基，当上了泰国国王。执政之后，由于政绩平平，无所建树，他终日担心害怕有朝一日被政敌废黜，成为一个一贫如洗的贫民。

为防不测，他同时向英国和法国的两家知名保险公司投保了失业保险。那两家保险公司虽然都从未办理过以国王作为被保险人的失业保险，但谁也不愿意错过这一扩大公司影响的大好机会，皆欣然接受了投保，开出了保险金额非常可观的保险单。

事实的发展证明了帕拉贾德希波克并非杞人忧天。1935 年，他因种种原因而被迫放弃了王位。

成为平民的前国王虽不能再享受一国之君的荣华富贵，但也无穷困潦倒之虞。帕拉贾德希波克靠着两家保险公司为他支付的丰厚的失业保险金，安然度过了退位后的 6 年余生。

§9 丘吉尔：为发展保险事业而呐喊

温斯顿·丘吉尔，英国政治家、画家、演说家、作家及记者，1953 年诺贝尔文学奖得主（获奖作品《第二次世界大战回忆录》），被认为是 20 世纪最重要的政治领袖之一，带领英国获得第二次世界大战的胜利。2002 年，丘吉尔获选为"有史以来最伟大的英国人"称号。

1. 丘吉尔的伟大一生

1874 年 11 月 30 日，丘吉尔出生于英国的一个贵族家庭。他的祖上约翰·丘吉尔因在"光荣革命"中支持威廉三世，且在对西班牙和法国的战争中作为军队总司令，取得胜利而于 1702 年被安妮女王封为马尔巴罗公爵，马尔巴罗家族在 19 世纪英国 20 个王室以外的公爵家族中名列第十。丘吉尔的父亲伦道夫·丘吉尔勋爵是马尔巴罗公爵七世的第三个儿子，是保守党"樱草会"（保守党中的一个派系，以工人阶级为主）的创办人，曾担任过内阁中仅次于首相的财政大臣。

受祖上影响的丘吉尔也立志从政。1900 年 10 月，他代表英国保守党参选而顺利当选议员，从此开始了长达 61 年的政治生涯。丘吉尔先后担任过英国海军部长、陆军大臣兼空军大臣、殖民地事务大臣、财政大臣等重要职务，并于 1940 ~ 1945 年及 1951 ~ 1955 年两度任英国首相，成为一名影响世界的杰出政治家。1963 年 4 月，美国国会通过决议，授予丘吉尔美国荣誉公民称号，这是第一个获此殊荣的人士。1965 年 1 月 24 日，丘吉尔因中风去世，享年 91 岁。巧合的是，丘吉尔的父亲也是在 70 年前的 1 月 24 日去世的。

2. 为发展保险事业而呐喊

每个地球人都面临人生问题。所谓人生的诸多问题，实际就是生老病死伤残带来的灾难与困惑，而唯有现代人寿保险可以解决人生的这些问题。

丘吉尔首相早年对现代人寿保险理解至深，对其社会功能及意义深信不疑，并大力宣传、全力支持发展保险事业。他曾多次说过类似的话"唯有人寿保险可以解决人生的问题。""人寿保险是唯一的经济工具，能够保证在未来不可知的日子，有一笔可知的金钱"。而且还一再强调是唯一、不可以替代的工具。

什么叫不可知的日子呢？人生唯一的可知道的结局，就是谁都会死亡，其他皆为不可知。而具体到一个人什么时候死亡、患病、伤残等，却没有人会事先知道，因为人生充满了变数。但是，买了足够的人寿保险的人，就知道伤害后的补偿，知道死亡之后会有多少钱可以留给家属，以确保他们的未来生存之需。

现代保险就是这么好，拥有充足的保险，既是一种自我保障，也是对亲人的关爱，更是每个人的社会责任。所以，丘吉尔动情地说："如果我办得到，我一定要把保险两个字写在家家户户的门上，以及每一位公务人员的手册上。因为我深信，通过保险每个家庭只要付出微不足道的代价，就可以免除遭受万劫不复的灾难"。

第三章　文化名人的保险故事

§1 狄更斯：被保险庇佑的一代文豪

查尔斯·狄更斯是 19 世纪英国现实主义文学的主要代表人。他在艺术上以妙趣横生的幽默、细致入微的心理分析，以及现实主义描写与浪漫主义气氛的有机结合而著称。马克思曾把他和萨克雷等称誉为英国"一批杰出的小说家"。

1. 苦难的青少年

1812 年 2 月 7 日，狄更斯出生于朴次茅斯市郊。1870 年 6 月 9 日卒于罗切斯特附近的盖茨山庄。

狄更斯在少年时期，因家庭贫寒、生活窘迫，只能断断续续入校求学。11 岁时，他就不得不承担起了繁重的家务劳动。

狄更斯少年时期曾在皮鞋作坊当过学徒；16 岁时，在律师事务所当学徒，稍后，做录事和法庭记录员。

20 岁后，查尔斯·狄更斯开始担任一家报社的采访记者，报道下议院。

2. 自学成才的一代文豪

查尔斯·狄更斯虽然只上过几年学，但他完全依靠业余刻苦自学和艰辛劳动而成为知名作家。

1836 年开始，狄更斯发表了《鲍兹随笔》，这是一部描写伦敦街头巷尾日常生活的特写集。同年，陆续发表连载小说《匹克威克外传》，刊登数期后便在英国引起轰动。这是一部流浪汉小说形式的幽默作品，作者漫画式地反映了英国的现实生活，受到读者的喜爱。

就在小说《匹克威克外传》初获成功后，狄更斯与心爱的凯瑟琳结了婚。此后，他专门从事长篇连载小说的创作，并逐步成为一代文豪。

狄更斯进入中年以后，先后创办了《家常话》和《一年四季》两种期刊，并发现和培养了一批文学新人。

3. 从批评保险到购买保险

狄更斯在年轻时，由于误解，曾对当时的新型人寿保险进行过尖锐的批评。但后来深入了解后，却完全改变了对保险的看法，并亲自在天鹰保险公司投了保。

投保后的狄更斯才如涌泉，著述甚丰，成为一位勤奋而高产的作家。他一生共创作长篇小说 13 部半。其中，多数是近百万言的大部头作品；中篇小说20 余部，短篇小说数百篇，特写集一部，长篇游记两部，《儿童英国史》一部，以及大量演说词、书信、散文、杂诗。包括《艰难时世》《大卫·科波菲尔》等多部世界级名著。他曾多次去欧洲大陆游历、旅居，两次访问美国。

§2 达·芬奇 / 蒙娜丽莎及其保险轶事

列奥纳多·达·芬奇（Leonardo Da Vinci，1452 年 4 月 15 日 ~1519 年 5 月2 日），意大利文艺复兴时期最负盛名的文艺大师。他不但是个大画家、数学家、物理学家和机械工程师，也是整个欧洲文艺复兴时期最杰出的代表人物之一。他是一位思想深邃、学识渊博、多才多艺的艺术大师、科学巨匠、文艺理论家、大哲学家、诗人、音乐家、工程师和发明家，而且几乎在每个领域都作出了巨大的贡献。后代学者称之为"文艺复兴时代最完美的代表"，是"第一流的学者"和"旷世奇才"。所有的，乃至更多的赞誉他都当之无愧。

1. 独一无二的天才少年

达·芬奇 1452 年诞生在意大利芬奇镇附近的安基亚诺村，芬奇镇靠近佛罗伦萨。达·芬奇是非婚生子，其童年是在祖父的田庄里度过的。

　　孩提时代的达·芬奇聪明伶俐，勤奋好学，兴趣广泛。他不仅歌唱得很好，而且很早就学会弹琵琶。他的即兴演唱，不论是歌词还是曲调，都让人惊叹不已。他尤其喜爱绘画，由于常为邻里们作画，而有"绘画神童"的美称。

　　达·芬奇的家庭是当时佛罗伦萨有名的望族，父亲皮埃罗希望达·芬奇像自己一样当个律师。可是，后来由于发生了一件事情而使皮埃罗改变了想法，决定让小芬奇学画。

　　当时，皮埃罗受一位农民的委托，要画一幅盾面画。他想试试儿子的画艺，便将任务交给了小芬奇。小芬奇凭借自己丰富的想象力，用了一个月的时间，画成了一个骇人的妖怪。这妖怪不只长着火球般的眼睛，张着血盆大口，而且鼻孔中喷出火焰和毒气，样子异常恐怖。作品完成后，小芬奇请父亲来到他的房间。他把窗遮去一半，将画架竖在光线恰好落在妖怪身上的地方。皮埃罗刚走进房间时，一眼就看到了这个面目狰狞的怪物，吓得大叫起来。小芬奇则笑着对父亲说"请您拿去吧，这就是它该产生的效果"。皮埃罗从此确信儿子有绘画天赋，便将小芬奇送往佛罗伦萨，师从著名的艺术家委罗基奥，开始系统地学习造型艺术。此时的达·芬奇只有 14 岁。

　　委罗基奥的画舫是当时佛罗伦萨著名的艺术中心，经常有意大利名人在这里聚会，讨论学术问题。达·芬奇在这里结识了一大批知名的人文主义者、艺术家和科学家，开始接受人文主义的熏陶。达·芬奇在 20 岁时已有很高的艺术造诣，他用画笔和雕刻刀表现大自然和现实生活的真、善、美，热情歌颂人生的幸福和大自然的美妙。

　　达·芬奇并不满足他的这些才干，而是立志掌握人类思想的各个领域。他眼光独到，做事干练，具有艺术的灵魂。有一次，他在山里迷了路，走到了一个漆黑的山洞前。他后来回忆时说："我突然产生了两种情绪——害怕和渴望：对漆黑的洞穴感到害怕，又想看看其中是否会有什么怪异的东西。"他一生都被这两种情绪所羁束——对生活的不可知或无力探知的神秘感到害怕，而又想把这个神秘的不可知性加以揭露，加以研究，解释其含义，描绘其壮观。他很早就下定决心，要做一个研究者、一个教师尤其是一个艺术家。

2. 无以伦比的科学巨匠

达·芬奇无论是在艺术领域，还是在自然科学领域，都取得了惊人的成就。他的眼光与科学知识水平超越了他所处的时代。

在文艺复兴早期，人们盲目地接受传统观念，崇拜古代权威和古典著作。人们学习科学知识也只是学习像《圣经》一样的亚里士多德的理论，只相信文字记载。达·芬奇反对经院哲学家们把过去的教义和言论作为知识基础，鼓励人们向大自然学习，到自然界中寻求知识和真理。他认为知识起源于实践，只有从实践出发，通过实践去探索科学的奥秘。他说"理论脱离实践是最大的不幸"，"实践应以好的理论为基础"。达·芬奇提出并掌握了这种先进的科学方法，从而在自然科学方面作出了巨大贡献。他提出的这一方法后来得到伽利略的发展，并由英国哲学家培根从理论上加以总结，成为近代自然科学的基本方法。达·芬奇坚信科学，并对宗教感到厌恶，抨击天主教为"一个贩卖欺骗的店铺"。他说"真理只有一个，它不是在宗教中，而是在科学之中"。达·芬奇的实验工作方法为后来哥白尼、伽利略、开普勒、牛顿等人的发明创造开辟了道路。

在天文学上，达·芬奇对传统的"地球中心说"持否定的观点。他认为地球不是太阳系的中心，更不是宇宙的中心，而只是一颗绕太阳运转的行星，太阳本身是不运动的。他还认为月亮自身并不发光，只是反射太阳的光辉。这些观点的提出早于哥白尼的"太阳中心说"。甚至在当时，达·芬奇就幻想利用太阳能了。

在物理学方面，达·芬奇重新发现了液体压力的概念，提出了连通器原理。他指出：在连通器内，同一液体的液面高度是相同的，不同液体的液面高度不同，液体的高度与密度成反比。他发现了惯性原理，后来为伽利略的实验所证明。他认为一个抛射体最初是沿倾斜的直线上升，在引力和冲力的混合作用下作曲线位移，最后冲力耗尽，在引力的作用下作垂直下落运动。他的这一发现使亚里士多德的落体学说产生了动摇。他发展了杠杆原理，除推导出作用力与臂长的关系外，还算出了速度与臂长的关系。他指出了"永动机"作为能源的不可能性。达·芬奇还预示了物质的原子原理，形象生动地描述了原子能的威力："那东西将从地底下爆起，……使人在无声的气息中突然死去，城堡也遭到彻底毁坏，看起来在空中似乎有破坏力。"

　　达·芬奇在解剖学和生理学上也取得了巨大的成就，被认为是近代生理解剖学的始祖。他掌握了人体解剖知识，从解剖学入手，研究了生理学和医学。他最先采用蜡来表现人脑的内部结构，也是设想用玻璃和陶瓷制作心脏和眼睛的第一人。他发现了血液的功能，认为血液对人体起着新陈代谢的作用。他说血液不断地改造全身，把养料带到身体需要的各个部分，再把体内废物带走。达·芬奇研究过心脏，他发现心脏有四个腔，并画出了心脏瓣膜。他认为老年人的死因之一是动脉硬化，而产生动脉硬化的原因是缺乏运动。后来，英国的威廉·哈维证实和发展了达·芬奇的这些生理学成果。

　　达·芬奇的研究和发明还涉及军事和机械方面，他发明了飞行机械、直升机、降落伞、机关枪、手榴弹、坦克车、潜水艇、双层船壳战舰、起重机等。他还在数学和水利工程等方面作出了重大的贡献。可以说，达·芬奇的研究涉及自然科学的每一部门，他的思想和才能深入到人类知识的各个领域。他是世界上少有的全面发展的学者。

　　但是，达·芬奇的大多数著作和手稿都没有发表，直到他逝世后多年才被世人所发现。科学史家丹皮尔这样评论达·芬奇，"如果他当初发表他的著作的话，科学本来一定会一下就跳到一百年以后的局面。"

3. 名闻世界的艺术大师

　　说到艺术创作，在文艺复兴时期当数达·芬奇、米开朗基罗和拉斐尔的成就最高。他们的艺术成就达到了西方造型艺术继古希腊之后的第二次高峰，仅绘画而言，则达到了欧洲的第一次高峰。其中，尤以达·芬奇最为突出，恩格斯称他是巨人中的巨人。在艺术创作方面，达·芬奇解决了造型艺术三个领域——建筑、雕刻、绘画中的重大课题：（1）解决了纪念性中央圆屋顶建筑物设计和理想城市的规划问题。（2）完成了 15 世纪以来雕刻家深感棘手的骑马纪念碑雕像的课题。（3）解决了当时绘画中两个重要领域：纪念性壁画和祭坛画的问题。达·芬奇的艺术作品不仅像镜子似的反映事物，而且还以思考指导创作，从自然界中观察和选择美的部分加以表现。壁画《最后的晚餐》、祭坛画《岩间圣母》和肖像画《蒙娜丽莎》是他一生的三大杰作。这三幅作品是达·芬奇为世界艺术宝库留下的珍品中的珍品，是欧洲艺术的拱顶之石。

4.《蒙娜丽莎》的创作及其保险逸事

《蒙娜丽莎》是一部全世界公认的杰出肖像画，也是一幅把科学知识、艺术幻想和现实主义完美结合起来的经典之作。

数百年来，《蒙娜丽莎》那似笑非笑、俏丽纯真而又略显神秘的面庞，曾吸引并使无数参观者为之倾倒。当然，她也招徕了不法之徒的劫掠和偷窃。几经磨难后，《蒙娜丽莎》才落户于巴黎的卢浮宫博物馆。更有趣的是，在《蒙娜丽莎》诞生前后，还有许多鲜为人知的保险逸闻趣事呢！

话说当年，达·芬奇为了画出一幅传世杰作，曾遍访意大利各地，寻找中意的模特儿。终于有一天，他在佛罗伦萨城相中了一位俏丽端庄、体态丰盈的美人儿，欲作自己的模特。经打听，此人名叫蒙娜丽莎，其夫便是当地有名的富商兼保险代理商——佐贡达。但是，当达·芬奇提出让蒙娜丽莎作自己的模特时，佐贡达坚决不同意。后来，在达·芬奇的再三恳求下，他才勉强同意，但条件是先要交10多万里拉作为蒙娜丽莎的人身押金，以防止发生意外。

当时，意大利的海上保险和财产保险已比较普及，但人身保险尚未出现。为了筹集巨额的人身押金，达·芬奇急得寝食不安。迫于艺术追求，他还是用所有卖画收入和借款预交了部分押金，订下了不是人身保险的"保险契约"。几经周折，达·芬奇终于如愿以偿，把绝代佳人蒙娜丽莎请进了画室。又经过四度春秋的艰苦创作，他才完成了这一世界名画，使后人能够永远欣赏到蒙娜丽莎那永恒而迷人的微笑。

数百年后，在保险业日益发达的今天，蒙娜丽莎那凝固在画布上的迷人微笑，早已变得价值连城，并成为全人类的共同财富。1962年12月14日到1963年3月12日，《蒙娜丽莎》在美国公开展出时，就曾以1亿美元的估价向保险公司投保。由于风险太大且无利可图，而被保险公司拒保。为了防止此画被盗，卢浮宫博物馆不仅为她投保了上亿美元的保险，而且每到黄昏，就早早关上沉重的大门，为它祈祷平安，但承保人的神经却开始紧张了。

§3 哈雷与人寿生命表的故事

埃德蒙·哈雷是英国著名的天文学家、数学家，以发现以其姓名命名的彗星（哈雷彗星）而著称于世。其实，他还是对人口统计学和保险学作出重要贡献的著名学者。

1. 痴迷彗星的天文学家

1656 年，哈雷出生于英国，他自幼就天资聪颖，勤奋好学。20 岁时，他就从牛津大学王后学院毕业，并具有多方面的兴趣和才能。

此后，他去圣赫勒纳岛建立了一座临时天文台。在那里，哈雷仔细观测天象，编制了世界上第一个南天星表，弥补了天文学界原来只有北天星表的不足。哈雷的这个南天星表包括了 381 颗恒星的方位，并于 1678 年刊布，当时他才 22 岁。1680 年，哈雷与巴黎天文台第一任台长卡西尼合作，观测了当年出现的一颗大彗星。从此，他对彗星发生了极大兴趣。

哈雷最广为人知的贡献，就是他对一颗彗星的准确预言。哈雷在整理彗星观测记录的过程中，发现 1682 年出现的一颗彗星的轨道根数，与 1607 年开普勒观测的和 1531 年阿皮延观测的彗星轨道根数相近，出现的时间间隔都是 75 年或 76 年。哈雷运用牛顿万有引力定律反复推算，得出结论认为，这三次出现的彗星，并不是三颗不同的彗星，而是同一颗彗星三次出现。哈雷以此为据，预言这颗彗星将于 1759 年再次出现。1759 年 3 月，全世界的天文台都在等待哈雷预言的这颗彗星。3 月 13 日，这颗明亮的彗星拖着长长的尾巴，出现在星空中。遗憾的是，哈雷已于 1742 年逝世，未能亲眼看到。哈雷还测算这颗彗星将于 1835 年和 1910 年回来，结果，这颗彗星都如期而至。这颗彗星就是今天几乎人人皆知的"哈雷彗星"。彗星的神秘性也随之被打破。

此外，哈雷发现了恒星的自行，这又是一个重大发现。哈雷还提出利用金星凌日的机会，去测定日地距离，为当时精确测定地球与太阳的距离提供了很好的方法。他还发现了月亮运动的长期加速现象，为精密研究地月系的运动作出了重要贡献。

2. 对人口统计学的重大贡献

哈雷还是继格朗特和配第之后，对人口统计学和保险学作出贡献的又一人。1693 年，哈雷对格朗特和配第等人此前在人口统计方面的成果进行了研究，指出伦敦等地的人口资料不够充分，也不够理想——对说明人口死亡率方面的规律性来说。因为这些资料没有关于死亡年龄的确切记载，而且由于人口流动性大，不够稳定，为分析造成困难。

为避开这些缺陷，哈雷选取了欧洲中部奥得河西岸德波交界的西里西亚省首府布雷斯劳城的人口资料作为研究对象。该城在此前百余年间，一直保存有当地人口生死的资料。哈雷选取的最近五年间的材料更有其可取之处：从 1687 年到 1691 年该城人口统计月报不仅有出生人数，而且有死亡者的性别和年龄，这就为更准确地揭示人口死亡率（或生存率也一样）与年龄的关系等提供了良好条件。当然，该城还有人口流动性小、人数相对比较稳定的优点。

哈雷对布雷斯劳城这五年人口死亡率作了如下统计和分析。

1687~1691 年共出生 6193 人，死亡 5869 人，每年平均出生 1238 人，死亡 1174 人，净增 64 人，这 64 人"也许恰好被应征入伍人数所吸收。不过这是偶然的，而出生数是确定的，所以我仍假定布雷斯劳的人口以每年出生 1238 人的数字增加"。在这 1238 人中，不足 1 岁即夭折者 348 人，不足 6 岁即死亡者 198 人，只有 692 人能活到 6 岁和 6 岁以后。从 6 岁到 9 岁，每年死亡率渐减，不过比率仍较高；9 ~ 25 岁死亡率较低，25 岁到 50 岁到 70 岁到 100 岁，年死亡率又渐次升高。依据这些资料，哈雷进而制作了一张相似的表，其中一栏标出布雷斯劳城人口从 1 岁到 84 岁的各个年龄，另一栏给出该城在每一年龄上的人口数，用以显示在各个年龄上的死亡率以及任一年龄的某人。这就是世界上第一张生命表——哈雷生命表。

哈雷对人口统计的研究成果，发表于伦敦皇家学会哲学学报 1693 年（第 XVII 卷）第 196 期和第 198 期上。前一篇文章题为《对人口死亡率的估计》，后一篇短文题为《对布雷斯劳死亡登记表的再考察》。后来合为一册出版，题为《人口死亡率》。其中精确揭示了每个年龄阶段的人口死亡率与生存率，为人口计划与管理提供了科学依据。

在《再考察》这篇短文中，哈雷除了重申他在前文中所作主要观察结果及其用途外，还提出了如下有关限制人口增长因素的看法。他说："对人口成长和增加的限制，与其说来自各种族的本性，莫如说来自大多数人的小心谨慎而不愿贸然成婚，来自预计养育家庭的麻烦和负担。因此，穷苦人民不应受责备，他们生活的困难是由于财富分配不均所致，一切必需品皆来自土地，但贫民中却几乎无人有土地。这样一来，除了他们自身和家庭以外，他们还要为那些拥有土地并养活他们的人们劳作。"

由此可见，哈雷著作的科学意义在于，他继格朗特和配第之后而又比他们更确切地表述了（以人口统计资料为基础）死亡率同年龄的对比关系；发现了这种死亡率资料有其各种实用的社会意义。他不仅为死亡率问题作了周到的分析（包括使分析可靠所要求的条件），而且制定的年龄与人数对比表具有很高参考价值，其结论也未因时间流逝而消失。

3. 对保险学的重大贡献

众所周知，生命表是现代寿险科学经营的基础。哈雷则是世界上第一张生命表的发明者。他发明的这张生命表，精确地表示了每个年龄阶段的生存率或死亡率，为寿险经营提供了科学的计算依据，因而成为现代人寿保险发展的标志性事件。

18 世纪 40 ~ 50 年代，辛普森根据哈雷的生命表，设计出依死亡率增加而递增的保险费率表。之后，陶德森依照年龄差等来计算寿险保费，并提出了"均衡保险费"的理论，从而促进了现代人身保险的科学经营与持续发展。

§4 终身从事保险工作的著名现代派作家

奥地利作家弗兰茨·卡夫卡，是欧洲著名现代派作家、表现主义流派创始人之一，然而，他也是鲜为人知的终身从事保险事业的著名现代派作家。

1. 痛苦而不幸的短暂一生

1883 年 7 月 3 日，弗兰茨·卡夫卡生于布拉格的一个犹太商人家庭。在父亲暴君似的管教下，他度过了梦魇般的童年。

弗兰茨·卡夫 18 岁的时候，开始在布拉格大学学习文学和法律，并且开始尝试文学创作。1906 年，卡夫卡获得法学博士学位。

1923 年，弗兰茨·卡夫卡迁居到柏林。1924 年 6 月 3 日，这个 20 世纪德语文学中最伟大的作家、欧洲现代派文学的奠基人病逝于维也纳附近的基尔灵疗养院。他痛苦而不幸的短暂一生，似乎都在向世人做着这样的倾诉："在巴尔扎克的手杖上刻着'我能摧毁一切障碍'，而我的手杖上却刻着'一切障碍都在摧毁我'"。

2. 生前无名，死后风光

卡夫卡生前并不怎么出名，发表的几个短篇小说还不到其全部作品的十分之一。但在他去世后，其绝大部分没有出版的作品，都由他的生前挚友——同为布拉格德语作家的马克思·布劳德整理后相继出版。

20 世纪 30 年代，已经离开人世多年的卡夫卡，由于全部作品的相继问世，立即名声大振。被公认为欧洲现代派文学的先驱和鼻祖，20 世纪少数最优秀的作家之一，一个少见的文学天才！

美国诗人、剧作家奥登这样称赞卡夫卡："他和我们时代的关系，就好似但丁、莎士比亚、歌德与他们时代的关系。"

3. 鲜为人知的保险职涯

早在 1906 年，博士毕业后的弗兰茨·卡夫卡，就曾作为见习助理就职于当地著名的通用保险公司。

1908 年，卡夫卡辞去通用保险公司的职位，转入了公私合营的工伤事故保险公司任临时职员。由于他工作出色，不久即转为终身职务。

卡夫卡不仅对保险工作非常敬业，积极利用职务之便了解社会、体验生活，而且异常热爱文学，积极利用业余时间进行创作。他先后出版了《变形记》

《诉讼》《乡村医生》《城堡》《审判》等多部传世之作，最终成为欧洲著名现代派作家、表现主义流派创始人之一。

§5 "诗人的诗人" 竟然是保险公司的董事长

1879 年 10 月 2 日，斯蒂文森生于美国宾夕法尼亚州的里丁，1955 年 8 月 2 日卒于康涅狄格州的哈德福。斯蒂文森是美国最著名的现代诗人之一，被誉为"诗人的诗人"。

1. 从保险律师到保险公司董事长

1900 年，斯蒂文森自哈佛大学毕业后进入纽约大学法学院深造，并选择商业为其终身职业。

1916 年，斯蒂文森加入了康涅狄格州著名的哈特福德保险公司的律师团，成为一名保险律师。哈特福德保险公司是美国最古老也是最大的保险和金融服务公司之一，2007 年营业收入达 259 亿美元。100 多年来，该公司致力于通过各种渠道，包括网上服务为顾客提供自动的和家庭的各种保险与金融业务。在提供投资产品寿险和养老金计划汽车和家庭保险，以及商家财产和意外伤害保险方面，哈特福德都处于世界领先地位。

斯蒂文森经过十多年的奋斗，不仅成为保险业的行家里手，而且在 1934 年成为哈特福德保险公司的副总经理。后来，斯蒂文森又担任了这家世界著名保险公司的董事长，可谓一帆风顺，事业有成。

2. 从业余写诗到诗人的诗人

写诗原本是斯蒂文森的业余消遣，直至 44 岁时，他才发表了第一部诗集《和谐集》。更有趣的是，繁忙的保险业务工作并没有干扰斯蒂文森的创作。他写的诗近乎于纯粹的艺术，富于形而上的思考，当然也使他远离了生活。

斯蒂文森步入 50 岁后，他的主要诗集陆续问世。其中，如《关于秩序的遐思》《带蓝色吉他的人》《夏天临近》《秋天晨曦》等，虽然读者不多，却受到评论界的高度重视与赏识。

斯蒂文森晚年曾两次获得全美图书奖，1955 年精选的《诗集》荣获普利策奖。他的诗熔传统浪漫风格与现代意识于一炉，诗风精致细腻，思辨与抒情并重。虽然涉及众多题材，却始终深切地关注经验与艺术的协调，并善于利用象征手法探究深奥的哲理命题。他还发扬华兹华斯的抒情风格与法国象征派诗歌的深邃笔法，讲究诗句中的光线、音响与色彩的交错。斯蒂文森晚年诗作趋于隐晦不明，令人费解。有批评家指出，"当代很少有像他那样集含混与生动于一体的诗人"。

§6 诺贝尔文学奖获得者的保险生涯

1. 划时代的著名作家

托马斯·斯特恩斯·艾略特，英国著名现代派诗人和文艺评论家。

1948 年，艾略特因"革新现代诗，功绩卓著的先驱"，而荣获诺贝尔文学奖。其主要诗集有《普鲁弗洛克及其他观察到的事物》《诗选》《四个四重奏》等。代表作为长诗《荒原》，表达了西方一代人精神上的幻灭，被认为是西方现代文学中具有划时代意义的作品。

2. 优越但不快乐的少年

1888 年 9 月 26 日，艾略特出生于美国密苏里州的圣路易斯。其家境十分优越，祖父是一名牧师，曾任华盛顿大学校长，父亲是成功的企业家，而母亲则是小有名气的诗人。由于祖父是移民美国的英国人，因而艾略特自幼便受到英国政治、宗教和文化传统的熏陶。

艾略特是家中最小的孩子。所以，母亲与五个姐姐非常溺爱他。过分照顾并没有使艾略特的童年拥有双份快乐，实际情况却正好相反，他感到非常压抑。十六岁之前，艾略特一直在家乡圣路易斯的史密斯学院学习。

3. 名校深造，酷爱文学创作

1905 年秋天，艾略特考入哈佛大学，开始喜欢上了文学。数年后，他获得了该校比较文学的学士学位。1908 年，他开始文学创作。以后又到英国上牛津大学，获得文学硕士学位。1910 年，艾略特离开美国，前往巴黎的索邦大学求学，在法兰西学院聆听了哲学课后，深感兴趣。随后，他又到哈佛大学继续修读哲学，并获得了博士学位。

1914 年，艾略特前往欧洲旅行，同行的美国诗人艾肯将艾略特的诗稿送给著名诗人庞德阅读，得到其赞许。这年 9 月，艾略特与庞德初次见面，两人从此在新古典主义诗歌的创作活动中紧紧地联系在一起。在庞德的帮助下，许多杂志刊登了艾略特的诗作，其中最有名的一首是于 1915 年发表的《J. 阿尔弗雷德·普鲁弗洛克的情歌》。这首诗刻画了当时社会背景下，人对爱情对生活的复杂心理。

1915 年初，在一个同学的介绍下，艾略特认识了英国舞蹈家薇薇安·海伍德。随后两人坠入情网，并于当年六月结婚，也无可置疑地开创了他的英国生活。婚后，为了应付日常生活开支，艾略特承受着繁重的工作量，他在一所学校担任讲师，又担任一本先锋杂志《唯我主义者》的助理编辑。1916 年 4 月，艾略特完成了他的博士论文。

4. 保险工作带给他无穷的创造活力

1917 年春天，一位保险界朋友为艾略特提供了一份稳定的工作，在世界著名的劳合社保险市场任职。此后，他一直在该社的"殖民与外国科"担任保险评估员。这份工作使艾略特有时间和精力继续他的诗歌创作，那一年，他的第一本书《普鲁弗洛克及其他观察到的事物》出版，并给了他很大的动力。这本书由《自我主义者》杂志印刷发行，由庞德夫妇匿名出资赞助。这本书也为艾略特奠定了作为一名诗人的地位。

1922 年，他的《荒原》出版。这部作品被评论界看成是 20 世纪最有影响力的一部诗作，而艾略特的名气也似神话般誉满全球。这部作品至今仍被认为是英美现代诗歌的里程碑。

1927 年，艾略特申请加入了英国国籍。1930 年以后的三十年里，艾略特成为了英国文坛上最卓越的诗人及文学评论家。

尽管许多人认为，作为著名诗人，即使缺钱也不必到保险公司任职。但他却认为，保险工作给他带来了无穷的创造活力，并使自己的生活正规化，为创作找到了合适的约束和保护，可以充分发挥诗歌创作的激情。他对保险工作同样极为认真，而且谦逊好学，就连整天坐在他对面的劳合社同事，竟不知他就是写出了世界震惊的长诗《荒原》的作者。

§7 马寅初：中国保险的吹鼓手

马寅初先生是我国民主革命的斗士，中国科学院院士，著名的经济金融学家、人口学家和教育学家。他一生从事教育工作和财政、金融等经济工作，尤以发表《新人口论》著称于世。其人口学说成为我国计划生育国策的基本依据。

1. 四方求学，知识渊博

马寅初早名元善，1882 年 6 月生于浙江嵊县浦口。马先生终生谦逊好学，知识渊博。少年时，马寅初为求学而屡抗父命，常受父亲责打。1904 年，21 岁的马寅初考入北洋大学，读矿冶专业。

大学毕业时已 25 岁的马寅初，怀着"富国强民"的理想，考取了公费赴美留学的资格。马寅初先在耶鲁大学求学，并改读经济学，28 岁毕业并获得该校硕士学位。随后，他又到哥伦比亚大学读博，32 岁获得经济学、哲学双博士学位。

2. 教书育人，报效国家

1915 年，马寅初学成回国。曾先后就职于北洋政府财政部、北京大学、中央大学、交通大学、重庆大学等。曾任北京大学经济系主任、教务长，重庆大学商学院院长，浙江大学校长等；讲授过银行学、货币学、财政学、保险学、交易所学等课程。

自 20 世纪 20 年代起，他不断有经济学论著问世。如《中国国外汇兑》（1925）、《中国银行论》（1929）、《中国关税问题》（1930）、《资本主义发展史》

（1934）、《中国经济改造》（1935）、《经济学概论》（1943）、《通货新论》（1944）、《战时经济论文集》（1945）、《我的经济理论哲学思想和政治立场》（1958）等。

1928年南京国民政府成立后，马寅初身兼立法院财政、经济两个委员会的委员长，兼任南京中央大学、陆军大学和上海交通大学教授。这一时期，他主持制定了多部经济法律，如票据法、交易所法、公司法、土地法、商标法、营业税法、银行法、商业登记法、保险法等。其间，他还"发表多篇论文，阐明各种立法的意义、原则、程序等，在我国经济立法史上具有重要的意义"。

3. 忧国忧民，屡受迫害

抗战前后，他屡屡公开质问、抨击政府消极抗战的内外政策，以致被关进集中营达4年之久。自1944年底恢复人身自由至蒋家王朝覆灭，他依然"一马当先"投身爱国民主运动。尤其被学者赞赏的是，"四十年代他已接近七十高龄，早已是全国皆知的唯一货币权威，犹孜孜不倦地追赶国外资产阶级经济基本理论的先进水平，其治学精神更为可佩"。

1949年8月，马寅初出任浙江大学校长，并先后兼任中央人民政府委员、中央财经委员会副主任、华东军政委员会副主任等职。1951年，马寅初担任了北京大学校长。其间，马寅初经过广泛调查和深入思考，敏锐地觉察到中国人口众多所存在的隐患，于是写出了《新人口论》，提倡计划生育。由于"人多力量大的"口号在当时深入人心，马寅初的提倡虽具前瞻性，却不合时宜。1960年1月4日，因发表《新人口论》被迫辞去北大校长职务。

在当时的"理论权威"康生的策划、鼓动下，各大报刊发文狠批马寅初的《新人口论》。在那时严峻的形势下，坚持真理、维护学术尊严，肯定要付出沉重代价，马寅初对此已做好了充分的思想准备。他在文章里表明了态度："我虽年近80岁，明知寡不敌众，自当单枪匹马，出来应战，直至战死为止，决不向以力压服、不以理说服的那种批判者们投降！"因为坚持真理，拒绝检讨，马寅初最终被撤销了一切职务。位卑未敢忘忧国，成为布衣的他依然牵挂国家大事，仍然坚持说真话。

1979年，马寅初先生终于得到彻底平反。中央肯定了他的《新人口论》和综合平衡的经济理论，推翻了强加在他头上的一切诬蔑不实之词，恢复了他的职务和名誉。随后马寅初担任北京大学名誉校长，1980 年增选为全国五届人大常委会常委，并任中国人口学会名誉会长。1981 年，中央还为马老举行了百岁寿辰的庆贺活动。

1982 年 5 月 10 日，马寅初先生因病在北京逝世，享年 101 岁。

4. 鼓吹保险，不遗余力

马先生早年对保险事业颇有研究。在其著述和演讲中，有多处论及保险的内容，话语间充满了对中国保险事业发展的殷切希望，并不遗余力地宣传引导，为中国保险事业发展贡献甚大。

值得一提的是，在 20 世纪二三十年代，马先生就已经多次谈到中国妇女的保险问题，尤其注意激发她们的保险意识。这在当时保险业不发达的中国非常难得，对于当时及以后中国保险业的发展也具有深远意义。以下摘录三则马先生关于中国妇女保险问题的著述，以飨读者。此处三则摘录援引于《马寅初全集》(田雪原主编，浙江人民出版社 1999 年版) 或《马寅初全集补编》(孙大权、马大成编注，上海三联书店 2007 年版)，每则著述中的标题为原文题目，而"……"表示原文内容的省略。

第一则：中国女子之经济问题

吾以为女子经济独立，虽不易办到，然至少须要办到经济自立，不靠丈夫也可吃饭。切不可于学生时期因有父母之抚育而无忧，于出嫁以后有丈夫之赡养而无虑，要知一经出嫁便知向丈夫要钱与向父亲要钱之迥异矣。今按步骤与诸君一谈"如何使经济自立"之法。

（1）出阁毋索妆奁。……

（2）嫁后使丈夫保寿险。社会之经济组织今异于昔，普通人多迁徙往来，且多恃一身之技能以为生，故多无恒产；有此身存则无虞衣食，身亡则无升斗之蓄，寡妇孤儿何以为生？如保有寿险，平时所费无机，不觉其负担之痛苦，不幸而为"未亡人"，则可收入一笔保险费，以之送死养生而有余。但此亦仅指男子收入较多者而言，如月入在百元以上，每月扣除十二元，每年才百四十四元，不为多费；男子年在三十以内保险费较轻，以此费保险可买四五千元之保险单，已足为养赡之用矣。但男子之收入月仅四五十元，则每月抽出十二元大非易事。

按此便牵掣到女子教育，与素常对于经济事业之注意问题。外国女子大都受教育，有常识，且有习惯上之训练。在家时知其父若兄皆保有寿险，又知保险之性质与手续。故出阁后，辄强其丈夫保险，已保与否及保险单之真伪皆可密辨，为丈夫者不能欺彼也。中国向无此习，保险事业初发达，一般人尚未了解其性质，如无此知识则易于受欺，故宜注意，使丈夫保险，且察看其保险单。

（3）毋为赌博性质之投资以希图发横财。……

（4）欲放款项于安全之途则买公债票。……

（5）职业问题。……

（6）女子参政问题。……

——原文为马先生在北京女子高等师范学校附属中学演讲词。该文原载于商务印书馆 1925 年 3 月出版的《马寅初演讲集》（第二集），现收录于《马寅初全集》（第二卷）。

第二则：中国妇女的地位问题

英、美各国女子，虽然尚不能和男子处于平等的地位，但他们的知识终究很高，还知道自己保护自己的方法，所以在嫁人的时候总要求丈夫保人寿险。为什么要保险呢？因为一个男人活的时候，可以有收入，妻子的生活，自然毋庸顾虑；但是男子一死，收入中断，妻子去靠什么过活呢？有些遗产的还可应付，如果没有遗产，岂不是一人死，满家不可活了吗？所以外国的女子总要求男子保险，将来万一发生不测的事情，就不致有困难了。但是外国女子能想到这一层，而中国女子怕连梦都没有做到。兄弟可以举一个例出来。有一次，兄弟劝一位朋友的女人保险，这位女人还是大学校毕业的，中西文字都很好，我把保险的益处解释给她听，但是她却似乎很怀疑地说："保险是要等丈夫死了才有钱，这不是希望丈夫早死吗？并且保了险以后，丈夫存在没有钱不可以向保险公司领取，待丈夫一死才有钱，这不是拿男人的性命来和钱赌博吗？"我说："不保险才是赌博，因为丈夫存在就有饭吃，丈夫死了就没有饭吃，这不是和赌博赢了发财，输了倒霉一样吗？如果是保了险，就是把不确定的成为确定的了，无论丈夫存在或死亡和自己的生活都无影响，丈夫存在，固有饭吃；丈夫死了，也有饭吃。这不是生活确定了吗?"但是她至今还没有保险，可知她还不明了保险的性质。兄弟还有一位女朋友，她是在美国留学的，后来和一位留法学生结了婚。回国后，男人就在铁路做事，月薪很高，起初是三百元，后来一直加到七百元，但是男人都花掉了，收入虽很大，却一股脑儿都花掉了，毫无积蓄。不久，男人忽然过世。因为男人在生前不事积蓄，当然没有遗产，所以留下来的只有三个小孩子。于是到现在妻、子四人，就不能不过很困苦的生活了。这就是由于她不要求丈夫保险所得到的结果。所以这样看来，中国女子简直连自己保护自己的方法也想不到，将来经济独立了，男子以女子的经济已独立，更不肯去保险。而中国的男子能积钱的很少，差不多十之七八要亏空的，将平日得来的钱都用了花了。在此情形之下，女子仍旧不知道自己保护自己，那么恐怕女子所得的幸福少，而所受的痛苦或者反要大了。

　　——原文原载于 1927 年 7 月 12、19、26 日《民国日报》，以及上海妇女协会宣传部编辑的《上海妇女》第 14 期、第 15 期、第 16 期，现录于《马寅初全集》（第五卷）。

　　第三则：人寿保险之涵义与价值

　　保险事业在当时的欧美各国比较发达，而在中国尚处于萌芽阶段；因为一般人对于保险事业的知识太幼稚、太肤浅。……还有一般妇女们以为保险是不道德的，她们以为要男人保费是贪财，是要男人早死。你想可笑不可笑？

　　人寿保险的方法很多，终身保险是为将来保障家庭——保障妻子儿女的，生存（即储蓄）保险是在生存时想作一番事业或养老用的，此外疾病、残废都有方法保险的。

　　曾记得有一次在北平某女校演讲时，劝女学生不要向父母求索珍珠宝贝、房产、天地，还不如要父母替你购得一种生存储蓄的保单。这种保单到满期时，可以发展事业，可以维持生活，比那珍珠宝贝等物实在强得多，可惜一般家长们太不注意！……

人寿保险在中国是亟须要提倡了。因为中国向来是用大家庭制度的，父子、兄弟、姐妹、夫妇向来是彼此依赖，彼此互助的，但现在的经济潮流，已把这种大家庭制度渐渐打倒了。所以，此后人人必须要经济独立才能站得住，于是人寿保险进入更重要的一个时期了。

——原文原载于《人寿季刊》1933 年第 1 期，现录于《马寅初全集补编》。

§8 诗坛名家的保险情缘

1. 著名诗人雪莱的巨额保险遭拒赔

雪莱与著名诗人拜伦齐名，是英国浪漫主义运动的代表诗人。他一生充满战斗热情，在诗歌中表达了当时欧洲最先进的思想，被马克思和恩格斯赞誉为"真正的革命家"和"天才的预言家"。

1792 年，雪莱生于英国古老的贵族家庭，他自幼就富于反抗精神。在上牛津大学期间，他受卢梭、葛德文思想的影响，发表了小册子《无神论的必然性》（1811 年），但因此而被牛津大学开除。1812 年，雪莱到爱尔兰去支持人民斗争，发表演说，散发《告爱尔兰人民》的小册子。1813 年，他出版第一部长诗《仙后麦布》，批判专横的封建统治，宣扬了他空想社会主义的理想，遭到统治阶级迫害。1814 年雪莱被迫出国，到意大利和瑞士，与拜伦结为知己。1816 年，英国法庭横蛮地剥夺了雪莱教育前妻所生子女的权利，他被迫于 1818 年永远离开英国定居意大利，但仍密切关注祖国的政治形势。1822 年 7 月 8 日，雪莱渡海时不幸溺死。诗人一生热爱大海，写出了《云雀》《西风颂》等诸多世界著名诗篇。

诗人雪莱也对人寿保险情有独钟。他生前曾在英国鹈鹕人寿保险公司投保了 4000 英镑的巨额人寿保险。但遗憾的是，在诗人葬身大海后，保险公司却以其扑朔迷离的身亡中隐藏着无法调查的未知原因，而拒绝向其受益人赔偿保险金。

2. 诗人刘湛秋与中国第一篇以保险为题材的报告文学作品

刘湛秋（1935~2014）是我国当代著名抒情诗人，《诗刊》前副编审，中国散文诗学会副会长，安徽省芜湖市人。

刘湛秋在中学时代，就曾在《进步青年》杂志发表过诗作。20 世纪 50 年代末至 60 年代初，他相继在报刊发表过诗、散文、评论、小说及报告文学作品。1979 年参加中国作家协会。出版的作品有散文诗集《写在早春的信笺上》（1979 年，上海文艺出版社）、《温暖的情思》（1981 年，花城出版社）、《生命的欢乐》《无题抒情诗》、翻译诗集《普希金抒情诗选》《叶赛宁抒情诗选》（1982 年，上海译文出版社）等 20 多部作品。

1991 年，他以浪漫笔法在《当代》杂志上发表了报告文学《保险启示录》，引起社会各界的关注。这是他的第一部报告文学作品，也是中国第一篇以保险为题材的报告文学作品。

3. 中国当代先锋诗人的保险情感

北岛是中国当代先锋诗人、朦胧诗派的著名创始人之一。1978 年前后，他和诗人芒克创办《今天》杂志，成为朦胧诗歌的代表性诗人。

1989 年 4 月以来，北岛先后在德国、挪威、瑞典、丹麦、荷兰、法国、美国等国家居住。北岛曾出版了《太阳城札记》《北岛顾城诗选》《北岛诗选》等多种诗集，作品被译成二十余种文字，先后获瑞典笔会文学奖、美国西部笔会中心自由写作奖、古根海姆奖学金等，并被选为美国艺术文学院终身荣誉院士。在他的早期诗作《青年诗人的肖像》一诗中，曾写下这样的诗句："救火车发疯似的呼啸提醒你赞美 / 教过保险费的月亮 / 或者赞美没交保险费的……"在诗中这样自由地运用保险意象的并不多见，说明诗人对保险有着深厚的情感。

§9 胡适与近代中国保险的广告宣传

胡适是我国现代著名学者、诗人、历史学家、文学家、哲学家。因提倡文学革命而成为新文化运动的领袖之一，以倡导"五四"文学革命著闻于世。胡适历任北京大学教授、北大文学院院长、辅仁大学教授及董事、中华民国驻美利坚合众国特命全权大使、美国国会图书馆东方部名誉顾问、北京大学校长、中央研究院院士、普林斯顿大学葛思德东方图书馆馆长、中华民国中央研究院（位于台北南港）院长等职。

1. 天资聪颖，学贯中西

胡适（1891年12月17日～1962年2月24日），汉族，徽州绩溪县上庄村人。胡适原名嗣穈，学名洪骍，字希疆，后改名胡适，字适之，笔名天风、藏晖等，其中，适与适之之名与字，乃取自当时盛行的"物竞天择，适者生存"的达尔文学说。

胡适出生于官宦人家，父亲胡传字铁花，曾官至台湾台东直隶州知州，后因乙未战争离台。胡适5岁时开始接受启蒙教育，在绩溪老家受过9年私塾教育，打下了良好的古文基础。

1904年，胡适随父来到上海后，在梅溪学堂、澄衷学堂求学，初步接触了西方的思想文化。后受梁启超、严复思想的影响较大，接受了《天演论》等新思潮，并开始在《竞业旬报》上发表白话文章，后任该报编辑。

1906年，胡适考入中国公学。1910年考取"庚子赔款"第二期官费生赴美国留学，于康乃尔大学先读农科，后改读文科。值得一提的是，当时庚款官费留学生只取前二百名，考试分文章和杂科（政史地物理化生等）两场，头一场文章胡适扬扬洒洒，一篇得了一百分，如此可见他的文章造化之高！

1915年，胡适进入哥伦比亚大学研究院学习，师从唯心主义哲学家杜威，他接受了杜威的实用主义哲学，并一生服膺。

2. 改良文学，专注教育

1917年夏，25岁的胡适学成回国后，担任北京大学教授。不久加入《新青年》编辑部，撰文反对封建主义，宣传个性自由、民主和科学，积极提倡"文学改良"和白话文学，成为当时新文化运动的重要人物。同年，胡适在《新青年》上发表《文学改良刍议》，主张以白话文代替文言文，提出写文章"不作无病之呻吟""须言之有物"等主张，为新文学形式作出初步设想。胡适毕生宣扬自由主义，提倡怀疑主义，并以《新青年》月刊为阵地，宣传民主、科学。毕生倡言"大胆的假设，小心的求证""言必有证"的治学方法。

"五四"时期，胡适与李大钊等展开"问题与主义"辩论；与张君劢等展开"科玄论战"，是当时"科学派"丁文江的后台。随后两年，他陪同来华讲学的杜威，任杜威的翻译。胡适因提倡文学革命，而成为新文化运动的主将之一。胡适兴趣广泛，著述丰富。作为学者，他在文学、哲学、史学、考据学、教育学、伦理学、红学等诸多领域都有深入研究。1939 年，还获得诺贝尔文学奖的提名。

从 1920 年至 1933 年，胡适主要从事中国古典小说的研究考证，同时也参与一些政治活动，并一度担任上海公学校长。抗日战争胜利后，于 1946 年曾任北京大学校长。

3. 消极抗日，注重研究

"九一八"事变后，胡适认为当时中国无对日作战的能力，因此他拥护不抵抗政策。抗日战争初期，胡适出任国民党"国防参议会"参议员，由于跟"低调俱乐部"的汪精卫、周佛海、高宗武、程沧波、陶希圣等往来频频，互相交换亲日意见，主张不抗日，胡适因此被人疑为"准汉奸"。1938 年，胡适被国民政府任命为中国驻美国大使。

1949 年，胡适寄居美国，致力于《水经注》的研究考证等工作。随后，返回台湾定居。1954 年，胡适担任"光复大陆设计委员会"副主任委员。1957 年，出任"中华民国中央研究院院长"。1962 年 2 月 24 日，在台湾的一个酒会上突发心脏病去世。

胡适一生很喜欢"谈墨"，墨子思想其中的兼爱思想成了胡适一生的品德。胡适是个学识渊博的学者，在文学、哲学、史学、考据学、教育学、伦理学等诸多领域均有不小的造诣。

4. 热心保险公益广告

胡适生前与广告很少接触，一则"自己最不爱出风头"，二则不同意别人利用他的名气来推销相关产品。但为发展保险公益事业做广告，他却欣然应允。

1933 年 4 月 9 日，上海《申报》的人寿保险专页，就刊登了胡适先生精心构思的一则保险广告。这则广告，精练简约，富有哲理，耐人寻味。原文如下：

人寿保险含有两种人生常识：

第一，"人无远虑，必有近忧"，所以壮年要做老年的准备，强健时要作疾病时的计划。

第二，"日计不足，岁计有余"，所以细微的金钱，只需有长久的积聚，可以供重大的用度。

胡适（印）

这则广告告诉人们：人们在年轻时要为老年时作安排，健康时要为患病时作打算；手头的余钱，要长期储蓄，这样才能使生活无后顾之忧。

胡适先生以通俗易懂的语言，阐述了人寿保险对安定生活所起的保障作用，同时，倡导了人寿保险也是一种积蓄这种崭新的投资理念，对保险这门科学知识在中国的宣传和普及，起到了积极的促进作用。

后来，胡适先生又对现代保险的意义作了进一步提炼，进行了精辟的阐述，并在社会上广为流传。他说："保险的意义，只是今日做明日的准备；生时做死时的准备；父母做儿女的准备；儿女幼时做长大的准备；如此而已。今日做明日的准备，这是真稳健；生时预备死时，这是真豁达；父母预备儿女，这是真慈爱；做不到这三步的，就不能算作现代人。"

§10 著名作家党益民：为走"天路"买巨险

1. 成果丰硕的军旅作家

党益民，1963 年生于陕西富平县老庙乡，诉讼法学研究生，著名军旅作家。现为中国作家协会会员，中国报告文学学会理事，西藏民族学院兼职教授，中国徐悲鸿画院创作中心副主任。

党益民一生成果丰硕，获奖甚多。他先后出版有长篇小说《喧嚣荒塬》《一路格桑花》《石羊里的西夏》；出版了散文集《西藏，灵魂的栖息地》，长篇报告文学《用胸膛行走西藏》等。其中，长篇小说《喧嚣荒塬》获中国作家"大红鹰"文学奖、巴金文学院优秀作品奖；长篇小说《一路格桑花》入选新闻出版总署向全国青少年推荐的"百部优秀图书"；长篇报告文学《用胸膛行走西藏》获第十届全军文艺新作品一等奖、第四届报告文学"正泰杯"大奖、第四届鲁迅文学奖。其多部作品曾被拍成电影或电视剧。

2. 军功卓著的武警大校

党益民还是武警交通第二总队副政委（师职），武警大校，参加过无数次抢险救灾，曾 2 次荣立二等功，11 次荣立三等功。

党益民由于工作使然，在 40 余次穿越西藏过程中，曾多次遭遇危险，多次与死神擦肩而过。这也逐渐唤醒了他的保险意识。有一次，一块飞石击中了头部，幸运的是他戴了安全帽！又有一次，他乘坐的汽车的一个轮胎滑落了，万幸！车没倒向深不见底的山谷。更有一次，遇到大塌方，他拿着摄像机直往前冲，一块石头从他的头顶飞了过去⋯⋯

3. 认同保险，积极投保

2004 年，党益民决定再次去西藏阿里无人区体验生活。这次，他有了顾虑，为防不测，他悄悄买了 5 份高额人身意外伤害保险。他说："如果我回不来了，家人就可以用这笔大额保险金维持生活。"可见，作家对保险已有了深刻认识和高度认同。

第四章　电影明星的保险趣闻

§1昔日影帝晚年靠社会保险金度日

2004 年 7 月 2 日，全盛时期片酬价码曾高居世界第一的奥斯卡影帝马龙·白兰度辞世。这让全球电影人和影迷为之悲伤，甚至连当时的美国总统布什也发表特别讲话说："美国失去了一个在舞台上和银幕上都十分杰出的演员，我们会永远怀念他。"美国媒体曾披露其晚景虽然凄凉，但却靠保险金平安度过了余生。

1924 年 4 月 3 日，马龙·白兰度出生美国内布拉斯加州的一个中产阶级家庭。他从小就是个调皮的孩子，因厌恶读书而被多所学校开除。最后他中学未毕业就决定去当演员，于是，进入纽约一家戏剧学校专攻表演艺术。

事实证明，马龙·白兰度选对了行业。从 20 岁时起，他就进入纽约百老汇演出，很快在名剧《欲望号街车》中饰演重要角色，并以出色的演技受到观众的欢迎。

1950 年，马龙·白兰度第一次演出电影《男人》，扮演一个性格孤僻、下半身瘫痪的人，他的精彩表演吸引了好莱坞大导演们的注意。一年后，白兰度因出演电影《欲望号街车》，获得了奥斯卡提名。

1953 年，凭借《码头风云》中的过人演技，马龙·白兰度终于赢得了奥斯卡最佳男主角奖。此后，他又接演了《红男绿女》《秋月茶室》《樱花恋》《幼狮》《漂泊者》《叛舰喋血记》等电影，这期间他三次获得奥斯卡提名。

1972 年，马龙·白兰度主演的《教父》给了他再次表现的良机，他得到了第二个奥斯卡金像奖，其演艺事业达到最高峰。接着，他出演了《巴黎的最后探戈》《超人》和《现代启示录》等优秀影片，随后淡出影坛。

在演艺事业巅峰时期，马龙·白兰度的个人片酬价码在国际影坛中多年高居第一。1978 年，他参加电影《超人》几个简单镜头的演出，就轻松获得 1400 万美元酬劳，创下轰动一时的天价纪录。

转眼到了 1999 年，马龙·白兰度的儿子克里斯汀由于卷入了一起凶杀案，他不得不花了大笔钞票为儿子请辩护律师打官司。加上本人健康情况日渐恶化，需要大笔医疗费支出，马龙·白兰度至去世时，总共背负着高达一千多万美元的欠款，只能依靠社会养老保险金生活。

马龙·白兰度的养老金是由美国演员协会提供的。2003 年初，这位老牌影星曾透露，他当时每个月的收入来源就是演员协会 6000 美元的退休金，外加 1860 美元的政府退休津贴。

§2 国外影星："特异保险"花样多

多年来，西方国家的影星们为了确保自己的优势地位和终身的荣华富贵，纷纷到保险公司投保身体某一器官的专项保险。他（她）们的这些器官一旦受损而无法献艺或工作，就会得到一笔巨额的保险赔偿金，而不至于贫困潦倒，影响日后的豪华生活。保险公司则从赚钱和宣传的角度出发，也很乐意接受明星们的投保，设计了满足他们特殊保障需求的保险。

1. "好莱坞之王"的形象保险

美国默片影星、"好莱坞之王"小道格拉斯·费尔班克斯曾为自己独特的形象投了保，他也是首批签下所谓"创伤保单"的明星之一，不过投保金额现已难以考证。费尔班克斯被人看成电影史上首个超级明星，他曾与卓别林一起组织过联合艺术公司。20 世纪 20 年代，他是好莱坞片酬最高的男演员，曾经扮演过唐·璜、佐罗、罗宾汉等英雄角色。

2. 美丽的红发与防秃顶保险

美国好莱坞老牌明星莎莎·佳宝长有一头红艳似火的迷人美发，令无数观众为之叫好，这也是其多年走红的奥秘之一。于是，她长期为自己的美发投保了 5 万美元的红发保险。美国另一位影视明星特丹沃尔，为了防止自己的一头美发在 45 岁以前脱落，而购买了一种防秃顶保险。他每年需要交纳 19 万美元保险费，直到满 45 岁，合同到期后，他可以获得 1000 万美元的保险金。

3. 奇特的鼻子保险

吉米·杜兰特是美国娱乐业历史上最有特点的演员之一。他的脸上长着一只奇大的鼻子，让人看了准会捧腹大笑，这也成为这个喜剧演员兼歌手的独特卖点。20 世纪 50 年代，杜兰特给自己的鼻子投保了 14 万美元。当然，那时的 14 万美元可比现在值钱多了。无独有偶，明星卜合则拥有一副滑水梯般斜直的鼻梁，为了不使鼻子走样，他向英国劳合社购买了 400 万英镑的保险。而影视明星华科拉茜则因长有一副逗人的翘翘鼻子而走红，于是他专门为心爱的鼻子投保了 75 万美元的保险。

4. 著名演员的龅牙与巧唇保险

英国著名喜剧演员肯·多德搞笑的秘密武器就是著名的龅牙。他为自己的龅牙投保了 400 万英镑，真是一笑千金啊！多产而又多子的多德不光演戏，还唱歌，唱片很畅销，有 19 张专辑的销量进入了英国前 40 名，其中包括 1965 年的《眼泪》。而当了一回 007 邦女郎的金·贝辛格不仅身材一流，金发性感，而且拥有一口无与伦比的整齐洁白美牙，她曾向媒体透露说："我的牙齿投保价值上千万美元。"此外，著名小号手戴维斯认为自己的成功离不开那双巧唇，为此，他投保了 50 万美元的巧唇保险。

5. 明星的斗鸡眼与美目保险

对很多演艺界的艺人来说，斗鸡眼也许会是事业成功的一大障碍，但对默片时代的巨星本·特尔平来说决非如此。他认为斗鸡眼是自己的成名法宝和招牌，因此他才开创了身体部位保险领域的先河，特为自己的眼睛投了 2.5 万美元的保险。而好莱坞巨星伊丽莎白·泰勒有一双"倾国倾城"的紫蓝色眼睛，秋波一转足以让无数影迷为之倾倒。伊丽莎白也很钟爱自己的美目，因为这双眼睛不仅带来了无数观众，还带来了巨额金钱。为了保护它们，她为自己的眼睛买了100万美元的专项保险。

6. 喜剧明星的笑容保险

美国好莱坞喜剧明星马力·斯文的面部表情极为丰富，能够灵活表达数十种笑。他的笑容不仅招徕了无数观众和崇拜者，更赢得了许多年轻女郎的追求和钟爱。为此，他购买了20万美元的笑容保险以防不测。

7. 影视红星的贞操保险

20世纪60年代以来，西方国家的"性解放"运动导致艾滋病等疾病迅速蔓延，于是传统婚姻观念开始备受推崇，贞操保险则应运而生。美国著名女影星波姬·小丝当年考入普林斯顿大学后，追求的人依旧很多，桃色谣传不断。其母为了让她安心学习、洁身自爱，就为她购买了巨额的贞操保险。

8. 神奇的头颅与记忆力保险

意大利电影明星穆帝拥有一颗神奇的头颅，在保险人的劝告下，他为自己的头颅投保了300万法郎的意外保险。无独有偶，英国一名喜剧明星拥有超人的台词记忆力，为使自己大脑中专管记忆台词的那部分器官永不出毛病，而办理了专项保险，据说保额极高且一直都在保密中。

9. 保额100万英镑的胸毛保险

胸毛的野性回归让胸毛保险成了保险公司的盈利点。据法新社报道，英国著名的劳埃德保险公司不久前推出了一项让人啼笑皆非的新保险业务——胸毛保险，该项保险产品的最高保险额度为100万英镑。

据公司内幕人士透露，不久前，一名曾在多部好莱坞巨片中扮演硬汉的男性巨星悄悄来到劳埃德保险公司。他忧心忡忡地表示，很担心自己的胸毛会随着年龄增长或者其他因素而脱落，从而影响他在女性影迷心目中的阳刚形象，因此他希望能为这些胸毛买一份保险。

§3 著名影星的"美体"保险

1. 修长无比的玉腿保险

美国著名女影星佳富莲·巴芝身材窈窕、天生丽质,尤其是那双修长健美的玉腿更令观众痴迷,也对她的银幕生涯产生了很大影响。为此,她为自己的双腿购买了 2000 万美元的巨额保险。承保公司也担心风险太大,万一她的玉腿发生意外可就吃不消了,为此要她签约时保证以后不再滑雪和爬山。另外,20 世纪 40 年代,美国好莱坞著名影星贝蒂·葛兰宝有一双人见人爱的修长大腿。她曾为她的"纤纤玉腿"投保 100 万美元的玉腿保险。而舞蹈家阿斯太尔也为其健壮迷人的玉腿投保了 75 万美元的玉腿保险。

2. 曲线永驻的三围保险

影坛著名演员朱莉·比索拥有一副曲线优美的窈窕身材,为了使她的腰围和臀围在未来 7 年内增长不超过 4 英寸,而购买了 25 万美元的专项保险。英国女明星福柯丝则以胸围始终保持在 91 公分而闻名遐迩,为此,她投保了 37 万美元的胸围保险。

3. 价值 300 万英镑的美臀保险

以前,影视明星凯莉·米洛的美臀可不是这样招人喜爱的,为此她花重金对从前笨拙的肥臀做了抽脂手术。幸运的是,这次抽脂手术真的是太成功了。为了保持这一果实,凯莉毫不吝惜地为美臀上了 300 万英镑的特种保险。

4. 影视红星的美体保险

美国炙手可热的影歌双栖红星詹妮弗·洛佩兹,曾在其经纪人的一再鼓吹之下,投保过巨额的"美体保险"。据德国媒体报道,洛佩兹的全身保险分配如下:脸和头发各为 5000 万美元;隆胸保险金额为 2 亿美元;髋部投保了 1 亿美元;臀部保险金为 2.5 亿美元;两条腿的保险金额为 1 亿美元。

5. 性感明星的丰乳保险

超级性感影视歌星麦当娜，曾以其绝世姿色、迷人丰乳、美妙歌喉以及大胆火爆的演出，征服了数以万计的狂热观众。她珍爱生命，更珍惜那对极富魅力的丰乳，为此，她不惜重金为其丰乳上了100万美元的丰乳保险。同样，拥有倾国倾城之貌的影视明星卫莲丝、女歌星陶莉巴顿，也都分别为其丰满迷人的双乳购买了100万美元的丰乳保险。电影明星莫妮卡·贝露奇为胸部投保800万欧元。

§4 港台影星的天价保险

1. 影星雪儿：双眼保额达千万元

混血女星雪儿，因拥有一双明亮动人的眼睛而成为广告商的宠儿。不久前，她就击败其他四位女明星，被某护肤品牌看中，成为该公司双重美白眼部精华素的全球首位华人代言人。为保障雪儿的眼睛不受拍戏或广告意外影响，以致遭受损伤，广告公司特别为其眼部购买了巨额保险，保额高达千万元。2007年6月，在数码港拍摄广告时，为了突出她的一双明亮眼睛，广告商特地从欧洲订购了一对价值十万美元（约78万港元）的名贵钻石眼睫毛，以及价值十万元的一套服装用于拍广告，并精心招待她。

2. 金城武：价值千万元的英俊脸蛋

金城武是国际知名电影巨星。他凭借其帅气的外表，率真、低调的个性，成为了中外无数少男少女的偶像。不久前，金城武以8位数字续约，连任某化妆品亚洲区代言人，并在东京拍摄2008年版的全新广告。由于要求这位帅哥要脸贴着高温灯管拍照，广告商担心会发生意外而伤到这位大明星，特意为金城武买了2500万元的保险。这样，他的脸蛋便可以高枕无忧地投入拍摄中去了。

3. 林嘉欣：美丽的脸蛋保千万元

香港著名演员林嘉欣在拍摄电影《怪物》期间，曾因化妆不当而导致皮肤过敏。为防止其面部再发生意外，电影公司为其美丽的脸蛋购买了 1000 万元的保险，以便让她可以安心演出。

4. 莫文蔚：近千万港元保秀发

莫文蔚 1970 年 6 月 2 日生于中国香港，是中国著名影视歌三栖女星。作为英国伦敦大学的高材生，她掌握了多门外语及乐器，在多部电影、电视剧中担纲主演，且出版有多张个人专辑并获得重量级音乐奖项。她是华人娱乐圈中非常成功的女星之一，因此，在整个华人地区拥有很高的知名度。2011 年 10 月，莫文蔚与初恋男友 Johannes 在意大利完婚。

莫文蔚早前代言某洗头水和护发素广告时，广告商特意为莫文蔚的头发购买了近千万港元保险。假若染发过程中因为化学作用，令莫文蔚的秀发有损伤或脱发的危险，保险公司就需要按约定作出巨额赔偿。

5. 秦海璐：2600 万元保单眼皮

气质独特的秦海璐拥有一双可爱的单眼皮。2000 年陈果执导的《榴莲飘飘》，瞬间捧红了这个名不见经传的女孩。她因此获得第 57 届威尼斯国际电影节最佳女主角提名，并最终获得台湾电影金马奖、中国香港电影评论学会奖和香港电影金紫荆奖最佳女主角，以及香港电影金像奖最佳新人奖。

崇尚质朴的她觉得自然就是美，所以对于自己的单眼皮很是满意。当很多艺人为了漂亮，通过手术把单眼皮变成双眼皮的时候，秦海璐却坚持做一个单眼皮女生，更不惜花大钱为她的单眼皮投保，其保额高达 2600 万元。

§5 功夫之王出演 巨额保险陪伴

成龙是国家一级演员、著名电影演员、导演和歌星，也是中国影坛和国际功夫电影巨星，世界十大杰出青年。成龙是在大陆、港台以及东南亚等华人地区，具有很高声望与影响的传奇电影人。

1. 不负众望，称霸亚太

成龙原名陈港生、房仕龙，艺名陈元楼、陈元龙，1954 年 4 月 7 日出生于中国香港。成龙的父母亲最初在法国领事馆工作，父亲是厨师，也是京剧票友。后来，他随父母曾移居澳洲。成龙幼时除了喜欢打架外，还喜欢看武侠片，特别崇拜当时的武侠明星。

1961 年成龙返港后，要求进入于占元的中国戏剧学院学习京剧及功夫，共历时十年。艺名叫元楼的成龙是当时著名的"七小福"之一。凭着一副好身手，他们驻在荔园游乐场，长期表演京剧，几个人在一出戏里什么都做。此外，他们经常还在片场演些童角、临时演员之类。所以成龙很早就出道，成了真正的功夫良才。

辗转就是十七岁了。成龙结业后成为一名武师，名字是陈元龙，专门做名演员的替身，像岳华、罗烈、田峰、谷峰等，都是做些危险的武打动作。或许是禁制太久了，成龙工作之余便尽情玩乐，跳舞、喝酒、上夜总会等，像其他武师一样，过着没有明天的放任生活。当武师出卖的是劳力，地位卑微。成龙常卖力演出，也常被导演选上，因为他年轻，身手灵活，导演都乐意用他，有什么高难度动作，就会想起陈元龙。

1975 年，新天地公司成立，成龙成为签约演员。他相继拍了两部片，但票房惨淡。后来，陈自强推荐成龙给罗维，拍摄《少林木人巷》。罗维导演给他取艺名为"成龙"，除了"望子成龙"，也希望他能成为像李小龙那样的功夫巨星。一年后，吴思远向罗维借成龙来拍《蛇形刁手》《醉拳》二部功夫喜剧片，把成龙活泼精灵的动态表露无遗，他也开始走红。其中，《醉拳》荣获第 34 届亚太影展的最具启发性喜剧影片特别奖。

《醉拳》等走红后的 20 世纪 80 年代，成龙开始称霸亚洲影坛。随后，他自编自导自演了《笑拳怪招》，取得不错的票房成绩。这时，多家影业公司向成龙发出加盟邀请，嘉禾公司最终胜出。成龙在嘉禾的第一部作品《师弟出马》，马到成功。接着，他又到美国拍摄《杀手壕》《炮弹飞车 1，2》《威龙猛探》。由于在外国拍戏处处要受洋导演指挥，使他不得自由发挥，因此，这几部影片业绩平平。

1983 年，成龙执导了《龙少爷》等影片，再度掀起热潮。该片除了在香港卖座外，在日本也很疯狂，并替成龙争取到最佳导演、最佳影片、最受欢迎演员等奖项。之后，成龙推出的作品，像 1987 年《龙兄虎弟》《A 计划续集》，1988 年的《飞龙猛将》《警察故事续集》，1989 年的《奇迹》，1990 年的《飞鹰计划》等影片，全是 3000 多万港元的票房收入。在日本当然更不用说。其中，《警察故事》获得香港金像奖最佳故事片奖；《A 计划》荣获当年最佳武术指导奖；《超级警察》《重案组》荣获金马奖最佳男主角；《新警察故事》荣获 2005 中国金鸡奖最佳男主角。他个人还获得 2005 年金像奖的专业精神奖。此外，成龙带领的成家班战功彪炳，曾荣获第 4、第 5、第 7、第 8、第 9、第 14、第 21 届金像奖最佳动作指导奖，以及第 31、第 32、第 34 届金马奖最佳动作指导奖；成龙还获得了香港十大杰出青年称号。

2. 走向国际，屡建奇功

成龙的打斗风格非常独特刺激：集北派功夫、南派功夫、空手道和柔道、醉拳于一身，加上自由发挥的杂技动作。成龙拍戏坚持不用替身，全是实打实的动作场面。追求武打细节的精神是其电影走向世界的一个重要因素，也成为他进军好莱坞的一个障碍。首次前往好莱坞拍摄电影时，导演根本不采纳他有关动作场景的任何建议。好莱坞的规则让成龙感到灰心丧气，他说"有太多的安全与保险规则需要遵循。我知道他们是希望保证我在做特技动作时的安全，但有时他们却一再坚持要我使用保护性设备，即便是一些简单的动作，这多少让人感到沮丧，而且占据了太多时间"。他说"在香港拍电影时的感觉就自由多了，没有那么多的束缚。我用的都是自己的特技小组，他们非常有经验，我相信他们能够在我做特技动作时保证我的安全"。这样的武打巨星，几十年如一日追求"真实"的信念，形成了成龙电影的强大魅力。

成龙早在 1982 年时便开始打入好莱坞市场，但迈向国际之路并不顺利。他首次进军国际的作品是《炮弹飞车》，可惜票房失利，令其相隔多年才再闯好莱坞。而真正打入国际市场的是 1994 年拍摄的《红番区》，在美国上映时创下高票房纪录。1998 年后，他曾前往好莱坞拍摄了《尖峰时刻》两集、《上海正午》两集，再获得好莱坞肯定，成为继李小龙之后扬名西方的华人功夫巨星，并登上《时代》杂志，最终奠定了今日的国际地位。尽管后来成龙的票房影响力有所下降，2007 年在北美上映的《尖峰时刻 3》仍创下将近 1.4 亿美元的票房纪录。《尖峰时刻》系列三部，总计在北美累积票房超过 5 亿美元，全球累积高达 8.35 亿美元。迄今为止，尚无其他亚洲演员领衔主演的电影能在国际上达到同等成绩。2009 年，成龙又与香港导演尔冬升合作拍摄《新宿事件》，影片充满血腥暴力与真实震撼，令人惊叹，对导演和主演成龙来说都是一大里程碑式的作品。接下来他还主演了好莱坞影片《邻家特工》，这是他拿手的功夫喜剧片。

　　如今，成龙已经创造了无数的奇迹和神话，就像申宝峰在《成龙》中写道"曾经无名小戏童，如今名就功已成。纵横影坛领风骚，神勇无敌久称雄"。的确，从一个默默无名的小戏童一跃成为今日尽人皆知、家喻户晓的国际巨星实属不易。成龙确实吃了太多的苦，受了太多的伤，为华人电影立下了汗马功劳。成龙在日本、韩国是家喻户晓的人物，在美国洛杉矶、旧金山和加利福尼亚州都定有"成龙日"，旧金山影展曾授予他特别杰出奖。1989 年，英国授予他 MBE 爵士勋章；1990 年，法国授予他荣誉骑士勋章；荣膺世界十大杰出青年；这些都是他走向国际获得的重要荣誉和嘉奖。

3. 爱心献社会，快乐做慈善

　　成龙还是一位富有爱心，乐于慈善事业的人。演艺工作虽繁忙，且身兼导演会主席、武师公会的终身名誉会长、演艺人协会的副主席、摄影师学会副会长、灯光师工会的名誉会长、中国民航飞行学院名誉教授等多职，但他仍然重视并参与社会公益慈善事业。成龙已逐步发展成为正义的化身，不只银幕上的形象如是，银幕下也是如此，向政府呼吁支持香港影业、反黑打黄、扫除水货、慈善筹款、公益演出等，都少不了他。成龙既是第一个受聘的北京申奥形象大使、广州亚运推广大使、上海世博会形象大使、台湾听障奥运形象大使，也是香港旅游形象大使、"反盗版大使"（国家新闻出版总署、国家版权局、全国"扫黄打非"工作小组办公室）、山东烟台市形象大使，还是联合国亲善大使、中国公益慈善大使、中国禁毒宣传形象大使，身负弘扬中华文化之重任。

成龙还将赛车转化为慈善动力。1993 年 11 月，他举办首届"成龙杯女明星表演慈善车赛"，为"成龙慈善基金"筹款。对只邀女明星参赛成龙解释道："男明星到了赛场一定是拼斗得你死我活，换作女明星赛场上就不会如此惊险，开心地表演作慈善。"历年来的参赛者包括华语娱乐圈多名女星，如钟丽缇、李心洁、大小 S、莫文蔚、容祖儿、林熙蕾，还有韩国的金喜善等。首位受邀的新传媒女明星郑惠玉也曾在 2000 年参加"成龙杯"，那年郑惠玉还爆冷拿下亚军宝座。赛车未必等于惊险刺激，快快乐乐做慈善才是目的。此后的"林志颖杯""梁家辉杯"都是"成龙杯"带起的慈善赛车风潮。

奥运情结让很多歌手和音乐人都加入了慈善演唱、创作奥运歌曲的热潮，成龙也不例外。据说，早年在美国的时候，邓丽君教给他一些唱功，之后他加盟滚石音乐并出版多张唱片。成龙举办的慈善演唱会有：2005 年 9 月 2 日的"成龙上海演唱会"；2006 年 6 月 24 日南京奥体中心体育场的"成龙和他的朋友们"；6 月 26 日哈尔滨国际会展体育中心体育场的"成龙好朋友慈善演唱会"；2008 年 11 月 30 日广州市天河体育场的"成龙和他的朋友们"广州演唱会；2009 年 5 月 1 日的"成龙和他的朋友们"北京鸟巢演唱会。中华人民共和国成立六十周年之际，成龙和刘媛媛又一起走进录音间，录制了一首为国庆献礼的歌曲——《国家》。

4. 巨额保险护驾，演出惊险刺激

成龙从影二十余载，不仅拥有铺天盖地的鲜花掌声，还拥有浑身上下的累累伤痕。打开成龙的"医药箱"，伴随着他的功夫神话，就是他的金刚之身到处都布满了刀伤剑创。他的亡命动作经常是向生命挑战：《A 计划》中从三层楼跳下；《警察故事》中在百货公司沿电线滑下；《红番区》中从天台跳过另一层的天台；《我是谁》中从高楼上滑下等惊险场面，无不令人目瞪口呆。他已经是无片不伤，拍《龙兄虎弟》时他跳下山崖，曾伤及后脑，险有性命之灾。当他动辄从飞奔的车上一跃而下，或者从几十层高楼上破窗而出时，他的"医药箱"除了止痛散和云南白药之外，还得添置大量医疗器械。有次在南斯拉夫

拍片时，曾严重伤及脑部而昏迷不醒，需要马上动手术，这一变故吓呆了所有成员。他就这样一次次从死亡边缘挑战而回，一次次披挂整齐，又激情昂然地登场。

由于成龙在电影里做了太多的惊险动作，因此，经常向保险公司投保数千万元的巨额意外保险。以他的身价地位，若是出了差错，那笔保险赔偿金足以压死人。例如，2007 年在横店拍摄《功夫之王》时，就曾曝出天价保单，仅成龙个人的保额就高达 4000 万元人民币。当然，也不是每个保险公司都愿意肩负这一重担，拒保事件也不时发生。因此，成龙与保险公司签约时，保险公司就表明不允许他私底下擅自做危险动作，必要时要提前知会保险人。成龙理解自己的身价与他们的顾虑"如果不这样做，就没有保险公司受理我的投保了"。

§6 刘德华：被保险了的一代天王

刘德华是一个才华横溢的人。既是当代影视歌三栖巨星，也是著名广告代言人，并荣获"二零零八最强人气广告天皇"奖。除做艺人外，刘德华还擅长投资创业，经营发廊、时装店、百货、饮食、房地产和影城等实业。他在中国香港、新加坡、加拿大和美国等地共投资了 50 处房产。而且，2002 年《福布斯》杂志还向他颁发了全球最优秀 200 家中小企业杰出成就奖。当然，刘德华也具有极强的风险意识，善于利用保险为自己的财务安全规避风险、保驾护航。

1. 500 万元保脸蛋

近年来，刘德华所拍摄的电影都需要大幅改变自己的形象：《暗战》中佯扮女人；《瘦身男女》中增肥；《大块头有大智慧》中强扮健美先生……在《童梦奇缘》中他改头换面达八次之多，每次都要抹糨糊、涂硫酸什么的，致使他的面部皮肤严重受损。为什么会出现这种情况呢？专家解释说，因为刘德华拍了太多电影，再帅的人观众看多了也会吐，导演为观众考虑，于是对刘德华的脸进行了大胆修缮。刘德华的母亲也对他说"你跟普通人不一样，你是靠这张脸饭吃的，应该给脸买个保险"刘德华是个非常孝顺的儿子，于是，为自己的脸买了 500 万元的意外保险。

2. 西安个唱：保额突破 2000 万港元

"激情 2002"刘德华西安演唱会曾经屡创纪录。为了保证演出顺利进行，刘德华西安个唱组委会事先为华仔及其他 70 多位演职人员进行投保，而此次个唱的保额竟突破两千万港元，成为西安演出历史上保额最高的个唱。为了确保个唱会顺利进行，并将演唱会中的人为风险降为零，组委会曾经和中国人寿保险公司西安分公司签约，为音乐会的整场演出投保两千多万元。不过其中除去刘德华本人，还有 70 多位演职人员的保额。刘德华的保险分为意外伤害保险和医疗保险两种，保额分别为 50 万港元和 30 万港元；而普通工作人员的意外伤害和医疗保险的保额则分别为 30 万港元和 5 万港元。刘德华的保额虽高，但和普通演职人员保额间的差别也不算悬殊。在 9 月 6 日演唱会举行之时，保险公司还派出专人和专车在门外守候，一是监督和服务，二是为了确保万无一失。毕竟举行如此大规模的演出并不多。

3. 亿元保险奉送锡城歌迷

看明星演唱会送人身保险，这在无锡真是史无前例。而这个纪录就诞生在 2005 年 8 月 31 日无锡中心体育场，见证人就是所有购买刘德华无锡演唱会门票的观众。当天，容纳 3 万人的无锡体育中心体育场便成了刘天王巨大的舞台。万人欢乐大聚会，安全无疑最重要。主办方为了所有观众的人身安全考虑，在演唱会当天投保了意外伤害保险，保险金额高达 1 个亿。有 1 亿元的巨额保险打底，看演唱会开心之余也就更多了一份踏实。主办方拿出如此魄力，大手笔为观众投下天价保险，肯定是无锡演唱会保险的吉尼斯第一。

4. 亿元意外险壮胆，不怕遭电"劈"

2007 年 1 月 16 日，刘德华世界巡回演唱会 16 场个唱的首演在香港登场。为了使首演取得成功，刘德华使尽浑身解数，化身为闪电侠，让 700 万伏的闪电直接劈在身上，闪电效果十分逼真，令现场观众无比震撼。由于这个环节有一定的危险性，所以，刘德华事先投保了超过 1 亿港元的意外伤害保险，而舞台的制作费用也超过 800 万港元。

5. "与天比高"，千万舞台亿元保险

2007 年刘德华世界巡回演唱会内地的第一站是呼和浩特滨海体育场，主题被设计成"与天比高"。华仔每场演出均会都根据当地的实际情况，对曲目内容、舞台设计等进行调整，以保证新鲜感。9 月 1 日的该站演出舞台更是精心设计，巨资打造：舞台全长达 98 米，横跨一个大球场，豪华舞美设备的造价 6000 万元，并在国内首次使用透明超大型 LED 电子屏幕，有 20 米高、60 米宽，观众惊呼："神了，原来演唱会的舞台可以这么美"。

虽是首次到内蒙古演出，但全场门票一早就售罄，最贵的门票为 1600 元，最后被炒高至 6000 多元。观众的热情反应令华仔始料不及。华仔也提前了数日飞抵呼和浩特，天天在体育馆里辛苦排练，以保巡演有个完美的开头。华仔在并不很熟悉的场馆里、在机关重重的巨型舞台上又唱又跳，其实压力十分之大。而且第一次只被一条皮带那么粗的安全带，带至高空约十米处唱歌，让工作人员都紧张得冒汗。华仔本次于个唱会中化身空中飞人，除不停地扮作牛郎飞天之外，还首次尝试站于十米高的空中吊台中，飞入观众席近距离接触歌迷，令观众欢呼雀跃。为此，华仔公司为他及整个演唱会购买了 1 亿元保险。当晚演出圆满成功后，华仔一度被观众的热烈反应感动得站在高台上泣不成声。

6. 上海、成都演唱会：2 亿元保险保平安

2007 年 11 月 6 日晚，刘德华内地巡演最后一站在成都市体育中心热辣举行。3 个小时的劲爆歌舞和经典情歌，让现场 3 万余名歌迷大过歌瘾，合唱到喉咙嘶哑。而舞台上的刘天王或化身白马王子与女舞伴贴身缠绵；或变成太空人上演"云中漫步"；甚至还扮演牛郎，与织女上演了一段浪漫生死恋，让人看得眼花缭乱，大呼过瘾。

当然，在刘天王忘情演出的背后，同样有 2 亿元保险在为他护驾。而在此前的上海个唱会上，刘德华曾在扮演太空人漫游星空时，钢丝突然在空中卡住不动，令他上演了一出高空惊魂。正因为华仔在演唱会上有不少危险动作，主办方都会斥巨资为他投保，保额居然高达两亿元。当然，保险赔偿金最好不拿，因为华仔巡演全程请了 4 名保镖全程陪同，最大限度地确保他的安全。刘德华赴成都时就直接从停机坪坐车离开，也是不想身陷歌迷群中以免发生意外。

§7 国际巨星巩俐及其保险趣闻

巩俐是中国在世界影坛成就最大、地位最高、影响最为广泛的女演员，创造了中国影人闯荡世界影坛的奇迹。她也是中国大陆第一位最耀眼的国际巨星，是第一个在威尼斯电影节上获奖的中国女演员，第一个代言法国化妆品品牌欧莱雅的中国女星，荣获法国骑士荣誉司令级勋章，被《People》收录为世界上最美丽的 50 个人之一。

1. 大学里升起的影坛新星

巩俐祖籍山东济南，1965 年 12 月 31 日生于沈阳市。巩俐是家中五个小孩中的幺女，父亲则是经济学教授。由于排行最小，父母对她的要求、教育方式不那么严格。她从小爱唱歌、喜欢音乐，所以父母也由着她去考音乐学院，不过却铩羽而归。回到家乡山东济南，巩俐转念想试试学表演，于是拿着父母给她的 30 元人民币，和两个同学搭夜班火车、站了 8 个半小时，到北京中央戏剧学院应试。还好，她被顺利录取了。

1985 年，巩俐进入中央戏剧学院表演系学习。上大二时，她被张艺谋导演选中，在影片《红高粱》中扮演女主角九儿。当时，巩俐的表演虽略显稚嫩，但清新可人，并在海内外声誉大震，成为影坛新星。

1988 年在影片《代号"美洲豹"》中她饰演护士，荣获第十二届电影百花奖最佳女配角奖。1989~1990 年，巩俐又主演了张艺谋执导的《菊豆》和《大红灯笼高高挂》，都是表现旧时代深受家族压抑的女性形象，使巩俐在国际影坛取得巨大声誉，巩固了她的新星地位。

2. 国际巨星，屡创奇迹

使巩俐表演迈向高峰的是，1992 年张艺谋执导的《秋菊打官司》。片中巩俐赋予角色的生活实感深深打动了观众，秋菊不仅使巩俐荣膺"金鸡""百花"双料影后，而且在第 49 届威尼斯国际电影节上获得最佳女演员奖，这是大陆女演员首次荣获国际大奖。此后，她与张艺谋合作的影片还有《活着》《摇啊摇，摇到外婆桥》。与其他导演合作过《霸王别姬》《画魂》和《风月》等。巩俐还拍了不少香港娱乐片，像《古今大战秦俑情》《天龙八部》《唐伯虎点秋香》《西楚霸王》等。

2006 年，巩俐的演艺事业再攀高峰。除与张艺谋合作的《满城尽带黄金甲》外，她还进军美国好莱坞影坛，与一线国际大明星合作了《迈阿密风云》等影片。

巩俐还是中国电影女星的国际代言人，创造了中国电影人闯荡世界影坛的奇迹。她是第一个在威尼斯电影节上获奖的中国女演员，第一个代言法国化妆品品牌欧莱雅的中国女星，并荣获法国骑士荣誉勋章，被《People》收录为世界上最美丽的 50 人之一。在加拿大蒙特利尔的世界电影节上，巩俐曾获特别奖。在第 51 届夏纳电影节作为特邀嘉宾，巩俐被奥斯卡委员会接纳为会员，担任第 50 届柏林国际电影节的评委会主席。

3. 重视风险，凡演必保

像巩俐这样的国际著名影星，其风险与保险意识也越来越强。在没有令她满意的保险公司提供完善的风险保障计划之前，是不会盲目演出或接受代言活动的。例如，2005 年拍摄好莱坞武打片《神探勇闯罪恶城》时，好莱坞的电影公司就特别为其投保了 1000 万美元巨额保险。2006 年在拍摄《迈阿密风云》时，投资方也特意为她投下了 1000 万美元的各种保险。

在巩俐拍摄的诸多宣传广告中，同样要求按照合约条款为她提供周全的人身意外伤害等保险。2007 年 9 月上旬，巩俐去广州为大阳摩托车拍宣传广告片时，为预防拍摄摩托车上风驰电掣的潜在风险，就要求厂家为她购买人身意外伤害等保险。经过慎重比较，中国人保财险广州分公司凭借良好的社会信任度和美誉度，以及承保"明星"的专业技术优势，最终赢得这位大牌明星的青睐，于是大阳摩托遂向人保财险公司发出了投保意向。经过双方多轮协商，就巩俐在 2007 年 8 月底至 9 月上旬拍摄期间的人身意外保险计划达成共识，签订了保额高达 700 万元的相关保险合同，保障了广告片的圆满拍摄。

§8 李小龙的神秘死因及其保险

1999 年，国际武打巨星李小龙被美国《时代》杂志评为"二十世纪的英雄与偶像"。他一生短暂而充满传奇，功夫盖世，流芳千秋！

1. 自小习武，自创"截拳道"

李小龙，本名李振藩，1940 年 11 月 27 日出生于香港，祖籍广东顺德均安上村。李小龙自幼好武，14 岁拜叶问师傅门下学习咏春拳。咏春拳学成后，又学习了跆拳道、空手道、西洋拳、泰拳等武术，并集众家之长，自创"截拳道"。

1958 年，李小龙移居美国。1964 年，他在全美空手道大赛中击败蝉联三届冠军的罗礼士，夺得冠军。继而应邀在加州长滩国际空手道大赛开幕式上，表演蒙目拦截攻击、寸劲拳等绝技，引起轰动。同年，他与美国人琳达结婚，婚后生下一子一女，取名李国豪和李香凝。

李小龙热爱武术几乎到了痴迷的程度，经过精益求精的潜修苦练，他的功夫日益娴熟，达到很高的境界。除了精通各种拳术外，他还擅长长棍、短棍和二节棍等各种器械，研习气功和硬功，并且从实战出发，以中国武术为基础，吸收西洋拳、空手道、跆拳道、泰国拳等技击术的优点和特长，总结多年的经验而自创了一种拳术——截拳道。李小龙生前著有《截拳道》《功夫纪录》《双节棍法》《截拳道研究》。世界各地成立了不少李小龙学会，研究李小龙的武术造诣。

2. 涉足影界，名扬海内外

20 世纪 60 年代后期，李小龙回到香港发展电影事业。他先后主演了《唐山大兄》《精武门》《龙争虎斗》《猛龙过江》等电影，引起世界轰动。他生前最后主演的一部电影是《死亡游戏》。1973 年 7 月 20 日，李小龙突然逝世。他的逝世不仅是武术界的损失，而且是电影界的巨大损失。

李小龙的突然早逝曾令人无数影迷扼腕长叹，唏嘘再三。其死因也众说纷纭，莫衷一是。

李小龙的真正死因是什么？事情的经过又怎样？经过警方的周密调查和分析，李小龙的死因终于真相大白：1973 年 7 月 20 日 11 时许，合伙人邹方怀来到李小龙家，两人仔细讨论了《死亡游戏》的剧本。随后，他们一同前往丁佩（电影明星）家，而后三人又一起前往一家餐馆进餐。餐后他们再次回到了丁佩家，到丁佩家后李小龙感到一阵剧烈头痛，丁佩便给了他几片阿司匹林。李小龙服药后，便躺下睡觉了。

直到晚上 10 时许，邹方怀还有事要与李小龙商量，便去推叫李小龙，但他却一点儿反应也没有。邹方怀感到情况不妙，便马上打电话叫来医生，但一切都晚了。李小龙因自己早已患有脑肿瘤，再加上服用阿司匹林而引起药物过敏，导致他突然死去。事后，丁佩曾说："她后悔草率地给李小龙服用了阿司匹林。"

3. 投保巨险，家人生活有保障

数年前，电视连续剧《李小龙传奇》在国内外的热播，再次勾起了他的一些昔日往事。一家美资保险公司透露说，李小龙生前保险意识很强，曾向这家保险公司购买了多份巨额人身保险。李小龙死后，该保险公司根据法庭裁定的死因（死于脑癌）而支付了保险赔款，使其家人的生活费用有了保障。但医院、法庭、电影公司、李小龙家属都封锁了他的死因，不让传媒及观众知道。

由于李小龙在电影中树立了坚强的民族英雄形象，洗去了中国百年来"东亚病夫"的耻辱，若他死于脑癌的消息传开，就会破坏他的形象，成为真正的病夫了。对于他的真正死因，一位生前好友曾经表示，他相信李小龙死于练功过度。由于李小龙承受与日俱增的沉重压力，经常头痛，又不断高强度地操练身体，每次连续踢脚五百下，击拳两百下，日积月累，最终导致身体无法承受。

§9 国际巨星张国荣的保险轶事

2003 年 4 月 1 日，在香港打拼了 25 年的一代巨星张国荣，从文华酒店 24 楼跳下，以惊世骇俗的方式与这个世界告别，终年 46 岁。他的死震惊了整个华语影视界，这令无影迷和歌迷叹息，也令无数影迷和歌迷怀念。

1. 国际巨星，名扬四海

《霸王别姬》是张国荣的电影代表作品，也是中国电影史上最伟大的影片，由陈凯歌导演，曾荣获第 46 届法国戛纳电影节最佳影片金棕榈奖、第 51 届美国电影金球奖最佳外语片。《东邪西毒》是张国荣后期电影生涯的代表作品，导演王家卫把金庸的经典武侠小说拍成了一部迄今为止最另类的中国武侠片，曾荣获第一届香港电影评论学会奖最佳电影。《流星语》则是当年香港部分电影人，在电影市场不景气的情况下组织的"创意联盟"拍摄的一部非常温情的电影。张国荣以一元的片酬加盟演出，他在其中所饰演的角色也是在他的电影生涯中非常少见的。

2. 购买巨险，规避风险

张国荣生前积累了 3 亿港元资产，但按照香港的税率，张国荣的遗产受益人应为此财产上缴 4000 多万港元的遗产税。好在张先生生前考虑周全，先后累计购买了数张人寿保险，保单价值高达 4000 多万港元，数额刚好可以抵交其遗产税，从而避免了拍卖其遗产来缴税。

据张先生生前的保险代理人说：张先生和好友唐鹤德先生的保险意识很强，并高度认同保险理财规划的重要性。身故前的张先生除最后一笔保险金无效外，生前的寿险保额可以充分抵缴遗产税。张先生生前勤奋节俭，可遗憾的也有一件事，就是 1998 年的金融风暴席卷香港期间，储蓄的 800 万存款因该银行的倒闭而血本无归。

据了解，张国荣早在 20 世纪 90 年代前后，便通过 AIA 区域总监买了美国友邦的保险，先后涉及 4 张保单，其中一张保单的最高赔偿额高达 780 万港元。张国荣去世后，其继承人可获得总值 3000 万～4200 万港元的人寿赔偿。其中，还未计算张国荣可能向其他保险公司购入的保单。

张国荣虽然以自杀结束生命，但保险专家指出，只要客人是在投保较长时限后才自杀，就不会影响保险赔偿。香港法律界人士也称，由于保险赔偿属于遗产税一部分，以 3000 万港元的赔偿计算，受益人须按照 15% 的最高遗产税率，缴纳 450 万～630 万港元的遗产税。

§10 梅艳芳：两栖明星的保险趣闻

1. 两栖巨星，不幸早落

2003 年 12 月 30 日凌晨，内地、港、澳、台以及全球各地华人媒体都在第一时间报导：罹患子宫颈癌的香港著名演艺界明星梅艳芳，在 29 日晚病情恶化引致肺功能失调，经香港养和医院抢救无效，于 30 日凌晨在医院去世，终年 40 岁。一代两栖巨星就这样陨落了。

2. 歌影双馨，身家亿万

梅艳芳是香港娱乐界的天后级巨星。从 1982 年成名后，在影、歌两方面均有出色成绩，累积身家过亿港元。

梅艳芳一生共推出过近 40 张唱片，平均销量逾 30 万张，全部唱片总销量逾 1000 万张，她的唱片收入约 1.2 亿港元。在演唱会方面，她的收入约有 6000 万港元，巡回演唱会尚未计算在内。电影方面，她曾拍过约 40 部电影，如《胭脂扣》《金枝玉叶 2》《男人四十》等，共收入约 6000 万港元。加上外地演唱会、登台及拍广告等，粗略估计她的身家超过 2.4 亿港元。

3. 未雨绸缪，购买巨险

梅艳芳生前风险意识很强，并高度认同保险保障。在其演艺事业高峰时期的 1990 年前后，她就未雨绸缪，购买了多份人寿保险，总保额高达 2000 万港元。受益人是梅妈妈，希望妈妈能颐养天年、无后顾之忧。此外，阿梅和张国荣多年前委托在 AIA 任职区域总监的连炎辉买过保险，每份保额也超过千万港元。

除了人寿保险以外，梅艳芳生前还买了危疾保险，若投保人被证实患上保单所列的高危疾病，包括癌症及心脏病等，即可获得约为保额 10% 的赔款以应付医疗费用。因此，阿梅证实患癌症后，及时获得保额的 10% 的赔款，解决了高昂的医疗费。

4. 已病投保，索赔无效

2002 年，梅艳芳得知自己子宫颈长出肿瘤后，情况虽未致恶化，但受到姐姐梅爱芳死于子宫癌的影响，担心自己也会步其后尘。孝顺的梅艳芳为免母亲日后顿失依靠，便找了保险界朋友，再次购买了一份保额 1000 万港元的巨额保险。

但在购买第二份保额 1000 万港元的保险时，梅艳芳可能顾虑自己的巨星身份，先前一直未将病情公开，治病也在高度保密的情况下进行，因为怕患癌的秘密泄露，而没有在投保单上如实申报病情。但按照香港的保险条例，隐瞒重大病情投保，属于严重违例行为，故所签的保险合同无效。因此，梅艳芳去世后，便传出保险公司拒赔 2002 年所签的 1000 万港元保险金的消息。

事实上，全球保险界都遵循一个古老的原则——最大诚信原则。它要求每一个投保人在实施保险行为过程中都要诚实守信，不得隐瞒有关保险活动的任何重要事实，比如保险标的或被保险人的情况等。如今，该原则衍生出投保人的一项重要义务——如实告知义务，在我国的相关法律中已经得到明确体现。我国《保险法》第十七条第一款规定"订立保险合同，保险人应当向投保人说明保险合同的条款内容，并可以就保险标的或者保险人的有关情况提出询问，投保人应当如实告知。"

§11 "不老美女" 翁虹的保险理财经

说起翁虹，大多数人的第一个反应就是"美丽惊艳、温婉雅致"。其实她还是一个豪爽健谈、睿智独立的性情中人，被称为影视界的"不老美女"。

1. 从"亚姐"冠军到玉女明星

1968 年 9 月 17 日，翁虹出生于中国香港。1989 年荣获香港"亚姐"冠军，同时囊括了最佳上镜奖、最完美体态奖、最具风采奖；代表香港参加亚洲太平洋小姐选美获最佳才艺、民族服装及晚装奖，并由此出道进入影视演艺圈。

翁虹靠着自己的努力与拼劲，迅速成为香港影坛炙手可热的玉女明星。短短三年里翁虹片约不断，一共拍了 15 部电视剧、10 部电影。从艺 20 多年来，翁虹经过了人生和事业上的多次变故，但她始终没有被困难击倒，而是用自己的坚强赢得了影迷的喜欢和尊重。

2. 从母亲当家到丈夫理财

翁虹的母亲是大学里的经济学教授，为此，继承了父母血统的她对投资也小有研究。她曾努力学习钻研保险、股票、基金、债券、外汇、黄金、艺术品……投资知识，并积极用它们进行理财，取得了不菲收益。不过，翁虹谦虚地说，因为妈妈是理财高手，所以婚前母亲才是自己的"财政大臣"，结婚后，这一光荣的任务则主要交给了先生刘伦浩。

其实，刘伦浩在圈内也小有名气。不少人都知道，刘伦浩出身海外高级健身管理企业家族，并在上海拥有自己的健身俱乐部以及星动娱乐公司。对此，翁虹笑言，老公现在是自己的经纪人，家里的事都听他的。"即使一开始我们有分歧，只要我给她分析清楚，再加上咨询专业的专家，我们一般都不会有分歧，她都听我的，毕竟这方面是我的强项。"刘伦浩说。

2008 年末，由美国次贷危机引发的金融风暴让全球经济陷入寒冬。翁虹和刘伦浩夫妇却逆势出击，投资开设了自己的经纪公司。他们透露，逆势投资，一方面是为了更好地规划翁虹将来的演艺之路，另一方面也确实是因为有一个不错的投资时机。至于理财的心得，翁虹透露，面对竞争激烈、压力巨大的经济社会，仅保险她就给自己就买了五份保单。

3. 看重保险，五张保单保身家

各种各样的保险产品，已成为现代家庭理财的基础。翁虹对此深有体会。早年她还在学校学舞蹈期间，她就买下了人生的第一份保单——为自己的双脚投保。2006 年在上海参加"舞林大会"期间，翁虹仍然很谨慎地与主办方协商，为自己的腰部投保，据说保额达到千万元级。因为在 2001 年因外出拍戏时，不幸遭遇车祸而使腰部严重受伤，甚至面临瘫痪的危险。有了那次痛苦的经历，翁虹对生命、健康又多了一份切身的深刻体验，更加钟情于保险投资和消费。如今作为家庭经济支柱的翁虹，更加重视保险的投入，光给自己就买了五份保单，每年所交的保险费达到了 5 位数。谈起对保险的选择，翁虹坦言她最看重的是专业的服务。至于险种选择，她则透露自己除了长期寿险外，着重投保了女性健康险和旅游保险，今后还会关注一些新上市的保险产品，但宗旨是贵精不贵多。

2007 年底翁虹做了妈妈后，便把精力放在了女儿身上。她和老公一起，正在为宝贝女儿选择合适的保险和少儿教育基金。她认为，孩子的教育是家庭大事，宜早作统筹规划，并将亲朋好友赠送给女儿的红包存起来，给女儿开了一个独立的理财账户，用这笔钱投资基金和债券。她说"这样既能减轻父母的经济负担，也能让女儿长大后对自己财产有个合理规划"。

§12 动作巨星谢霆锋，巨额保险保太平

亚洲天王谢霆锋是中国香港著名的国语、粤语流行歌手，影视演员，音乐人（作曲、作词、编曲和制作人）。

1. 多才多艺的天王巨星

1980 年 8 月 29 日，谢霆锋出生于中国香港。小时候随家人移民加拿大温

哥华，15 岁到日本东京学习音乐，16 岁后回到香港，投身演艺界。

谢霆锋是 80 后歌手中最早在华语乐坛取得突破而红遍大江南北的超级偶像，他的流行引发了 21 世纪的偶像热潮，成为当今亚洲地区最有影响力的标志性偶像人物。他也是近年来在华语影坛取得成功的实力偶像巨星，是娱乐圈新生代的偶像代表，被誉为"亚洲天王巨星"及"中国首席偶像"。

作为最年轻的音乐代表的谢霆锋，在整个亚洲地区拥有极强的号召力，他的音乐和知名度从 16 岁出道后，就以常人难以想象的速度开始蹿红。成为 21 世纪 10 年来，亚洲最受全球关注的新进亚洲小天王，拥有独一无二的极劲风头。1999~2003 年的华语娱乐圈，甚至被称为"谢霆锋年"。

2000 年，谢霆锋的首张国语大碟《谢谢你的爱 1999》在全球各地疯狂大卖，勇夺台湾唱片销量榜的冠军，专辑总销量过百万张，专辑中的《谢谢你的爱 1999》《只要为你再活一天》《要我怎么忘了他》等主打歌更是传唱度极高，大街小巷耳熟能详。从此谢霆锋红遍大江南北，歌迷不计其数，并正式坐上中国首席偶像歌手的位置。2000 年之后，谢霆锋又相继推出《零距离》《VIVA》《了解》《玉蝴蝶》《世纪预言》《Reborn》《释放》等大碟，每张专辑突破百万销量，成绩相当惊人，红遍整个亚洲甚至全球。成为最年轻、最走红的亚洲小天王。

作为创作歌手，谢霆锋的音乐在 2001 年开始走向世界，并一举获得 2002 年在法国举办的世界音乐大奖"全球亚洲最高销量歌手"大奖。在 2007 年的劲歌王颁奖典礼上，荣获港台地区最受欢迎男歌手奖。同年，荣获中国音乐先锋榜——全国最受欢迎男歌手大奖。目前为止，谢霆锋已经获得 200 多个音乐奖项，可以说是荣誉无数。

2003 年至今，他被称为华语娱乐圈的领军人物。而正是当今谢霆锋的时代，结束了垄断华语娱乐圈近十年的"四大天王"时代，同时也奠定了他"亚洲天王巨星"的地位。

2. 动作巨星，获誉无数

作为实力演员，谢霆锋主演的影视片很多，获誉无数。其热门电影有《宝贝计划》《男儿本色》《风云 2》《新警察故事》等。热门连续剧有《齐天大圣孙悟空》《小鱼儿与花无缺》《偷偷爱上你》等。

　　谢霆锋主演的第一部电影就获得了第十八届香港电影金像奖最佳新人奖；1999 年获得金马奖最佳男主角提名；2000 年第六届美国百事达娱乐大奖最受欢迎香港演员奖；2006 年第 28 届百花奖最佳男配角奖；2010 年更是凭借在电影《十月围城》的精彩表现而一举获得第四届亚洲电影大奖、第 29 届香港电影金像奖最佳男配角、第十届华语电影传媒大奖、第 30 届金鸡百花奖最佳男配角的提名。

3. 6000 万保险保平安

　　由谢霆锋、余文乐、房祖名主演的动作大片《男儿本色》前些年在香港紧张拍摄。由于谢霆锋在片中有大量高难度的危险动作，以致本地保险公司都不敢承保。剧组不得不远赴美国，为他投下了 6000 万美元的巨额意外保险。

　　《男儿本色》可以说是谢霆锋从影以来最玩命的一次演出。据他透露，由于他拍戏很少用替身，拍动作戏时经常受伤，以致香港本地保险公司早已把他列入黑名单。"我和成龙，在香港是没有保险公司敢承保的，这一次剧组特意在美国为我买了 6000 万美元的高额保险。很多人说我们是在玩命，但只有这样，影片拍出来的效果才会震撼。现在老外也拍动作片，但香港的动作电影永远是最好的，因为我们能做他们做不到的事情！"但对身为人父的谢霆锋坦言，现在多了一份责任感，拍戏的时候也考虑很多，所以才会为自己买下这么大一笔钱的保险。

4. 千万为儿买保险　数月宝宝成富翁

　　谢霆锋的保险意识一向很强，不仅自己先后购买了多张巨额保单，而且在儿子 Lucas 出生的第 22 天，他们就花 1000 多万港元帮儿子买了保险和基金。据悉，谢霆锋三年前给父亲买的房子，约值 1500 万港元，所以，数月大的 Lucas 已是个与其爷爷一样的小富翁了。

第五章　演艺明星的保险故事

§1 月光女神来华巡演　巨额保险先行规划

1. 无与伦比的"月光女神"

世界乐坛天后级巨星莎拉·布莱曼是第一位同时登上流行、古典和跨界音乐最高地位的国际女星，也是将古典音乐和流行音乐相互融合的标志性人物，有着"月光女神""歌舞剧皇后"的美称。莎拉·布莱曼就像伊甸园里的仙女，游走在流行与古典边缘的月光女神，她拥有天籁般的美妙歌喉、精美绝伦的身材和冷艳如花的诱人姿容，再加上轻灵蛊惑的衣饰，时而幽婉、时而柔媚、时而俏皮、时而高雅的高超演技，将无数人痴痴然带入沉醉的梦幻世界……

2. 光芒四射的巨星之路

1960 年 8 月 14 日，莎拉·布莱曼出生于英国伦敦，是家中的长女。她三岁时就开始学跳舞，曾就读 Elmhurst 芭蕾学校及伦敦艺术教育学院。13 岁时，布莱曼在伦敦初试啼声，因为她精彩地演绎了安德鲁·洛伊·韦伯的音乐剧而闻名于世。

1981 年，莎拉·布莱曼参加了著名音乐剧《猫》的首演。次年，她参与制作并主演了一部颇受好评的儿童歌剧《夜莺》。1984 年，她再度参演安德鲁·洛伊韦伯的音乐剧《歌剧院幽灵》。1985 年，她先后在伦敦、纽约担任安德鲁·洛伊韦伯古典音乐《安魂曲》的首演及录音，并获得葛来美奖最佳古典新艺人的提名。1986 年，莎拉·布莱曼主演了《歌剧院幽灵》中的女主角克莉丝汀，将其演艺生涯推上了第一个高峰。1988 年 1 月，《歌剧院幽灵》首度于美国百老汇演出，莎拉·布莱曼的魅力继而征服了新大陆，并因此被 Drama Desk 大奖提名为最佳女演员。随后几年，她在美国、日本等国相继举办了巡回演出。

1992 年，在巴塞罗那奥运会闭幕式上，她和世界三大男高音之一的卡雷拉斯共同演唱了闭幕主题曲《永远的朋友》，成为奥运音乐史上的一次顶级完美演出。1997 年，她的专辑《永志不渝》与同名单曲《告别时刻》同时横扫全球唱片市场，创下了超过 250 万张的销售纪录。

2000 年 4 月《月光女神》发行，并展开全球同名巡演，莎拉·布莱曼的名字再次横扫世界乐坛，并荣登 Billboard 古典跨界排行冠军和单曲榜 TOP 20。2003 年 5 月，莎拉·布莱曼发行最新专辑《一千零一夜》（Harem）。该专辑是她目前为止最独特且最具个人特色的作品，展现了她的作曲才华，也淋漓尽致地呈现出她充满热情的创意构思以及举世无双的天籁歌喉。

2007 年，莎拉·布莱曼发行最新专辑《真爱传奇》等，她的声音除了无尽的赞叹，唯有用心去倾听！在 2008 年北京奥运会开幕式上，莎拉·布莱曼与刘欢合作演唱了《我和你》，她那清澈嘹亮的天籁之音，再次让全世界人民记住了她。

3. 来华巡演，巨额保险先行

2009 年，莎拉·布莱曼再次受邀来华巡演，北京东方华尔公司成为其演出团队本次来华的理财顾问，并专门为她提前定制了贴身保险规划。通过专业理财团队的产品研究和对比，莎拉·布莱曼一行决定选择中国人寿北京分公司作为本次演出团队的保险合作单位，负责提供全程保险保障。

据悉，莎拉及其乐队一行共 5 人，中国人寿北京分公司打破传统保险产品固定模式，为莎拉演出团队设计贴身的保险计划及产品，向每人提供了保险金额为 800 万元的高额人身意外伤害保险，保险期间为莎拉·布莱曼及其乐队在华的 3 天时间。

根据不同层次的用户需求由第三方专业理财机构定制保险计划，由保险公司提供贴身定制的产品及服务，开启了我国保险业务多元化发展之路，并将受到市场广泛关注。

§2 乐坛天后玛丽亚 善用保险提身价

玛丽亚·凯莉（Mariah Carey）是世界著名的歌唱家，被美誉为乐坛天后、花蝴蝶。

1. 天生的"乐坛天后"

1970 年 3 月 27 日，玛丽亚·凯莉出生于纽约州的亨廷顿镇，其母亲是拥有爱尔兰血统并曾为歌剧院的女歌手。受母亲的熏陶，玛丽亚很早就涉足乐坛，并成为 20 世纪 90 年代美国流行乐坛的重要代表人物之一，各大音乐颁奖典礼的宠儿，歌迷遍布全球。她现在仍积极活跃于音乐界，其巨星身份不可动摇。

迄今为止，玛丽亚·凯莉共有 80 周在告示牌流行榜（Billboard Hot 100）上排行第一。她是音乐史上拥有最多告示牌冠军单曲的独唱歌手（18 首），并拥有在这流行榜上连续停留榜首最久的单曲—One Sweet Day（16 周）。玛丽亚·凯莉还入选美国《时代》杂志 2008 年年度世界最有影响力的人物之一。

玛丽亚·凯莉以其宽广的音域和高超的演唱技巧闻名于世。无数歌手以成功翻唱和凌驾她的歌曲来检验并证明自己的唱功，她也是各国歌唱选秀比赛参赛选手最常模仿的偶像之一。玛丽亚· 凯莉五个八度的宽广音域，招牌式的"海豚音"唱法，使其可媲美花腔女高音，她同时也是吉尼斯世界纪录记载的世界上最高音的歌手。

2003 年，美国 MTV 电视频道和 Blender 音乐杂志评选世界上 22 位拥有最伟大嗓音的歌手，玛丽亚·凯莉荣列该榜榜首。她以其高亢音域、碎水晶般明晰和性感的嗓音质地，以及千回百转的装饰音唱法，使其成为乐坛过去 20 年里自成一派且最有影响力的演唱家。可以说，没有什么东西是玛丽亚不能唱的。

2. 才华横溢的词曲作家和唱片制作人

玛丽亚·凯莉不仅是一名歌手，也是一位才华横溢的词曲作家和唱片制作人。知名音乐制作人兼美国偶像评委阮迪杰可森，在2008年接受CNN采访时说："虽然玛丽亚·凯莉与席琳、惠妮等均属天后级伟大歌手，但玛丽亚独具创作才华，每一首歌都是她创作或参与创作的。"

玛丽亚·玛丽亚自出道时起，8次获得美国作曲家协会颁发的词曲作家奖，12次获得美国广播音乐公司颁发的流行歌曲作者奖。2006年，她更是凭借《我们属于彼此》一歌，获得该公司颁发的都市音乐奖年度创作人奖。著名词曲家大卫福斯特曾说"玛丽亚·凯莉的音乐修养让我震惊，她是具有三面性的歌手、词曲作者和唱片制作人，和她合作自始至终都是完美的体验。"

3. 逢演必保，善用保险提身价

2003年12月上旬，玛丽亚·凯莉应邀在上海举办演唱会，其出场费高达3000万元人民币。另外，举办方还为她购买了3000万美元的演出保险。但在此次演唱会中，玛丽亚·莉凯却大耍皇后脾气，过足了大牌的瘾，前后只唱了16首歌曲，演出时间仅持续了1小时20分钟。与其说是一场演唱会，还不如说是一场歌友会，那些花了近千元的观众，真的都成了冤大头。12月14日，主办单位又加演了一场，票价从800元到1200元不等。照此算来，观众每看玛丽亚·凯莉一眼就耗费了几十元，她真的是太值钱了。据上海媒体人说，根本没有料到她会如此"大牌"，玛丽亚·凯莉让他们很伤心。

尽管玛莉亚·凯莉已经辉煌日下，但她却似乎并不服老，并善于利用保险提高自己的身价。2005年之前，她在拍摄处女作电影《星光灿烂》时，片商已经为玛莉亚·凯莉投保了1000万英镑的保险。结果玛丽亚·凯莉认为这个身价太低，于是要求"一再加码"。据说新加码的这份保险，她全都投保在自己的"优质嗓音"上。她那誉为天籁般的"优质嗓音"，一旦因意外而失去光彩，其赔偿费用将是令保险公司感到头痛不已的天文数字！特别是，她在以6000万英镑的历史性"转会费"转投维珍唱片公司后，玛莉亚·凯莉要求大幅增加自己的各项投保金额，其总保额共达到史无前例的10亿英镑！

当然，这也是玛丽亚自我宣传、提升自身身价的一种方法。

§3 国际钢琴巨星及其巨额 "金手指" 保险

郎朗是中国家喻户晓的年轻钢琴家，也是蜚声国际的钢琴艺术巨星、联合国儿童基金会国际亲善大使。郎朗是第一位与五大洲所有一流乐团长期合作，在全世界所有的著名的音乐厅举办个人独奏会的中国钢琴家。年仅 29 岁的他，已成为继霍洛维兹和鲁宾斯坦之后，世界钢琴界的又一位领军人物。郎朗的音乐才华与热情奔放的性情相得益彰，使他成为古典音乐最理想的诠释者和年轻人心中的偶像。

1. 天资聪颖，少年成名

1982 年 6 月 14 日，郎朗出生在沈阳市的一个充满音乐气氛的家庭。祖父是位音乐教师，父亲郎国任是文艺兵，在部队里做过专业二胡演员，退役后进入沈阳市公安局工作。

在家庭环境的熏陶下，郎朗很小就对音乐产生了浓厚兴趣，尤其在父母为他买了一架国产的立式钢琴以后。看到父母买的钢琴，郎朗就觉得它不只是一件大玩具，因为它还能发出美妙、奇特的声音。在电视上看到那些穿着燕尾服、系着领带的大人，坐在钢琴前，用手在黑白键盘上来回敲打时，郎朗非常羡慕。他喜欢听钢琴中流淌出的优美旋律，更崇拜那些身穿燕尾服的人。可当时他年纪太小，父亲还没想过教他弹琴。一天，电视里正在播放《西游记》。听到蒋大为演唱的《敢问路在何方》时，郎朗心里充满激情，立即沉浸到音乐之中。歌唱完了，但那奔放的旋律还在心头萦绕。于是，郎朗不知不觉地在钢琴上弹了起来。说来也怪，虽然没学过音乐，歌也只听了一遍，郎朗却几乎把这首歌的大部分旋律都弹了出来，真是无师自通的小神童！父母非常高兴，决定送 3 岁的儿子去学钢琴。

朗朗 4 岁时，师从沈阳音乐学院的朱雅芬教授。他在 5 岁和 7 岁时，连续两次获得沈阳市钢琴比赛第一名。9 岁时，他师从中央音乐学院的赵屏国教授，当年即获全国星海钢琴比赛第一名。

朗朗 11 岁时，荣获德国第四届青少年国际钢琴比赛第一名，并获得杰出艺术成就奖。13 岁时，获第二届柴可夫斯基国际青年音乐家比赛第一名（金牌）。同年，他应邀与新组建的中国国家交响乐团合作，在开幕式音乐会上担任钢琴独奏。14 岁时，他以第一名的成绩考入美国著名的科蒂斯音乐学院，师从著名钢琴大师格拉夫曼院长。3 个月后，他与国际著名的 IMG 演出经纪公司签约，从此走向了职业演奏家的道路。两年后，他又签约了世界著名的德国 DG 唱片公司，成为最受重视的艺术家。现在，郎朗已出版了十多张 CD 和 DVD 光盘。

2. 倾情演奏，蜚声全球

1999 年，17 岁的郎朗在芝加哥拉文尼亚音乐节明星演奏会上，戏剧性地紧急代替身体不适的安德鲁·瓦兹，与芝加哥交响乐团合作演奏柴可夫斯基《第一钢琴协奏曲》，由著名指挥大师埃森巴赫指挥。开场前，著名艺术大师斯特恩对观众介绍郎朗说"你们将从这位年轻的中国男孩身上，听到世界上最美妙的声音"。果然，当最后一个音符演奏完毕，听众全体起立欢呼，如雷般的掌声经久不息。这场成功的临时替演，被美国著名的《芝加哥论坛报》极度赞赏，称郎朗是"世界上最伟大、最令人激动的钢琴天才"。

令人难以置信的是，郎朗当晚在拉威亚的独奏厅为音乐家们又一次演奏巴赫的《哥德堡变奏曲》。此曲他已两年多未弹，然而，他用 70 分钟就背完了乐谱。《芝加哥日报》称这是"音乐史上的奇迹"。从此，郎朗与世界上所有的一流乐团陆续签约，开始了他的音乐演奏生涯。

2002 年，在施坦威公司 150 周年庆典上，郎朗获得了该公司颁发的首枚艺术金牌，并成为施坦威艺术家。同年 8 月 31 日，伯恩斯坦艺术成就大奖在德国汉堡颁布。这项大奖旨在奖励全世界"对艺术最有贡献的艺术家"，郎朗是其第一位得主也是该年唯一得主。2003 年，美国著名的青少年杂志《人物》评选的"20 位将改变世界的年轻人"中，郎朗是唯一的艺术家。2004 年 5 月，郎朗在纽约被委任为联合国儿童基金会国际亲善大使，并于 8 月访问非洲，成为第一位担任此职的钢琴家，也是其最年轻的大使。同年，郎朗成为"2004 年度德国留声机音乐先生"；美国宾夕法尼亚州州长授予郎朗"2004 年度音乐先生"称号。同时，朗朗正式签约世界顶级名表"劳力士"和世界级名车"奥迪"，成为其形象代言人。

2004 年，世界著名的美国 CNN 国际电视台在全球播出五套郎朗的专题报道。著名的英国 BBC 多次专题报道郎朗。此外，郎朗的音乐会在欧美票房排名第一，并创造了公开售票 20 分钟后一扫而空的奇迹。同时，他的 CD 销售量在美国、德国、维也纳排行第一。2005 年 4 月 30 日，郎朗应著名的美国朱丽亚音乐学院的邀请，担任钢琴大师班讲座。这次大师班参加的人数最多，反响最好，成为有史以来最年轻的钢琴大师班讲师。同年 6 月 8 日，他与维也纳爱乐乐团合作《柴可夫斯基第一钢琴协奏曲》，当时现场有 10 万观众，全世界有 6 亿电视观众，音乐会获得极大的成功。第二天，维也纳所有的报纸都说："郎朗是这个世纪最伟大的钢琴家、艺术家""卡拉扬出世了"。10 月 9 日，郎朗应美国总统邀请，到白宫举行个人专场独奏会，成为第一位到白宫演出的中国钢琴家。总统先生授予郎朗"世界和平使者"的称号。

2006 年 6 月 8 日，郎朗在世界杯足球赛开幕式上成功演奏，全世界有 30 亿电视观众观看电视现场直播。在 2008 年第 29 届北京奥运会开幕式上，他以一曲 8 分钟的《灿烂星空》独奏，吸引了全世界 42 亿电视观众的眼睛。不仅如此，2008 年度的诺贝尔颁奖音乐会、格莱美颁奖仪式、2007 年上海特奥会开幕式音乐会上，都留下了郎朗激情澎湃的声音。

郎朗是受聘于世界顶级的柏林爱乐乐团和美国五大交响乐团的第一位中国钢琴家。全世界与他合作过的著名指挥家有：小泽征尔、巴伦伯依姆、艾森巴赫、祖宾·梅塔、西蒙·拉多、马泽尔、穆蒂、詹姆斯·莱文、木斯特、萨瓦利什、捷米尔卡诺夫、克林·戴维斯、迪图瓦、托马斯、贾维、捷吉耶夫、杨松斯等。这些世界级的指挥大师对郎朗的评价一致用"震惊"来形容。

3. 拳拳爱国心，金手保巨险

郎朗作为世界古典音乐新一代领军人物，赢得了"当今世界最年轻的钢琴大师""一位将改变世界的年轻人""一部钢琴的发电机""古典音乐界中最闪亮的明星""最具魅力的男士""世界的郎朗，华人的骄傲"等美誉。但他时刻怀着一颗炽热的爱国之心，一如既往地热爱和支持着自己的祖国。他说过，要把中华民族的东西带到世界的各个角落，让全世界都知道中国。他的音乐会上经常演奏中国传统作品，有时还和父亲一起表演中国传统音乐作品。

郎朗不管在国际上的音乐排期有多紧，他每年都必然回国数次，为国内观众演出。例如，2005 年 6 月 12 日，郎朗应中国广东省委宣传部、广东省电视台邀请，参加"纪念冼星海 100 周年诞辰"大型音乐会，担任钢琴独奏，演出协奏曲《黄河》，音乐会空前壮观。2007 年，在北京奥运会倒计时一周年的天安门庆祝仪式上，郎朗演奏了钢琴协奏曲《黄河》；当年的上海特奥会开幕式音乐会上，与其父合奏《赛马》；在香港回归十周年庆典晚会上，郎朗的压轴演出，受到胡锦涛主席的高度赞赏。

2008 年 5 月 14 日，郎朗成为北京电台音乐台的形象代言人；签约为 5100 冰山矿泉水代言人，并在汶川地震中与 5100 联名捐款 1000 万元。随后的 5 月 18 日，他又赴青岛赈灾义演。同年 5 月，他出版了自传《千里之行，我的故事》。此后，郎朗担任了 2008 年北京奥运会的火炬手；8 月 8 日的北京奥运会开幕式上，他在鸟巢现场演奏了 8 分钟的《灿烂星空》。2009 年 6 月 30 日，郎朗在《魅力·中国》鸟巢大型音乐会上，担任钢琴独奏等。

全球巡演中，往往隐藏着诸多风险。因而，国外很多艺术家都会自己出资，为其"金手"投下额度不等的保险。郎朗也不例外。基于演出中难以预料的意外风险，他特地在国内某保险公司为他的双手购买了 500 万元的"十指意外伤害保险"，以保护自己这双金手的安全。

§4 国际明星的"金腿"保险

1. 踢踏舞王：双脚价值亿万金

著名的爱尔兰踢踏舞王迈克尔·弗拉特利的双脚可值钱了。他在 1994 年欧洲电视歌唱比赛的间歇助兴演出，短短 7 分钟的表演就引起了轰动，这段舞蹈后来被扩充为风靡全球的《大河之舞》。弗拉特利退出《大河之舞》之后，又编排了《舞之王》和《火焰之舞》等新作品。如今，他给自己估值高达 3.75 亿英镑的双脚投保了 2500 万英镑（约合 3.7 亿元人民币）的保险，以解后顾之忧。

2. 乐坛天后：10 亿美元保美腿

有"花蝴蝶"美称的乐坛天后玛丽亚·凯莉，一向最引以为傲的双腿终于获得厂商的赏识。2006 年 6 月初，凯莉不仅成为某公司的代言人，而且还在纽约市以"拥有女神之腿"的名人身份受到表扬。据悉，玛丽亚允诺为该厂家的一款刮胡刀代言，合约中规定，凯莉在代言期间必须呵护好双腿，不能有任何损伤。为了保护这双"生财工具"，玛丽亚不惜砸下重金，自己先为玉腿投保了 10 亿美元的意外保险。

3. 著名模特：200 万美元保玉腿

美国著名模特海蒂曾为自己的一双美腿而投保。海蒂的所属公司为了保护她那双美丽、修长的玉腿，特地请来专业拍卖行的估价师进行评定，经评估价值为 200 万美元。为此，海蒂所属的公司为她投保了 200 万美元的玉腿保险，并支付了高额的保费，以保护这一美丽的奇迹。

4. 海迪·克卢姆：双腿保险差异大

2006 年，在德国莱比锡举行的世界杯抽签仪式上，体育名模海迪·克卢姆风采照人，充分展现了世界超级名模的地位和气质。此后，克卢姆的名气越来越大，她的两条修长的大腿显得格外诱人。可在保险公司看来，克卢姆的两条大腿价格却相去甚远。克卢姆右腿的保险金额达到了 120 万美元。这样的价格对于普通人来说是个天价，即便对于体育名模克卢姆来说，也算是价格可观。不过，克卢姆的左腿与右腿的价格却相差不少。克卢姆透露，儿童时代，她曾跌倒在玻璃上，左腿不幸留下了一个小小的疤痕，因此她的左腿只好降低价格，保险金额比右腿少了 20 万美元。

5. 性感偶像：宝贝双腿值百万

美国明星贝蒂·格拉布尔以拥有"百万美元双腿"而著称。第二次世界大战期间，格拉布尔成为美军的大众情人，搔首弄姿的风情万种形象奠定了她性感偶像的地位。

20 世纪 40 年代，20 世纪福克斯公司的老板们为这棵摇钱树的招牌部位投保了 125 万美元（约合 800 万元人民币）的保险，以预防意外。

§5 世界明星："肢体保险"名目多

1. 著名歌星的金嗓子保险

美国歌剧明星斯蒂文思天生一副亮丽的甜嗓子，她深知嗓子就是自己的艺术生命，因而不惜花费巨资购买了 100 万美元的金嗓子保险。

蓝领摇滚的代表人物布鲁斯·斯普林斯汀，也对自己的金嗓子疼爱有加，在购买保险上可毫不含糊。早在 20 世纪 80 年代，他就给自己的嗓门投保了 600 万美元的专项保险，约合 4000 万元人民币（按最新汇率计算）。

给歌喉投保的不只是歌手，德裔美国女演员玛莲·德烈奇给自己独特的沙哑声音投保了 200 万美元的保险。

2. 美食家和名厨师的味觉保险

罗内是一位著名的美食家，天生一副好味觉。为了保护自己的谋生工具——味蕾，他在伦敦劳埃德保险公司投保了 20 万英镑（约合 200 万元人民币）的保险。一旦他的味觉失灵，保险公司就会支付给他 20 万英镑的保险赔偿金。

另据英国《太阳报》2008 年 3 月 29 日报道，39 岁的英国知名厨师桑贾伊·西甘，为自己的味觉投保了 100 万英镑的保险。桑贾伊是做咖喱食品的高级厨师，曾在伦敦的多家高级饭店工作，目前受雇于一家食品公司，英国一家知名连锁店每月售出的 2.5 万份咖喱食品均由该公司提供。这家连锁店的发言人表示："桑贾伊做的咖喱食品很受欢迎。他是一名了不起的厨师，为自己的味觉购买保险，一点儿也不奇怪。"

3. 敏锐的听力保险

法国人彼得利克有一对非常敏锐的耳朵，能够辨别连仪器都觉察不到的声响，他进行的声学测量比现代化的仪器还要精确。他对自己罕见的耳朵异常珍爱，在英国劳合社保险人那里购买了巨额听力保险，其保险金额高达 150 万法郎。

4. 喜剧明星的笑容保险

美国好莱坞喜剧明星马力·斯文的面部表情极为丰富，能够灵活地表达数十种笑。他的笑容不仅招徕了无数观众和崇拜者，更赢得了许多年轻女郎的追求和钟爱。为此，他购买了 20 万美元的笑容保险，以防不测发生。

5. 气味鉴定家的嗅觉保险

法国气味鉴定家艾弗里昂拥有无与伦比的超级嗅觉，他一生因设计了数千种五花八门的香水而享誉欧美，被誉为国际"香水巨星"。为了保护自己的灵敏嗅觉，他向英国劳合社购买了 500 万美元的嗅觉保险。若在其 65 岁之前，因意外事故导致嗅觉减弱或者失灵，便会得到全部或部分保险赔偿金。

现年 47 岁的葡萄酿酒商利亚·戈特，不久前也给自己的鼻子投下巨保，他向劳合社购买了 500 万欧元的意外保险，从而使他的鼻子成为世界上最昂贵的鼻子之一。

戈特的原籍是荷兰，他于 1994 年在法国波尔多购下一个酒庄，生产郁金香牌的红葡萄酒。他所酿造的系列葡萄酒曾在英国以及法国夺得多个美酒奖项，被称为是红葡萄酒专家。据戈特说，人的舌头只能分辨出 5 种味道，而鼻子却能辨别出数百万种不同的气味。灵敏的嗅觉对保证他的葡萄酒质量至关重要，因此，鼻子是他最重要的财产。

6. 著名歌星的防脱发保险

美国歌星约翰·丹华，曾与一家保险公司签订了防止其秀发脱落的保险合同。按照合同约定，他每年需要缴纳保险费 19 万美元，直到 45 岁为止。期间若出现保险责任事故，造成他意外脱发，就可以从保险公司拿到 1000 万美元的保险赔偿金。

§6 娇媚性感萧亚轩　全身保险数千万

时尚前卫、清新靓丽的萧亚轩，成熟性感、娇媚动人。她不仅歌艺超群，具有最动人的细腻醇厚的中低音，富有穿透力和诱惑魔力；而且舞技一流，青春热力逼人，爵士风味十足，是港台歌坛的一颗耀眼明星。

1. 只身打拼，一举成名

1979 年 8 月 24 日，萧亚轩（Elva）出生于中国台北市。从小就喜欢美术的 Elva，高中时如愿以偿地考上复兴美工。毕业后，开朗执著、自信独立的她，一个人带着一只大皮箱到加拿大温哥华念书，而且还选读了自己最喜欢的服装造型方面的课程。

萧亚轩踏入歌坛，是因为在加拿大温哥华留学时的好朋友想参加 TVB 举办的华人新秀歌唱大赛，于是三个小女生左思右想决定干脆组成一个团参加比赛。她们不但表现优异获得众人瞩目，萧亚轩还被维京音乐公司负责人姚谦相中，并因此被引荐回台湾发展。后来，由于另外两名团员临时发生一些问题而退出组合，萧亚轩便在 1999 年 11 月 17 日推出首张个人国语专辑，成为一名独立歌手，并获得中国时报 "1999 娱乐十大超人气歌手" 称号。

此后，萧亚轩再接再厉，2000 年相继获娱乐周报年度十大歌手奖，香港商业电台年度叱咤乐坛生力军女歌手，马来西亚第一届中文金曲最受欢迎新人奖等；2002 年又获得全球华语音乐榜中榜、最具魅力歌手、乐坛生力军奖，sprite 雪碧榜港台地区最受欢迎女歌手；2003 年获得港台地区最受欢迎的女歌手奖。

2. 乐拍公益广告，坚持慈善演出

2003 年非典爆发后，萧亚轩先后录制了抗非典歌曲《手牵手》《雄心飞扬》；并参加了长春 "爱在深秋" 首届吉林省大型慈善演唱会。同年，她还成为台湾地区反盗版公益广告的代言人。2004 年 2 月 14 日，萧亚轩举办爱的希望演唱会。2005 年参加送爱到南亚赈灾晚会，并与马英九代言 "9·27" 台北国际无车日。2006 年，萧亚轩代言与蛇共舞公益广告。2007 年，萧亚轩担任台

湾癌症基金会关怀大使，并与王金平拍摄公益广告；同时成为中国儿童少年基金会慈善大使并参与晚会表演，与众多演艺明星一起录制奥运倒计时一周年主题曲《we are ready》。

2008 年，萧亚轩与马英九一起出席女童军总会在台北青年公园举办的庆祝妇女节路跑。在 5·12 地震发生后的第一时间，她参加"凝聚每份爱"震救灾大型义演，并为 5·12 地震捐款 50 万元人民币。此后，她又参与"把爱传出去四川赈灾晚会"，为四川地震携手胡彦斌演唱歌曲《我们的爱》。2008 年 8 月，她在台中举行三面夏娃感谢演唱会，和台中市政府合作，为残障人士加油打气；积极参加"2008 我要上学·希望在行动"大型爱心助学活动等。

3. 巨额保险护驾，从头保到脚

萧亚轩最初与维京音乐签约，合约到 2004 年 5 月终止。2005 年 3 月 23 日，萧亚轩加盟华纳音乐，但因为华纳唱片公司高层人事变动的原因，萧亚轩迟迟无法推出新作品。2006 年 10 月，她再度和华纳音乐签约，并订于同年 12 月 22 日发行新专辑《1087》。

萧亚轩在上海演出期间曾透露，自己在两年前拍摄一支 MV 时，腿部曾经严重受伤，时至今日依旧没有完全恢复。由于工作避免不了受伤，自那次以后，萧妈妈想增加安全系数，就为女儿购买了多项巨额保险，把萧亚轩从头到脚"保险"了起来。其实看看整个娱乐圈，在保单上砸下重金的明星不在少数，一双手或脚如果受损，明星们可得到几千万元的保险赔偿。

2007 年 5 月 27 日，萧亚轩（Elva）在淡水渔人码头举办大型演唱会。她透露，在前一天彩排时，因用力过猛不慎嘴巴撞到木马上，门牙撞掉了一小角。不过，演出公司为她投保了 5000 万元新台币的意外保险。这次演唱场面宏大壮观，她准备了象牙白缎面露背挖空洋装、灰色帅气西装裤加背心配内衣等，6 套 120 万元新台币的华服，90 万元新台币的高级饰品，载歌载舞，大展脚伤复原后的傲人成果。当她跟嘉宾罗志祥（小猪）合唱《恋爱达人》时，不仅手牵手，激烈热舞，将演唱会即刻拉至高潮。但唱到组曲《窗外的天气》时突然消音，疑线路被踩掉，音响居然 2 度断讯，现场 2 万歌迷对台上"失声"的她，大叫："我爱你。"并齐唱《表白》，场面极为感人。虽然萧亚轩的母亲仍在养病未能到场观看，她还是献唱《至少还有你》送给妈妈，并说"我打算演唱结束后，原装过去跳《表白》给她看"。萧亚轩还表示，演出前来不及去看母亲，但前晚去过医院。她说"妈妈非常想来看，她甚至还想乔装跑出来"。当她说演唱会结束要到医院演给妈妈看，萧母还开心地表示，那要叫医生、护士先别下班留下来一块看。

2008 年 8 月 9 日，萧亚轩在台中举行演唱会，再现其百变魅力。这次演唱会耗资七百万元新台币，萧亚轩爱美，自创了"钻镜"，但却忽略了安全问题，总彩排时搞得晕头转向，差点因此而失足跌落舞台，令经理人公司紧急为她加投了 8000 万元新台币的意外保险。

开场时，萧亚轩穿着超短裤亮相，并戴着自己创意设计的"钻镜"热情演出，现场搭配爆破效果，台下粉丝热烈高呼回应。"钻镜"视觉效果惊艳，却极具危险性，萧亚轩在"半盲"情况下跳舞，她在总彩排时为避舞蹈演员，差点跌落舞台，经理人公司立即作出应变，在离舞台一公尺前缘的地方作出记号，以防危险发生。萧亚轩笑说："要出风头，必有风险。"

之后，萧亚轩快速换装，在鹅黄色娃娃装的衬托下，化身维纳斯女神唱出系列情歌。萧亚轩在演唱《表白》和《Baby Girl》时，穿着红色性感舞衣，电力强劲，搭配动感十足的歌舞，使台下歌迷连声尖叫，让萧亚轩演出更为卖力。最后，萧亚轩以"三面夏娃"造型，换上白背心配红蛇长裤劲歌热舞，演唱《爱的主打歌》及《代言人》，让演唱会进入压轴高潮。

§7 蔡依林：狂歌劲舞背后的保险故事

1. 天生丽质的"东方小甜甜"

蔡依林本名蔡宜凌，1980 年 9 月 15 日出生于中国台北市。她在家中排行老二，上面还有个姐姐。蔡依林毕业于景美女中，随后考上台湾辅仁大学外文系。1997 年 4 月，在参加 MTV 所举办的新生卡位战歌唱比赛中，蔡依林击败了三千多位参赛者，以惠妮休斯顿的《The Greatest Love of All》获得冠军。

1998 年初，尚在大学一年级的蔡依林正式与环球音乐公司签约，并发行第一张个人专辑《蔡依林》同名专辑。自 1999 年 9 月起，蔡依林正式进军歌坛。由于她天生丽质，长着一张像明星"大拼盘"的脸——笑容似林心如，嘴唇似舒淇，而性感更甚于李玟，更重要的是，她比她们都要年轻妩媚、活力四射。因而她一出道就粉丝成群，迷倒万千少男少女，被称为"东方小甜甜""少男杀手"。

2. 能歌善舞的"亚洲舞娘"

蔡依林最初走清纯路线颇受好评，后被歌迷默认或被杂志定义为"改走性感路线"后，在歌曲创作、外表造型、舞步设计等方面更为讲究。一般而言，她所带给观众的直觉是，较为偏向日本流行歌手或是欧美流行歌手的风格。她不仅歌声甜美，而且极度善舞，擅长将歌舞融为一体，形成自己独特诱人的演出风格。蔡依林因而获得多项奖项，并被舆论称为"亚洲舞娘"。

为了确保这双"弹簧玉腿"的安全，经纪人每天都盯着，练舞前会提醒她要做好热身，不能饿着肚子就练数小时。据悉，照看她的专人每天都要等到她练舞结束，再为蔡依林做非常专业的腿部护理，通淋巴、滚蜡去角质、热疗温穴加速血液循环、指压按摩来消除腿部水肿，最后用特别调和的精油来按摩双腿，直到被皮肤完全吸收。

3. 狂歌劲舞背后的保险故事

2006 年 9 月 15 日是蔡依林 26 岁生日，也是其"唯舞独尊世界巡回演唱会"的开幕日。当时，她在香港红磡举行了两场个人演唱会。为了办好这台出道七年、首次在香港举办的狂歌劲舞演唱会，她特聘美国黑人舞蹈家为师，秘密练习新舞步，短短三天的学费就达 100 万元新台币。高强度的训练和近乎疯狂的表演，隐藏着巨大的风险。为了确保她的安全和多场"唯舞独尊世界巡回演唱会"的顺利进行，她的经纪人仅为她的一双弹簧般的美腿，就专门投保了 5000 万元新台币的美腿意外保险。

对于蔡依林的这次投保过程，保险公司也格外重视，因为此前在台湾没有人保过玉腿。不过，除了日常的保险条款之外，经纪公司没有透露更多的保密条款，但保险公司表示，会特派专人定期来探视蔡依林的"玉腿"，确保其安全。

在香港连续两场演出当中，蔡依林（Jolin）使出浑身解数，不仅换上多套展示傲人身材的服装，更是大跳其具高难度动作的性感舞蹈，包括高空瑜伽、柔软体操等。演唱会当晚，蔡依林开场时表演的高空瑜伽一下子就带动起了现场气氛。当时被吊起离地五层楼高的 Jolin，穿上"银色吊带闪钻"装，高空上阵性感演出，除握环转体、施展一字马外，还来了一个"倒挂金钩"。如此高难度的动作，让台下观众看得哗声四起、赞不绝口。据悉，整个"空中劲舞"演出的 Jolin 并没有扣上安全带，为了这个亡命演出，唱片公司也早已未雨绸缪，为她购买了 1 亿元新台币（约合 2500 万元人民币）的巨额保险。

为了贯彻演唱会"唯舞独尊"的概念，除了高空瑜伽，Jolin 更大玩其他舞种，如个唱尾声的丝带舞，中间甚至还小秀了一段芭蕾舞，务求淋漓地展现自己"舞娘"的风采。而每开演唱会时，Jolin 都少不了请男嘉宾和自己来一段贴身热舞，这次也没有例外，其动作之大胆令观众看得目瞪口呆。

2007 年 6 月 16 日晚，在台湾举行的第 18 届金曲奖颁奖典礼晚会上，蔡依林（Jolin）为了表演好气势磅礴的"绝代舞娘"，她身穿羽毛绳索装，把自己扮成印第安风格的太空女祭司，在 30 位舞者的配合下，在直径 3 公尺的火圈中狂舞，具有很高的危险性和刺激性。为了增加好运，也为自己的入围讨得更多喜气，她穿桃红色内裤登场以保平安。据说，她这次表演投资巨大，仅五分钟表演就花费了 100 万元新台币。由于她的演出服材质易燃，相对危险性增高，其经纪公司照例为 Jolin 投保了 1 亿元新台币的巨额保险，显示出对 Jolin 的重视。其承保人包括明台、苏黎士、新光、泰安、兆丰 5 家保险公司，分别投保 2 千万元新台币最高金额，加起来总共 1 亿元新台币，打破了国内艺人表演投保的新纪录。

2008 年 12 月 26 日晚，蔡依林在深圳体育场为歌迷带来"2008 唯舞独尊"演唱会，该主题演唱会在全球已上演了 28 场。12 月 25 日下午 2 时半，蔡依林与歌迷见面会在联合广场格兰德假日酒店举行，现场聚集了来自全国各地甚至从马来西亚远道而来的歌迷。蔡依林出现后，歌迷中爆发出阵阵尖叫，他们给蔡依林送上了礼物，包括前 28 场演唱会的相册、一台粉红色的烤面包机，还有充满圣诞气息的蛋糕。深圳演唱会的主题仍是舞蹈，Jolin 说"七成歌有舞蹈，MV 中出现的都会表演"。现场歌迷关心的则是，蔡依林在深圳的演唱会与前面的 28 场有何不同。"不可能有大的变动，除非是下一次主题变了。"

在当前扑面而来的金融与经济危机下，歌迷也很关心蔡依林的经济状况。她坦言，其实她也不知道自己有多少钱，赚的钱都交给妈妈来打理，家人从来不会作大额的冒险投资，所以她很放心。至于做了哪些投资，蔡依林表示主要购买基金和各种保险。

§8 亚洲歌后张惠妹及其保险往事

1. 亚洲歌后的星路历程

张惠妹昵称阿妹，小名卡兹，身高 158 厘米，体重 47 公斤。1972 年 8 月 9 日出生于台湾台东，高山族卑南人，家庭成员有妈妈、三个哥哥、三个姐姐和两个妹妹。

1992 年，她带着故乡及自己的期待从山里走出来，参加台视五灯奖歌唱比赛，卫冕到四度五关。1993 年，她在父亲的鼓励下再次参赛，1994 年终于夺得五灯奖歌唱比赛优胜奖，成为五度五关擂台主。1995 年 7 月，她上台北加入表哥的乐团 Relax 成为女主唱，开始在福华饭店等多家 PUB 演唱，她那魅力四射的光芒改变了台北的夜空。

1996 年 3 月，张惠妹与丰华唱片公司签约；同年 12 月 13 日，在张雨生的协助下发行第一张音乐专辑《姊妹》。此专辑在 IFPI 榜上蝉联九周销售第一名，总销量 108 万张，并打破歌神张学友在 1993 年所创下的纪录。1997 年 6 月 11 日，张惠妹推出第二张专辑《BAD BOY》，并且再度蝉联 IFPI 销售冠军长达九周之久，销售达 135 万张，成为台湾女歌手最高销售纪录。张惠妹因此获得国内各大流行榜冠军及亚洲多项歌坛大奖，更引起国际乐坛的高度重视。张惠妹凭借其极富魅力和个性的歌舞风格迅速风靡歌坛，曾带给过我们数不清的好歌和惊喜，无论是动感劲爆的舞曲，还是柔情似水的慢歌，都被她婉转动人的歌喉诠释得唯美如天籁，深深地震撼了每个歌迷的心灵，并成为创造一个时代的歌坛天后。

1998 年，阿妹举办第一场个人大型售票演唱会"妹力四射"，创下台湾歌手有史以来最快举行大型演唱会的纪录。1999 年初，她在香港商业电台举办的1998 年度"叱咤乐坛流行榜颁奖典礼"中，夺得"叱咤乐坛女歌手金奖"。随后，在香港无线电视台举办的 1998 年度"十大劲歌金曲颁奖典礼"中，她又夺得"亚太区最受欢迎香港女歌星"，成为极少数能够夺得这两个大奖的非港歌手。其后，张惠妹举行了 50 多场"妹力九九世界巡回演唱会"，全程超过 80 万人次。她的热情、活力、自由、良好唱功及优秀的舞台表现力，令人赞不绝口。其中，在北京最大的工人体育场举行的演出，以其空前巨大的制作规模、异常火爆热烈的现场气氛，取得最高票房销售成绩，创造了港台歌星演唱会史无前例的辉煌纪录。

阿妹曾首度刷新华人艺人户外巡回演唱会时间最长纪录，三个月里演出 14场，创全亚洲巡回演唱会观众人数最多的纪录，总人数达 42 万人次。大陆首度有 8 万多人聚集演唱会，出动 3000 多名公安如临大敌，这是第一位也是最后一位。阿妹是首位在香港启德机场办演唱会的华人艺人，而且观众高达 5 万多人，宽达 240 尺的大舞台为全亚洲演唱会之最；阿妹也是首位在新加坡国家体育场举办户外演唱会的华人艺人。

2. 光芒四射的国际巨星

NME 杂志被称为英式摇滚乐的圣经。张惠妹由于 2004 年推出英式大碟《也许明天》，力压绿洲乐队的《别相信真理》、酷玩乐队的《X&Y 密码》以及诸位强手而荣登 21 世纪最佳英式大碟，赫然成了封面人物。她是目前唯一登上NME 封面的华人歌手，也是首次登上这本英国最著名的独立摇滚杂志的亚洲艺人。

《时代》周刊是美国影响力最大的新闻周刊。1923 年 3 月由亨利·R. 卢斯和布裹顿·哈登创办，有世界"史库"的美称。没有哪家的"封面人物"可以拥有同《时代》周刊相抗衡的地位。张惠妹不仅成为第一位获选 Time（亚洲版）年度二十大风云人物的华人歌手，而且成功登上该杂志的封面，成为光芒四射的国际巨星。

2007 年，张惠妹加盟 EMI 发行的 STAR 专辑，该专辑连续称霸台湾所有各大排行榜 4 周冠军。同年 11 月 3 日，张惠妹 2007'STAR TOUR 世界巡回演唱会在上海体育场正式起跑，这是华人歌手第一个连续 3 次登上 8 万人体育场。不但观众人数爆满，张惠妹更用她那独特的舞台魅力以及极具爆发力的嗓音，迅速掳获了全场观众，也让整场表演空前的成功且深获好评。紧接着，她又在新加坡、纽约演出了多场，同样获得热烈反响。而同样的盛况也在当年 12 月的台北小巨蛋上演。张惠妹在 12 月 22 日、23 日、24 日连开三场演唱会，依旧是场场爆满，再次凭借其独一无二的"妹"力，撼动了在场 12000 名歌迷的心。她还史无前例地创下了单场演出 44 首歌曲的新纪录，也在自己的演艺生涯当中再次写下辉煌的一页。

张惠妹充满爆炸力的舞台演出，令她迅速走红，也受到了国际乐坛的高度关注。2007 年 6 月 22 日，在越南举行了第二届世界和平音乐奖，阿妹受邀代表大中华区，与来自美国的 Black Eyed Peas、Lionel Richie、英国的姗迪娜布洛、澳洲 INXS 等国际知名艺人同台献艺，并获大奖。目前，阿妹是第一位也是唯一一位获得世界和平音乐奖的华人歌手。该奖是联合国颁发给致力于世界和平的音乐人的至高荣誉。

3. 300 万美元保险护驾内地巡演

早在 2002 年内地巡演之前，主办单位之一的东亚娱乐公司，为了使张惠妹这次在内地举办的 6 场演唱会顺利进行，特意为她投保了演出意外保险及其医疗费用保险，总保额居然高达 300 万美元，足见张惠妹的天后身价。东亚娱乐的负责人表示"张惠妹是天后，自然要帮她投保高额的保险，而在台湾的保险公司是不可能提供这么高的巨额保险的，所以我们是在香港替她投保的。保险公司知道是张惠妹要投保，考虑到她的天后地位，也非常乐意提供相当 300 万美元的保额给她。"

2002 年 9 月 16 日，张惠妹在武汉的个唱结束后，路途中不幸发生意外车祸，这也吓坏了承保的保险公司。好在车祸不算严重，在武汉紧急处理后即返台，后再赴医院仔细检查，医生明确无伤大碍，一周后阿妹身体已复原得很好。心系歌迷的阿妹立即要求唱片公司，以温馨静态的面对面小型茶会方式与歌迷见面，以答谢他们的厚爱。阿妹这次受伤之后，保险公司为她提供了跟踪服务，并根据她在武汉看病、台北治疗康复的单据等，及时作出了保险赔付。有了这次切身经历，张惠妹的保险意识更加坚定，日后逢演出必投保。

2007 年 11 月，在上海演唱会之前举行的记者会上，阿妹说"这个演唱会很特别，搭建了一个 25 米高的舞台，相信是历史上最高的舞台，因为会场很大，我想照顾到所有 8 万名入场的观众。安全问题当然不用担心，经纪公司已帮我买了巨额演出保险，并做足了安全措施。"

4. 千万元保险"伺候""图兰朵"公主

喜欢挑战的阿妹 2007 年正式进军日本市场。2008 年 3 月 27 日，张惠妹以第一女主角的身份参演的日本舞台音乐剧《图兰朵》，在东京赤阪 ACT 剧院首演。这座造价数百亿日元的剧院属首度启用，《图兰朵》成为该剧院的开幕庆典之作。该剧由日本重量级导演宫本亚门执导，全新创作音乐由日本音乐大师石久让亲自操刀，剧中充满东方风味的舞台服装，则由奥斯卡金像奖得主和田奥美子为该剧设计华丽无比的造型。剧中的中国公主图兰朵以她艳若桃李、冷若冰霜的形象，在世界各地舞台上展现着勾人魂魄的神秘魅力。这个最初从普契尼的歌剧中浮出的中国公主，如今已被各国艺术家演绎出各具风情的不同版本。除了经典的歌剧之外，《图兰朵》还被改编成话剧、舞剧、冰上舞蹈、川剧、豫剧等不同艺术形式，可见人们对这个中国传奇故事的关注和青睐。该剧先后在日本的东京赤阪、大阪及名古屋等地连续演出 59 场，备受观众好评。

日本剧组对阿妹的照顾可谓一丝不苟，完全按国际巨星款待，配有专属巴士和翻译，住着饭店式高级住宅。而和田奥美子设计的公主服饰尊贵华丽，完全用真金真银、纯手工刺绣及绫罗绸缎来打造，每套礼服都重达 20 公斤，造价在 200 万元人民币以上。阿妹从头到脚必须穿着这华丽行头，演唱 2 个半小时。在表演中，有座长达 25 阶梯的场景，阿妹必须穿戴又重又长的戏服，踩着 15 厘米的厚底鞋，来回地在楼梯上表演，为避免跌倒发生意外，剧组特别为阿妹投保了高达 1800 多万元人民币的巨额演出保险。

§9 香港流行乐坛天后容祖儿的保险趣事

1. 大陆出生，香港成名

容祖儿，1980 年 6 月 16 日出生于广东新会。身高 170 厘米的容祖儿虽不算很美，但身材高挑惹人，嗜好唱歌、看书、运动、玩电脑。现为香港英皇娱乐有限公司签约歌星，香港流行乐坛天后。

容祖儿十几岁就出道演唱，经历了从籍籍无名到小有名气再到大红大紫的星路，是典型的"灰姑娘"。1999 年 3 月，她曾担任罗文俄罗斯佛罗内斯国家交响乐团创世纪金曲音乐会的嘉宾。同年 9 月，容祖儿推出她的首张 EP《未知》，成绩斐然，连续三星期打入香港 IFPI 唱片销量榜第一位，并破纪录地成为首位跨世纪、连续停留于 IFPI 榜长达 23 星期的歌手，其中主打歌《未知》更是成功进军香港。现在，可以在华语乐坛叱咤风云，并横扫众多颁奖礼奖项的女歌手非她莫属。那个"挥着翅膀的女孩"已今非昔比，经历了开始的胆怯和自卑，一路在音乐上的不懈努力，已经蜕变成为香港流行乐坛天后级歌星，无论是快歌舞曲或是慢歌抒情，都彰显了一个 37 岁女人的性感和感性。容祖儿现在每次出席颁奖典礼，肯定都会有奖项收获，是年轻一代歌手中的佼佼者。容祖儿也参与了不少电影拍摄，但多饰演心无城府、敢爱敢恨的青春少女。

2. 秀发做广告，巨资买保险

容祖儿一向为广告商所宠爱。2005 年，容祖儿再度获邀成为"联合利华"旗下某品牌洗发水的广告代言人，酬金增加了 30%，高达 7 位数字！广告商更不惜从欧洲时装杂志订购了十多套最新款名牌时装，价值 10 多万元，让她在广告中尽显无限美态。其中，一件银色文胸大露背黑色上衣，令祖儿的雪白肌肤衬托一头乌黑秀发，将其女人味表现得淋漓尽致。据说为了凸显一把美丽秀发，容祖儿不惜于两个多月内、每周花上五小时去为头发作保养，禁止电烫、免伤及发质，可见她十分重视广告商及这个广告的制作。而广告商除耗资庞大的制作费外，更为她安排周到。拍摄当日正值潮湿天气，广告商因此购买了五台抽湿机放在影楼里，务求令容祖儿能轻松地拍摄，有更佳的状态，达到理想的拍摄效果。

此外，广告商也特为她的头发花费巨资购买了高额的秀发保险，以防其受损。想不到容祖儿非但歌艺了得，就连肌肤头发也大受垂青，真乃名副其实的"天之骄女"。

3. 演唱风险大，巨额保险来护驾

"太阳计划 2004 大汇演"无锡献唱之行，容祖儿直言是其一生中最惊险的经历。因为雷雨天的关系，歌手们当时都要冒险演出。容祖儿称，由于舞台上积了很多雨水，当她出场演出时，便在上台的梯级撞伤了脚骨；演出完临下台之际，又险些跌倒。幸好身旁的舞蹈员及时把她扶住，才未有意外发生。但在台下时更两度遇上停电，加上疯狂的歌迷不停拍打休息室的玻璃窗，令她没有休息的地方，被迫与众多歌手一同挤在走廊上。她又自曝将无锡说错为"五思"，被观众笑个不停，令她尴尬不已。

演出结束后，容祖儿便连夜赶往上海机场返回香港，途中又遇上亡命飞车司机，吓得她说：我以为自己没命回来呀！容祖儿回忆道"当时司机全速前进，估计开到每小时 180 公里，快过成龙杯，我迷迷糊糊地被惊醒，好怕没命回来。途中遇到塞车，我望着前面，原来有两辆车相撞，有个父亲抱着流血的四五岁小女孩，还有个女人夹在车下面正在挣扎，真是好惨。"最后，容祖儿和助手都幸运地安全抵达上海机场，大家非常高兴，她更是胃口大开，早晨吃了一顿鳗鱼饭庆祝。当然，每次有艺人出埠工作，演出公司都会购买高保额的意外保险以规避风险，保障旗下艺人的安全。

在 2008 年 1 月 25 日的香港演唱会上，容祖儿安排了 4 个不同部分的舞蹈，全都是高难度动作。她还表演了一些身体被抛起及躺在人肉运输带上被运送的动作，希望借此机会尽展自己的女性魅力。由于她所有舞步的危险度都极高，

其经理人说：为了保障容祖儿的安全，公司已经加大了保险投入，将其保额提高到 8 位数。

为了让声带有足够的休息时间，容祖儿 2011 年曾停工 3 个月，推掉了 3 个广告、一张唱碟以及 10 多个表演的工作，结果损失了 1800 万港元的收入。幸好经过三个月的休息，并到南京接受中医针灸后，日渐康复，令她欣喜若狂。自知样子不漂亮的容祖儿为了保障自己的摇钱树——声带，便计划为其声带买保险，英皇公司知道此事后，立刻主动提出为她的声带买了 5000 万港元的保险。

据悉，英皇娱乐公司很重视风险管理，一般都会为每位旗下艺人购买几千万港元的人寿保险。容祖儿说：之前和公司谈过，觉得有需要保险。公司那么重视我，我好开心，我真的好喜欢唱歌和音乐，之前声带有事，我的心情跌到谷底，唱歌不只是我的事业，还是我的兴趣，这对我真的很重要。

§10 全能艺人罗志祥　亿元保险作保障

1. 英俊洒脱的全能艺人

英俊高挑、多才多艺的罗志祥是港台娱乐界一颗耀眼的新星，拥有不计其数的粉丝。他 1979 年 7 月 30 日出生于台湾，嗜好打篮球、游泳。1995 年，15 岁的罗志祥（昵称小猪）首次出道，参加四大天王模仿大赛并夺得第一名。1996 年，罗志祥以团体"四大天王"正式出山，后与欧汉声组成"罗密欧"，解散后转型为综艺节目主持人。其独特的主持风格受到大众的喜爱，因而推出了个人专辑，又以过人的舞蹈著称，有"亚洲舞王"的美名，至今已发行个人专辑 10 多张。近年来，他又自创"STAGE"品牌，成功进军潮流界，并先后在中国台湾、中国香港、新加坡开设了分店。

罗志祥出道很早，但直到最近几年，才凭借台湾综艺节目主持人的身份重新上位，并在歌坛立足。但他在广告代言方面，一直缺少国际化的大品牌证明其明星身价。直到"艳照门"事件踢走陈冠希之后，他才加入著名饮料广告，可看作个人收入质的飞跃，2008 年小猪罗志祥年收入达 3800 万元新台币。

这些年来，罗志祥经历过的表演身份很多。在一次很轻松的采访中，他说："如果我没有持续冲动，那就是退步！"这句话让大家很有感触。原来他一直都给自己这么高的标准。他不仅是天才的小鼓手、优美的舞者、青少年的偶像歌手，还是综艺节目的著名主持人，是欢乐祥和气氛的制造者，因而被誉为"全能艺人"。这就好比他的《SHOW TIME》专辑，他虽然花了很多时间做音乐、研究舞步，但最后具体呈现给大家的还是一种欢乐的气氛，是流行以及新态度，这样才更加实在和诚恳。

罗志祥一直拥有好人缘与许多好朋友，最在乎的不是等待的三年，而是推出自己心爱的专辑，成为一个巨星。他最想表达的是，每个人在自己的生活里，其实都有一个舞台，而你只要尽力去拼，做好这场生活里的表演，就是一场最漂亮的SHOW TIME！

2. 亿元保险撑腰，演出大胆惊险

2007年11月25日的台湾演唱会上，某唱片公司特别出动了一台大型吊车，让小猪罗志祥以一身劲装，气势非凡地凌空而降，以提高演出效果。虽然当天风很大，小猪仍超酷超帅地飞向四楼高的空中，只用了三秒钟就快速优美地降落到舞台上，让全场为他疯狂鼓掌尖叫。小猪表示，吊钢丝时完全没有紧张感。他在高台上准备时，工作人员很为他担心，但后来才发现，小猪早就有吊钢丝的经验，完全知道在空中要做什么动作。唱片公司为了确保罗志祥吊钢丝万无一失，特别为他购买了五千万元新台币的保险。罗志祥说：五千万元的保险加上我为自己双脚投保的五千万元保险，哇！我竟有上亿元的身价！回忆吊在空中表演的时候，小猪幽默地说：我幻想自己是神雕侠侣啦。

3. 代言街舞赛保额高，笑称猪腿很值钱

2008年6月16日，罗志祥抱病出席并代言台湾"捷运杯街舞大赛"活动。由于体力未完全恢复，所以在又唱又跳演出《我秀故我在》时，一度忘记歌词及走音，小猪只好伸伸舌头打破尴尬局面，还笑说是精神不振，不过对于走音一事，他则扬言：这是R&B的唱法啦！这次受台湾"捷运杯街舞大赛"之邀担

任代言，举办方除了投入 300 万港元宣传费外，还额外为小猪投保 2500 万港元的保险。可惜，因为保额太高的关系，没有保险公司独家受理，最后找来多家公司才完成投保。他笑言：没想到自己的猪腿会这么值钱。

§11 迈天王的非凡人生及其保险轶闻

迈克尔·杰克逊是一个音乐、舞蹈、娱乐全才，是美国文化史上堪与"猫王"相提并论的乐坛领军天王。他自出道以来很快就成为全球最著名的巨星，也是生活最不平静的巨星。

1. 迈克尔的天王之路

1958 年 8 月 29 日，迈克尔降生在美国印第安纳州一个黑人吊车司机和女歌手夫妻的家庭里。由于其父约瑟夫常在周末晚上临时拉个小乐队消遣，迈克尔 5 岁时便登台演出，成为"杰克逊五兄弟"合唱团的一员。10 年后，这支家庭合唱团竟然风靡全美乃至整个西方。

1970 年，当时美国最大的录音公司"莫汤"公司为他们录制了一首名为《我想你回来》的歌之后，5 兄弟在美国歌坛上声名鹊起。到 1978 年，杰克逊家自己监制的首张专辑《命运》销售量超过百万张大关。翌年，迈克尔·杰克逊的专辑《墙外》荣获"格莱美"奖。

20 世纪 80 年代，杰克逊一家的事业进入全盛时期。在 1984 年的格莱美奖中，杰克逊获 12 项提名、8 项大奖，这个惊人纪录保持了 17 年之久。他因此获哥伦比亚广播公司授予的"全球最伟大表演者"的桂冠。

30 多年来，杰克逊的唱片总销量高达 7.5 亿张，这是包括披头士、猫王等历史上所有艺人都望尘莫及的纪录。时至今日，迈克尔·杰克逊几乎家喻户晓，在欧美的广播里随时都能听到他的歌声。他有 300 项个人奖，1700 万人听过他的演唱会，至今尚无人能突破。他的每次演唱会，都会招来无数狂热的观众和当地负责维持秩序的警察，数十万张门票往往一日内便售罄。他在英国温布里体育场举办个人演唱会时，就因观众过多，群情过于激奋，竟有 5000 余名粉丝受伤。

迈克尔·杰克逊嗓音甜美如童子，其歌往往具有疯狂的节奏，像一股"强劲的龙卷风"。舞台上的迈克尔服饰华丽，爱戴缀有仿珠宝的单只手套，身后背景奇特而富于变化，常常是带有特殊效果的器械、灯具、电动怪物、机器人等，充满了恐怖色彩。他的舞步娴熟独特，时常花样翻新、令人注目。风靡一时的"太空步"便源自于其《月球漫步》的演唱。迈克尔·杰克逊的表演内容多以相对事物为主题，体现了种种对立面的合而为一，事物矛盾与对比浑然一体，常使无数听众心灵为之震颤。

2. 盛名之下绯闻多

成名后的迈克尔·杰克逊一直同他的父母及兄妹，住在加利福尼亚州圣巴巴拉市郊的一个豪华大庄园里。但随着名声不断提高，他的生活方式变得日趋奇特，官司连连、绯闻不断。

20世纪70年代初，他以一个黑皮肤、扁宽鼻、厚嘴唇和非洲卷发的青年形象步入歌坛。而自1981年首次进行隆鼻手术后，杰克逊就不断地从头到脚进行大修理。他先后接受过十余次面部整容手术，包括6次鼻子、3次下颚、2次嘴唇和1次面颊。后来他已变成尖鼻、浅肤色、薄唇，甚至发型也已失去非洲人的特征。他不嗜烟酒，不近女色，为防病菌感染，外出经常口罩遮面，甚至在受到里根总统夫妇接见时，他仍戴着手套与他们握手。为使自己的皮肤始终呈玫瑰色，他每天要饮几公斤胡萝卜汁。最为奇特的是，他常在一只充满纯氧的箱子里休息、睡觉。这些怪诞的行为和嗜好，令大多数杰克逊迷大惑不解。当然他也有与众相同的爱好，那就是宠爱各种动物，仅在其庄园里就养了32种珍稀动物。

迈克尔·杰克逊的婚姻也是人们津津乐道的谈资。1994年5月，他与猫王的女儿丽莎秘密成婚，1996年1月两人婚姻宣告终结。丽莎透露，离婚是因为她觉得杰克逊和她结婚是为了博取媒体的关注，而非真正爱她。1996年11月15日，杰克逊和与其相识15年的护士好友黛比·罗薇在澳洲完成婚礼。但这第二段婚姻也仅维持了三年。关于子女的抚养权之争，再次将迈克尔·杰克逊卷入麻烦之中。2001 年，黛比自愿放弃了对子女的抚养权与探视权。但 2003 年她又提出起诉，要求得到儿女的抚养权与探视权。黛比指控迈克尔·杰克逊不让孩子们过正常的童年生活，不让他们与其他孩子玩耍，只可以陪爸爸；不可以上学，只可以在家里接受函授课程；连平时上街都要戴上面具，生活极为病态。这场官司持续了三年，直到 2006 年，眼看胜算不大的黛比放弃了对儿女的所有监护及探视权利，以重新得到每年 75 万美元的离婚赡养费。2007 年，有传言杰克逊同他 39 岁的非洲保姆兼密友格蕾丝当年年初已结婚，成为他的第三次婚姻。

1993 年，迈克尔·杰克逊因涉嫌在内佛兰牧场对一名 13 岁男孩长期进行猥亵而声名狼藉。后来，他以 2000 万美元的高价与男孩的父母私下达成协议，放弃诉讼请求。2003 年，又因涉嫌猥亵一名 12 岁男童，杰克逊被正式控告。这起娈童案一直到 2005 年 6 月才结束。其间曲折不断，既有人作伪证，但也有如伊丽莎白·泰勒等大明星陆续出庭作证，力挺好友杰克逊。虽然娈童案最后以迈克尔·杰克逊被判无罪告终，但他却从此一蹶不振，还陷入巨额经济危机，不得不搬离加州，躲在中东的巴林。

3. 拖欠工资和保险费被起诉

1987 年，迈克尔·杰克逊先后花费 1.13 亿英镑，购置并营建了占地 2800 英亩的"梦幻庄园"。他根据《小飞侠彼得潘》中令人神往的小岛命名庄园。据报道，庄园每年的维修费用高达 200 万英镑，在鼎盛时期有 69 名全职员工来维护这座庄园。由于经常拖欠工资，未给工人购买社会保险，大批员工纷纷离开，庄园一度由杰克逊的 6 名好友和亲属接管。

2006 年 3 月 9 日，美国加州劳资关系局曾责令杰克逊关闭其位于圣芭芭拉市郊外圣耶尼斯谷的梦幻庄园，原因是他已有大半年没有支付庄园雇员的工资，也没有继续帮他们交纳养老等保险费。原来，庄园工人发现自己的养老保险在当年 1 月到期之后没有续保，于是就投诉到加州劳动部门。随后，加州劳资关系局对杰克逊作出了 6.9 万美元罚款的决定。该局发言人表示，如果杰克逊想使自己的庄园运转下去，那么他就必须及时支付工人工资并办理养老等保险。

此外，该局还宣布，杰克逊必须在 2006 年 3 月 14 日前支付拖欠工人的工资，否则他就要面临官司。为了避免再次惹上官司，杰克逊迅速开始筹钱。庆幸的是，在最后限期到来之前，他的妹妹帮他为梦幻庄园的 69 名员工发放了总额达 30.6 万美元的工资，并办理了社会保险。4 月 25 日，关闭将近两个月的梦幻庄园重新获准开放。经过"欠薪风波"后，杰克逊大幅裁减了庄园的工人人数，后来只有 10 名工人负责庄园内动植物的日常照料工作。同时，加州劳资关系局还警告他，如果再有违反美国劳资法的行为，梦幻庄园还有可能随时被关闭。

2008 年 2 月，梦幻庄园又因为拖欠 2450 万美元地产税，而收到法院文书，强令其上缴。迈克尔·杰克逊生前每年皆有数千万美元的收入，但因为不善理财、无度挥霍、官司缠身，再加上收入来源逐年锐减，而出现了上述财务窘境，甚至还闹出负债四亿美元濒临破产的传闻。由于一时无法支付这些钱，导致梦幻庄园面临封园拍卖。好在拍卖前夕，有财团表示愿意接手再贷款给迈克尔·杰克逊，以解其燃眉之急，帮他保住了这座庄园。

4. 东山再起投保难

2008 年 8 月，在 50 岁生日庆祝会上，年过半百的迈克尔·杰克逊决定"复出"。2009 年 3 月以来，其"告别"演唱会"This Is It"频传捷报。演唱会主办单位 AEG Live 表示，他们已与 MJ 签约三年半，可能还会到全球各地演出。计划在伦敦举办的 10 场 20 万张演唱会门票在 2 小时内售罄后，又加开至 50 场 100 万张的演唱会也在 5 小时里卖光。据统计，"This Is It"是有史以来门票销售最快的一次，平均每分钟卖出 33 张门票。这 50 场演唱会将从 2009 年 7 月 8 日一直持续至 2010 年 2 月 24 日，一个月平均 8 场的演唱会，让大家对身体不佳的天王忧心忡忡。AEG Live 公司总裁兰迪·菲利普斯还透露，公司已经为迈克尔·杰克逊制订了一个长达 3 年半的包装计划，"除了巡演之外，我们还计划为他制作一部 3D 电影。这些计划如果都能实现，将为迈克尔挣到 4 亿美元。"

AEG Live 演出公司为了防止迈克尔·杰克逊不能顺利完成演出，专门为他购买了一亿英镑的巨额综合保险。但这份天价保险却因为杰克逊身体欠佳的传闻，而频频遭到拒保，周转了好多家保险公司后才谈妥投保事宜。已有保险公司表示意愿承保，但他们将派专门的医生跟随杰克逊，为他验血及检测健康状况。保险公司声称：每一项检查都是在严格监督下进行的，以保证所有部分都能彻底检查到。迈克尔·杰克逊一直吃素，他的体能状况基本没问题，我们现在对杰克逊的健康状况非常有信心，完全可以进行 4 ~ 5 个小时正常演出，否则我们将会赔上一大笔钱。

5. 突然悲情谢幕，保险赔款解燃眉

2009 年 6 月 25 日，就在迈克尔·杰克逊为其告别演唱会紧张排练之际，一个噩耗传来，流行乐天王永远离开了世界。在他死后的数月，洛杉矶警方一直没有停止调查。他的遗嘱、遗产以及不久前票房收入颇丰的纪录片，使他的名字频频出现在媒体，其关注度远远超过近几年。杰克逊的悲情谢幕，不但让亿万歌迷悲痛，为他筹备演唱会的经纪公司 AEG Live 也损失惨重。但是，AEG Live 为杰克逊演唱会所投的巨额保险，则可为其稍解燃眉之急。

迈克尔·杰克逊伦敦演唱会主办方 AEG Live 公开表示，杰克逊的猝死，让其综合损失达到 3 亿英镑。所幸的是，AEG Live 为杰克逊演唱会购买了"演出取消保险"，退票带来的损失可由保险公司为 AEG Live 分担。

2009 年 7 月 30 日，在接受英国媒体采访时，迈克尔·杰克逊的整容医生斯蒂文·赫夫林透露，杰克逊为防自己发生不测，于 2002 年购买了一份人寿保险。赫夫林指出，保险公司曾多次联系杰克逊的助手，但该助手每次都称自己很快就会去续费，但每次都不见踪影。然而，在杰克逊生命最后的几个月里，该助手把用来续费的钱全部装进了自己的腰包，以致杰克逊的家人现在只能得到 250 万美元的保险赔偿，而非之前预计的 2250 万美元。赫夫林说：在杰克逊的助手看来，杰克逊的腰包里全是钱，所以他根本不需要这样的人寿保险。在接受《太阳报》的采访时，赫夫林说：这份保险对杰克逊来说非常重要，他一直都希望自己发生不测后能给自己的孩子留下尽可能多的钱，以便他们能快乐地生活下去。然而，该助手的做法让杰克逊的家人非常恼火，他们正在寻求法律的帮助。

§12 柯受良："亚洲第一飞人"及其保险轶事

柯受良是一个多才多艺，生前活跃于大中华地区的艺人和特技演员。他酷爱特技表演，擅长电影编导、音乐和卡拉 OK。他曾经驾摩托车飞越万里长城、黄河壶口瀑布及西藏布达拉宫，有"亚洲及中国第一飞人"的称号。柯受良虽然已辞世数年，但他的昔日业绩和保险轶趣仍令无数人津津乐道、难以忘怀。

1. 勤奋敬业，香港成名

柯受良绰号小黑，1953 年出生于浙江省宁波象山县渔山列岛，两岁时随父亲移居台湾。1966 年，他中学辍学后爱上摩托车，以驾车游玩为乐趣。1969 年，柯受良独自一人到台北闯天下。1970 年，他报考电影明星学校被录取，充任临记、武师工作。同年，柯受良首次参加特技表演，成为一名电影特技演员，从此开始了他的飞人生涯。

20 世纪 80 年代初，港片在东南亚颇受欢迎，柯受良就到香港参与电影工作，主要做特技表演。他在新艺城电影《最佳拍档》中的表现十分出色，一举成名，并赢得"柯大胆"的称号。柯受良后来曾先后与成龙、吴宇森等好友合作，为《快餐车》《龙兄虎弟》《英雄本色》等影片做动作指导或飞车指导。

1988 年，柯受良应艺能影业公司邀请执导《壮志豪情》，奠定了其电影导演地位。其后，柯受良陆续导演了《壮志豪情》《咖喱辣椒》（1990）《战龙在野》《亚飞与亚基》（1992）等。1993 年，柯受良成立了自己的电影创作公司，执导创业作品《芝士火腿》。2002 年导演了《生死速递》。除了幕后工作，柯受良也坚持幕前演出，相继出演《双城故事》《赌侠》（1991）《逃学威龙 2》（1992）《重案组》（1993）《赌神 2》（1994）《给爸爸的信》（1995）《麻雀飞龙》（1996）《高度戒备》（1997）《条子阿不拉》（1999）等多部影片。

2. 多才多艺，酷爱"飞车"

众所周知，除了电影表演和导演事业，柯受良对电视主持和唱歌也很有兴趣。1980 年，柯受良还曾获得香港电影导演卡拉 OK 赛的冠军。他曾发行个人国语大碟《再次征服》、闽南语唱片《正港男儿》，柯受良与刘德华及吴宗宪合唱的《笨小孩》也曾风靡全国。

冒险飞车更是柯受良一生的最爱。他一生曾在全世界 20 多个国家和地区进行过飞车表演活动。1983 年至 1987 年，先后多次飞越了 80 米宽，素有"死亡谷"之称的台湾桃园海湖大峡谷，飞越了宽 100 米的香港码头和 70 多米宽的多国双向高速公路等。1992 年 11 月 15 日，他抢在一位英国摩托车骑手之前，成功地飞越金山岭长城烽火台，一举成为驾车飞越长城的第一人，载入了《健力士世界纪录大全》，受到国家领导人的亲切接见。1997 年 6 月 1 日，44 岁的柯受良驾驶汽车成功飞越了黄河壶口大瀑布，向香港回归祖国献上一份厚礼。1999 年，柯受良为新加坡仁善医院筹款义演，在新加坡体育馆成功飞越 42 米。2002 年，又成功飞越西藏布达拉宫广场，有"亚洲第一飞人"的称号。

2003 年 12 月 9 日，柯受良不幸在上海逝世，终年 50 岁。他生前曾计划飞越长江三峡，可惜不能如愿了。

3. 巨额保险护驾，"飞黄"名震世界

1997 年，为了迎接香港回归祖国，身为"亚洲第一飞人"的柯受良先生，决定驾驶汽车飞越我们的母亲河——黄河壶口。为了支持柯受良的这一爱国壮举，中保财产保险有限公司（现在的人保财险）西安市分公司为"飞黄"承保了 6100 万元的责任保险，其中为柯受良本人承保 100 万元。在此次活动中，中国人保在飞越现场设置的巨幅山体冠名广告，还创造了大世界吉尼斯纪录，极大地提高了保险业的社会影响。

1997 年 6 月 1 日，柯受良飞越黄河时设置在黄河壶口山体上的巨幅冠名广告长度为 150 米，宽度为 15 米，总面积达 2250 平方米。广告为"中保财产保险有限公司"十个大字和公司的司徽。仅"中保财产保险有限公司"每个字的面积就达 100 多平方米，广告是红布做底，白油漆喷字，曾用掉油漆 180 公斤，溶剂 140 公斤。广告制作采用电脑刻字，仅整张白纸就用掉了 2400 多张，且连续干了六个昼夜。在"飞黄"的壶口现场，除了面积为 2250 平方米的"中

保财产保险有限公司"冠名广告外，还有一幅印着"飞人壮举越黄河，中保财险做后盾"的宣传广告，面积为540平方米。

1997年6月5日，时任国务委员的李铁映同志在人民大会堂接见柯受良和其夫人，对他的这一爱国壮举给予了高度评价。柯受良在接见时说，他在全世界20多个国家和地区进行过飞车表演活动或拍电影，从没人敢为他提供保险，只有中保财险公司敢为他保险。时任总经理孙希岳在万春园为柯受良举行的庆祝会上，柯受良向孙总表示由衷的感谢，并表示他愿意成为中保的员工。当年，有关中保财险为"飞黄"提供6100万元的保险金额，特别是为柯受良本人承保100万元的消息，在国内外引起了极大的反响。

据说，在柯受良先生6月1日驾车飞越黄河壶口前，曾进行了充分论证和准备工作，并于当年5月22日在西安老飞机场跑道上模拟黄河壶口进行了试飞，并取得了成功。当天，中央电视台和国内不少媒体都进行了报道。在壶口现场是不能试飞的，无论成功与否只能飞越一次。因为"飞黄"在数月前就已向国内外发布了消息，引起了全球注目。当时与组委会签订了现场转播的电视台有96个国家和地区，预计收视人数达30亿之多，人们翘首以待。中央电视台和凤凰卫视联合进行现场直播。在制订直播方案时，经反复研究，认为总体方案难度不大，进行长达4小时的现场文艺演出，有丰富的实况转播经验。但在关键点也就是柯受良驾车腾空飞越的那一瞬间，会出现什么样的结果？是成功还是失败？让人难以预料。对此必须要有不同的应对策略，并确定了三套应急预案。第一方案：飞越成功，也就是大家期盼看到的一举成功，皆大欢喜。但还有两套应急预案是大家不知道的（包括柯先生本人）。一是柯受良虽然驾车飞过去了，但人却不能自己从车里走出来，严重受伤、昏迷或死亡；二是没有飞过去，而是掉进了壶口瀑布，车毁人亡。如果发生后两种情况，面对数十万的现场观众和世界几十亿的电视观众，怎么办？特别是发生车毁人亡的悲惨场面时，电视直播将怎样继续？按照协议是不能就此中断的。在讨论中，有人提出，万一出现后两种情况，就立即切换镜头，由保险公司进行现场赔款。大家认为这个意见好，完全是个新颖而特殊的"救场"措施。当时为主持人拟定的台词中就有：柯先生驾车飞越黄河壶口，人虽然没有到达对岸，但他的精神已经到达了对岸，他是成功的。而后，由人保公司代表向组委会的负责人给予赔付。为了落实这个预案，中保公司于 5 月 31 日进驻壶口前，专程从银行提出 100 万元现金，由公安机关派警车护送到现场，并由两名保安守护，还制作了放大的现金支票样板。事后，有业内人士开玩笑说：其实，那天如果把100 万元赔付出去了，收益会更大。

4. 生前无保险，死后家人难

柯受良生前性格豪爽，收入虽多却没什么积蓄。而且他从事高危险的特技活动，鲜有保险公司愿意为他承保。就算有保险公司愿意承保，保险费也是很高的，所以他一直没有为自己买保险。再加上他 90 年代在北京的投资入不敷出，几乎没有积蓄。柯受良的突然离世，顿使其家人陷入生活危机。他只留下一笔楼的按揭贷款，还有一双儿女要上学。对此，其多位好友均伸出无私的援助之手。张学友就以无名氏的身份捐出二十万给予柯受良丧礼应急之用。治丧委员会也希望各界不要送花圈，而将帛金作为柯受良子女的教育基金。曾志伟也开拍了一个电视剧，以三名年轻特技人在娱乐圈发展的奋斗史为题材，在纪念小黑的同时，也为其家人筹措日后的生活费，电视剧所得的收入，拨入了柯受良子女教育基金。

说柯受良没钱，并不等于说他没有赚到钱，只是因其性格、爱好等原因，才导致财务状况不佳。对失去的东西，柯受良信奉"千金散尽还复来"，再加上有几次飞车不买保险的例证，也说明柯受良的保险保障意识较弱，若非如此，他的突然离世也不会让家人出现经济困境。

§13 小泽征尔沪上巡演　宝贝乐器购买巨险

1. 蜚声国际的音乐指挥家

1935 年 9 月 1 日，小泽征尔生于中国沈阳市，翌年举家迁至北京。1941 年，6 岁的他随父母回到了日本东京。

小时候的小泽征尔很想当个钢琴家。他 7 岁时就开始学钢琴，导师是日本著名钢琴家丰增升。16 岁时，小泽征尔以优秀的成绩考进东京桐朋学院音乐系，主修作曲专业。当时正逢明希率领波士顿交响乐团到日本巡演，小泽征尔观后大为激动，立志要做个指挥家，于是改学指挥，拜日本著名指挥家斋藤秀雄为师。经过数年勤奋刻苦学习，小泽征尔终于从这位严师身上学到了一套最基本的指挥方法。小泽征尔 22 岁时，先后在贝桑松国际指挥比赛、伯克郡音乐节指挥比赛和卡拉扬主持的比赛中获奖，轰动乐坛，一夜成名，并在卡拉扬的指导下深造。

小泽征尔 25 岁时，就开始指挥法国国立广播管弦乐团、纽约爱乐乐团、旧金山交响乐团、加拿大交响乐团、伦敦交响乐团和维也纳爱乐乐团等。35 岁起，小泽征尔担任旧金山交响乐团常任指挥和音乐指导，后任波士顿交响乐团终身音乐指导兼指挥，并兼任新日本爱乐乐团的首席指挥。2002 年后，小泽征尔成为维也纳国家歌剧院的音乐总监，并指挥了当年的维也纳新年音乐会。小泽征尔曾荣获旧金山大学艺术博士名誉学位，日本艺术院大奖，美国马萨诸塞州大学、新英格兰音乐学院荣誉音乐博士学位等。

2. 中国人民的老朋友

出生在中国的小泽征尔，与中国的关系源远流长，他对中国人民有着深厚的感情，并一直为乐迷和大众传颂。从 1978 年首次在中国指挥算起，这位著名指挥家来华 11 次，超越了任何一位世界级指挥家。1976 年 12 月，他应邀首次到中国进行为期一周的访问；1978 年 6 月，小泽征尔第二次到中国访问，在北京，他首次成功地指挥了中央乐团的演出；1979 年 3 月，他第三次访问中国，率领美国波士顿交响乐团访华演出，给中国观众带来了丰富多彩的交响乐节目，他的指挥和乐手们精湛的演奏轰动了北京城。同年 12 月，他对中国进行了第四次访问，仅利用一周的排练时间，就指挥前中央乐团演出贝多芬的《第九交响曲》，并取得了辉煌的成绩。1994 年 5 月，小泽征尔第五次访问中国。在访问他的出生地沈阳之际，指挥辽宁交响乐团演出了贝多芬的《哀格蒙特》序曲，何占豪、陈钢的《梁祝小提琴协奏曲》和德沃夏克的《第九交响曲》。1999 年 5 月中旬，小泽征尔到北京讲学，则是他第六次访问中国。

进入 21 世纪后，小泽征尔又先后 5 次访问中国。小泽征尔对中国的音乐及音乐家，十分欣赏和尊重。他曾多次指挥演出过中国作品琵琶协奏曲《草原小姐妹》、弦乐曲《二泉映月》和《白毛女》组曲等。让中国观众难以忘怀的是，2005 年的维也纳新年音乐会上，小泽征尔在《蓝色的多瑙河》小提琴序奏后的致辞时，用中文"新年好"向全世界人民问候。那 3 个字曾遭到日本右翼组织的攻击，也使那年的维也纳新年音乐会在中国观众心中留下了美好的回忆。前国务委员唐家璇曾评价说：小泽先生是中国人民十分敬重的著名音乐指挥家，蜚声世界乐坛，为中国歌剧及交响乐艺术水平的提高，为发展两国在文化、音乐领域的交流作出了宝贵贡献。

3. 沪上巡演，宝贝乐器投巨额保险

2007 年 9 月 17 日，小泽征尔亲驾歌剧"航母"维也纳国家歌剧院，登陆上海东方艺术中心，带来音乐会版的歌剧《费加罗的婚礼》。从 2007 年 7 月底开票以来，观众对演出表现出了极大的热情，门票仅一个月就售罄。在购票人群中，不仅有很多周边省市的观众，还有很多外国友人。

据悉，维也纳国家歌剧院非常重视演出前的准备工作，所有乐器装备也都打包装箱。不同于其他演出团队，维也纳国家歌剧院所用乐器全部自行携带，甚至包括定音鼓、低音贝司这样一般乐团巡演时都会选择当地租赁的大件，而像斯特拉迪瓦里、瓜奈里等古琴也在其列，它们每把的价值都超过 100 万人民币。为了保证乐器品质和运输安全，乐团方面为此购买了巨额专项保险。同时，主办方也租下了当时全上海唯一一辆用于精密仪器运输的空调气垫货车，以确保这些宝贝乐器的安全。

§14 一代魔术大师及其巨额"魔手"保险

粘立人是闻名全球的魔术大师，美国世界魔术家协会 360 分部副会长、台湾魔术馆魔术会员俱乐部会长，也是台湾首位独立参与幕后制作电视魔术节目的魔术先驱。他拥有一双精巧细长而白皙的"魔手"，其表演变幻莫测、精彩绝伦，常令无数观众着迷。

1. 勤奋好学，誉满五洲

1969 年 3 月 15 日，粘立人出生于台湾鹿港，毕业于台北高中美术工艺科。他自幼就对新奇事物倍感好奇，在看了电视及影片中的魔术表演后，就对魔术艺术产生了高度兴趣。十三岁时，他毛遂自荐在受教老师的演出场所帮忙，师承于陈坤河先生。此后，历经数位老师得以熏陶，练就今日的高超技艺。纸牌魔术大师博神罗宾是他学习魔术过程中的同伴，由于本身天资聪颖、勤奋好学，再加上媒体帮忙，他终于在演艺圈成名。

1991 年，粘立人策划了第一个单元节目《综艺万花筒》奇人异事单元，在当时创造了高收视率及魔术风潮的先例。1993 年，他与制作人王钧合作了《综艺总动员》的特异功能魔术单元，再创当时的高收视风潮，奠定了他在制作电视魔术节目中的水准。粘立人曾担任过辅仁大学、台湾大学、东吴大学、台北医大等学校的魔术讲师；曾任环亚大饭店驻店魔术师、希尔顿饭店假日魔术师、华国洲际饭店假日魔术师等职。

在 1998 年的世界魔术大会上，粘立人获得了世界魔术大会近距离魔术亚军。1999 年，粘立人又推出了中视的《红白胜利》节目，同时策划了三种不同的魔术表演种类，即两光魔术团、搞怪魔术师、超艺能魔术秀。2000 年，粘立人成为上海百乐门夜总会长驻魔术师。

2. 高徒众多，坚持每天护理"魔手"

众所周知，魔术师最金贵的就是一双"魔手"。作为台湾第一位独立参与幕后制作电视魔术节目的魔术先驱，也曾是周星驰、刘德华、周杰伦、蔡依林等众多明星的魔术导师，被称为"教授明星学习魔术最多的老师"。在教过的艺人中，粘立人坦言孙协志、刘德华是最有悟性的。刘德华给我的印象特别深，他悟性特别高，表演魔术除了要在手指的灵巧度上努力，在操作上也要有一定悟性，知道如何调动观众情绪，刘德华在这方面悟性很高，我看了他在香港红磡表演将人飘浮起来的魔术，效果很好，很专业。粘立人表示，经常会有人拜他为师，人一多，就有想开魔法学校的念头。

粘立人透露，自己每天都要花费 2 ~ 3 小时，坚持做手部运动，"涂上手膜，然后做手部运动操和基本的手部护理"。他说："这双魔手基本上是不干重活粗活的，也会尽量少沾油腻"，"以防关节变形，皮肤变粗糙"。遇上更细心的魔术师，出门时还会戴上手套呢。

3. 巨额保险护驾，坐镇《星光魔范生》

春晚让刘谦一夜大红，也催生了目前如火如荼的魔术节目热潮。2009 年初，因为刘谦和安徽卫视不和，粘立人接手《星光魔范生》。安徽卫视每周晚播出的《星光魔范生》节目，正是将节目的核心放在了像他这样的魔术师身上，每期请一些明星来跟他们"现学现卖"。据剧组人员透露，请到粘立人这样的魔术师来当明星的"老师"，过程非常"烦琐"与"困难"。因为他与《星光魔范生》节目组签订了超长条款的"保密"协议，其中包括：摄影所拍到的照片需要经"审核"才能公开；长时间彩排要全面清场；节目录制过程中不允许拍照；魔术表演过程中的"穿帮"镜头与照片不得外流；提供保险……一旦节目组在这方面出现违规，就需要支付大额赔付。粘立人说："这个'保密'协议，这种大环境不是针对我一个人的，而是为了要保有魔术的生存空间，这是所有魔术师都该维护的行业规范。"

事实上，真正的"魔术手"是非常昂贵的。国外很多知名魔术师都会自己出资，为其"魔术手"投下额度不等的保险。《星光魔范生》栏目为保护魔术师及明星们的录制安全，特地为他们购买了千万元的巨额意外保险，虽然节目组对总保额保密，但仅粘立人的"手部"保险就高达 500 万元。

§15 大牌明星：与生俱来的保险意识

人们总是羡慕明星的收入高，但这份高收入却是以夜以继日的工作、高强度的曝光率、没有规律的饮食为代价的。前几年，陈逸飞的突然病逝，引起了人们对娱乐圈明星们的身体状况的关注。其实明星们自己心里更清楚，因此在事业上升时期就要防患未然，事先买好巨额保险以防不测。

1. 歌神张学友：5000 万元护驾《雪狼湖》

为了防止意外，张学友演出《雪狼湖》时，每到一地都会有巨额保险"护身"，保险金额也屡创新高。他在沈阳的保额为 2157.78 万元人民币，而在西安更是签下了 5000 万元的保险合同！据说保单的有效时间，将从"歌神"7 月 15 日中午踏上西安的土地，到 17 日登上飞机离开西安为止，承保时间 72 小时左右。当然，保险公司要度过心惊肉跳的 72 个小时，必须力保《雪狼湖》西安演出的安全。由于最大保险份额属于张学友，所以，他们会想尽办法保证"歌神"毫发无损。组委会的工作人员打趣说，这么高的保额，保险公司届时绝对会鞍前马后地服侍，说不定，还会派出类似皇帝用膳时的"试吃人员"，来保证其饮食安全。

2. 王菲：2000 万港元保险为女儿谋幸福

王菲与窦唯离婚后，便独力供养女儿窦靖童，与童童互相依靠，为了令女儿在十八岁成年后的生活有绝对保障，王菲为当时仅七岁的童童购下 2000 万港元的巨额储蓄型人寿保险。虽然每年所交付的保费不菲，但为了女儿未来的幸福也心甘情愿。

3. 李霞：据说保额很高

"我每天只睡四五个小时，人家吃饭的时候我在主持节目，人家睡觉的时候我在上班，总之我们的工作就是没有规律，现在我得了腰椎间盘突出，一站起来腰就痛，唉，累啊！"主持人李霞谈到健康问题，简直如滔滔江水。"我平时主持节目，站的时间特别多，现在除了腰有毛病，颈椎压迫了神经，也疼得要命。现在不得不为了我的健康着想而减少工作，抽时间做针灸，吃燕窝和维生素补充营养。"谈到保险，李霞觉得自己的身体真的是个高速运转的机器，不知道哪天就会生病，所以她很早就给自己买了相关保险，至于保额仍在保密中。

4. 周汶琦：玉手投保 4000 万港元

香港名模周汶琦，近年来变身为美食旅行作家。名模变成作家，她受到的待遇比当模特儿那会还要尊贵。不久前,她因为要品尝美食而进入厨房,但出版社方面却相当紧张。为防止其玉手发生意外,便特地为其纤纤玉手投保了4000万港元的保险。

5. 高凌风:喉咙投保 2000 万元新台币

纵横歌坛 20 余年的高凌风,深知歌喉对一位歌手的重要性。所以,他投保 2000 万元新台币以保障他的嗓子。如果其声带真的受伤而不能再唱歌,他还能按保险合同约定,得到 2000 万元新台币的保险理赔金。

6. 张敬轩出演:投保千万元意外险

为刺激演唱会的销量,著名歌手张敬轩在个唱中安排了表演"自焚"的动作。经纪公司为确保其人身安全,于是为轩仔投保了千万元的意外保险。

第六章　体育明星的保险趣事

§1 世纪球王马拉多纳及其天价保险

马拉多纳是 20 世纪 80 年代以来世界最伟大的足球明星。其超凡的球技不仅令千千万万的球迷心醉，还常常使场上的竞争对手拍手叫绝。直到今天，马拉多纳仍是阿根廷足球的代名词。他和他的球队曾获得一次世界杯冠军、一次亚军、一次联盟杯冠军、两次意大利甲级联赛冠军，两次世界足球最佳运动员（先生），被称为"世纪球王"，也成了阿根廷的民族英雄。

1. 名叫"卡拉多纳"的足球神童

1960 年 10 月 30 日，马拉多纳出生在布宜诺斯艾利斯的维拉—费奥里托区，1 岁在教堂做洗礼时，幼小的他哭闹挣扎，需要两个大人按住才能完成仪式。若干年后，类似的情况在足球场上重现，要想"制服"马拉多纳，一两个人可不够。

马拉多纳 3 岁时，从父亲那里得到了一个皮革制作的足球，他第一次踢这个球用的是左脚（相关资料摘自马拉多纳自传《EL DIEGO》），这是历史上最伟大的左脚第一次触碰一只足球。23 年后，这只脚将球捅进了英格兰的大门，创造了世界杯史上最神奇的进球。

1971 年 9 月 28 日，一个名叫"卡拉多纳"的足球神童第一次上了报纸，这是记者们的拼写错误。不久，11 岁的马拉多纳带着一只足球在电视上露面，这时已不会再有人写错他的名字，因为他和他的小洋葱头队已经小有名气了。教练科内霍甚至将马拉多纳用在更高年龄段的比赛中，马拉多纳慢慢地出名了，大家都知道了青年人俱乐部有这么一个孩子，为了公平竞赛，结果 14 岁级别的比赛拒绝一名 11 岁孩子参加！

2. 年轻的足球天才

1975 年 8 月 14 日，14 岁的马拉多纳升入了青年人俱乐部的成年队，被列入了甲级职业比赛的名单！创造了阿根廷国内联赛的一项纪录。同年 10 月 20 日，在他 15 岁生日的前 10 天，马拉多纳在甲级联赛中替补出场，上演了一场处子秀，他在联赛中踢进了 2 个球。马拉多纳回忆说：那个时候，我第一次感觉自己的手能够触摸到天空！在阿根廷青年人队的 5 年里，马拉多纳参赛 166 场，踢进了 116 个球。1981 年，他转会博卡青年队，又在 40 场比赛中踢进了 28 球。1980 年和 1981 年，他又连续两次被评为阿根廷最佳队员和最佳射手，两次被评为美洲最佳队员。

1982 年夏天，马拉多纳转会到巴塞罗那。在那里，他甚至做到了让皇马的球迷为一名巴萨球员喝彩。那是在伯纳乌的球场，马拉多纳从中场启动，穿越了对手压上的防线，在晃过门将后，他又向回扣球，戏耍了回追上来的后卫胡安·何塞，当后者滑铲撞上立柱时，马拉多纳才轻松地将球送入大门。这个时候，不可思议的一幕上演了，伯纳乌的球迷们起立，为这个进球鼓掌喝彩，马拉多纳令足球超越了仇恨的界限。1982 年底，马拉多纳因患肝炎而休养了 3 个月。1983 年 9 月 24 日，他又被铲断了腿。尽管如此，在效力巴萨的 2 年里，马拉多纳仍留下了 58 场进 38 球的成绩单。1984 年，马拉多纳以创纪录的 400 万美元，加盟那不勒斯球队，从此开创了一个无比辉煌的时代。

3. 世纪妙传永留青史

1990 年 6 月 24 日，世界杯 1/8 决赛阿根廷对巴西，61381 名观众在一瞬间捕捉到了这种力量的影子。第 81 分钟，马拉多纳先在中圈变线晃过了阿莱芒，随后带球躲过了邓加的铲抢，又利用假动作突破了迎上来的罗查。此时，剩下的三名巴西后卫竟然不顾队形，集体向马拉多纳围拢过来！接下来，一脚传球——卡尼吉亚轻松破门——巴西队被淘汰出局。

这本是一场被很多人认为一边倒的较量，双方实力有不小的差距，但最终一个人在瞬间的爆发改变了一切。为什么那三个巴西后卫会不顾一切地扑向马拉多纳呢？就因为他那一路突破而来的气势震撼了人心，巴西人的心理瞬间被一种无形的力量摧毁，这种力量来自伟大的马拉多纳。在这个人身上，时刻焕发着这种无形但却可怕的力量，它可以让队友信心倍增，也可以让敌人从心底里感到恐惧。

在马拉多纳加盟前的一个赛季，那不勒斯是一支名副其实的意大利弱旅，但在马拉多纳加盟后球队呈现出惊人的上升势头。在个人的头一个赛季，马拉多纳攻入了 14 个进球，那不勒斯名列第八；马拉多纳在第二个赛季攻入了 11 球，球队进入前三甲；而在第三个赛季，那不勒斯人的冠军梦想终于实现了。

1987 年 5 月 10 日，马拉多纳率队历史上首次加冕意甲冠军，从一支保级弱旅到意甲冠军，他带给那不勒斯质变只用了三年时间。

4. 最伟大的进球

1986 年世界杯上的故事如出一辙，巴西和法国是夺冠的最大热门，但阿根廷拥有马拉多纳。在对英格兰的比赛中，人们见证了一个人击败一支球队的神话。在半决赛输给阿根廷队后，比利时老帅感叹说："没有马拉多纳，阿根廷会是另一支球队，他们不会如此强大，如果把马拉多纳给我，我也能赢得世界杯。"本届大赛的 7 场比赛中，阿根廷队共踢进 14 个进球，而马拉多纳就攻入 5 球并助攻 5 次，他一个人成就了其中的 10 球！

1986 年世界杯是一种战术的成功。阿根廷主帅比拉尔多围绕马拉多纳制定了独特的"球星战术"，布鲁查加、巴尔达诺等人只需跟跑，有马拉多纳在就有机会。那时候，比拉尔多的指导思想甚至可以归结为"剩下的人守住球门，然后进攻的事情交给马拉多纳"。8 年后，整体足球时代到来，这种围绕一个超强个体的独特踢法，随着马拉多纳的退隐而绝迹江湖。

人们很难量化马拉多纳对一支球队的影响力。就像你只能将阿根廷球队在 1994 年的瞬间变脸，归结为一个原因：有还是没有马拉多纳。在自传《EL DIEGO》中，马拉多纳回忆了当时的一个场景：比赛后，雷东多找到我，眼里含着眼泪对我说：我在场上一直寻找着你，可我找不到，整场比赛我都在寻找着你！迭戈！在那支阿根廷队，马拉多纳已经成了精神支柱，34 岁的他也许再也不能像 1986 年那样突破过人，但他的存在与否却仍决定着一支球队的命运。

5. 轰动一时的天价保险

1986 年之前，马拉多纳踢球时曾屡屡受伤。尤其在 1983 年被西班牙比尔巴鄂队后卫、外号"屠夫"的盖科查的一记猛踢后，他的左脚韧带被严重踢裂，脚踝骨也受重创。这一踢踢得马拉多纳三个月无法登场。1986 年，墨西哥世界杯足球赛前，阿根廷足协为了保障"球王"马拉多纳的安全，支付 443 万美元巨款为马拉多纳购买了天价的人身保险。马拉多纳的人身保险金额是多少至今还是一个谜，不过从所交的保险费来看，肯定创造了当时世界人寿保险的新纪录。

20 世纪 80 年代末，马拉多纳转会那不勒斯后，该俱乐部异常重视他的两条腿，为其各上了 1000 万美元的巨额保险。后来，马纳多纳又为他天才的左腿投保了 3000 多万美元的保险。这在当时成为世界上最"昂贵"的一双腿，而轰动一时。从巨额投保以后，老马几乎不怎么受大伤了，尽管他的年龄在增长，身体力量在下降！

§2 "外星人" 罗纳尔多的巨额保险

在足球界，巴西人罗纳尔多因其身体素质好，盘球技术出色，左、右脚均可射门，力量、速度、灵活性无人比拟而被称为"外星人"。

1. 传奇球星的星光之路

1976 年 9 月 22 日，罗纳尔多出生于巴西里约热内卢郊区。12 岁时，他加盟了第一家俱乐部——拉莫斯社会队，开始了职业足球生涯。

1993 年，罗纳尔多加盟巴西甲级劲旅克鲁塞罗队，创造了 60 场比赛进 58 个球的纪录。1994 年 3 月，17 岁的罗纳尔多首次代表国家队出场，巴西队 2：1 击败阿根廷队。同年 8 月，罗纳尔多以 470 万美元的身价转会荷兰埃因霍温队。1996 年 7 月，罗纳尔多以 1950 万美元转会巴塞罗那队；1997 年 6 月 20 日，再转会意大利国际米兰队。1998 年 1 月，罗纳尔多连续两年当选国际足联"世界足球先生"，并当选世界杯"最佳队员"。

2002 年 6 月 30 日晚，在韩日世界杯冠军争夺战中，罗纳尔多独中两元战胜德国队，使巴西队第五次夺得世界杯冠军。罗纳尔多也以 8 个进球获得最佳射手。同年 9 月，罗纳尔多加盟皇家马德里队，签订了为期 4 年、价值 4425 万欧元的合同。10 月，他第一次代表皇家马德里队出战，就表现神勇，一人攻入两球。12 月，他第一次代表皇家马德里争战丰田杯，攻入一球，第一次捧起丰田杯，赛后被评为全场最佳球员。2002 年 12 月，罗纳尔多再一次获得世界足球先生及欧洲足球先生两项殊荣。

2003~2004 年，罗纳尔多代表皇马以及巴西队，在 128 场比赛中攻入了 83 个球，平均每场进球 0.648 个。截至 2005 年 3 日 24 日，罗纳尔多一共参加了 534 场比赛攻入 389 球。2003 年，罗纳尔多获得法国体育学院评出的 2002 年"世界体育最卓越贡献奖"。在 2006 年的世界杯赛上，罗纳尔多独进 3 球，成为世界杯进球最多的球员。

2007 年初，罗纳尔多被皇马球队无情地以 750 万欧元抛卖到了 AC 米兰队，穿上了米兰队的 99 号球衣，并且屡有上佳的表现。同年，罗纳尔多随队夺取欧洲冠军联赛冠军。2008 年 2 月 14 日，在 AC 米兰主场对利沃诺的比赛中，罗纳尔多不幸左膝韧带断裂，不得不退场治疗。

2. "外星人"的巨额保险

作为国际米兰的核心队员，罗纳尔多与俱乐部签订的合约中规定，每年的薪水是 310 万美元。国际米兰俱乐部主管盖尔菲说：我们为每位球员都投了保，保险金额起码相当于球员的最低身价。我们每个赛季都会和保险公司就合同重新磋商，因为要考虑到球员身价的波动。国际米兰主席莫拉蒂说：在过去 5 个赛季里，已经向球队投保了 2.46 亿美元的保险，其中为罗纳尔多的双腿投保的价值达到 2600 万美元。这意味着一旦他因为腿伤不能够在足球场上驰骋，下半辈子依旧可以维持目前的奢侈生活。

如果罗纳尔多因为膝伤而导致自己的职业生涯夭折，国际米兰俱乐部可以从保险公司获得高达 4430 万美元的赔偿。"最重要的是罗纳尔多能够重返赛场。我们应该抱着这样的希望。"虽然国际米兰俱乐部说，罗纳尔多在巴黎接受的手术是非常成功的，认为他"7～9个月后"便可重返绿茵场，但人们还是怀疑，这位 32 岁的天才可能将就此终结职业生涯。

据估计，罗纳尔多的伤情前前后后已经给他的俱乐部和赞助商造成了 730 万美元的损失。让我们来看一下各方面在罗纳尔多身上投入的大致情况：运动服厂商耐克每年支付罗纳尔多 180 万美元，让他担任该品牌南美地区的形象大使；国际米兰俱乐部股东和赞助商之一 Pirelli 轮胎制造公司每年付给他 150 万美元；同时罗纳尔多每年还可以从巴西足协拿到 26 万美元。

§3 世界赛车王舒马赫：对商业保险情有独钟

迈克尔·舒马赫是世界著名的赛车高手，德国的国宝级人物，赛车史上的神话。他也是世界上收入最丰厚的运动员之一，每年能挣 4500 万美元以上。

1. 战绩辉煌的世界赛车王

1969 年 1 月 3 日，迈克尔·舒马赫出生于德国赫尔斯海姆。

1987 年，迈克尔·舒马赫参加卡丁车大赛并获得冠军，自此开始了其职业赛车生涯。之后，他转到福特方程式赛车，并在欧洲和德国的锦标赛中分获第二名和第四名。1989 年，舒马赫参加了德国三级方程式赛车，与队友汉塞尔·弗伦岑并列第三名，与第二名仅 1 分之差。1990 年，他在该项赛事中 5 次获胜，并在赢得澳门和斐济大奖赛冠军之后，取得了该赛季德国三级方程式的冠军。

舒马赫对赛车非常熟悉，他是梅赛德斯少年队的队员，并赢得过在墨西哥城举行的比赛。更为重要的是，舒马赫 1991 年首次涉足 F1，代表乔丹车队参加了比利时大奖赛。这是他唯一一次代表乔丹车队参赛，之后，他很快就被贝纳通车队挖走了。

1992 年，舒马赫 8 次登上 F1 的领奖台，其中在比利时站首次登上分站赛冠军宝座。赛季结束时，他以 53 分获得第三名。1993 年，他取得第四名，并赢得了葡萄牙站比赛的冠军。1994 年，舒马赫令世界对他刮目相看，代表贝纳通车队参赛的他击败了威廉姆斯车队的塞纳，获得了当年 F1 的冠军。塞纳逝世后，舒马赫似乎是不可战胜的。在澳大利亚站的比赛中，一次有争议的事故后，舒马赫尔以一分的优势击败了达蒙·希尔取得了冠军。九次胜利后，舒马赫赢得了他的第二个 F1 冠军。

1996 年，舒马赫转到法拉利车队。那一年，他将不甚可靠的法拉利赛车的性能发挥到了极致，共赢得了三个分站赛冠军。1997 年的竞争更加激烈，他赢得了摩纳哥站、法国站、加拿大站、比利时站和日本站的冠军，并以领先威廉姆斯车队车手维伦纽夫一分的优势，进入了最后一站西班牙赫雷斯站的比赛。

1998 年，法拉利赛车的可靠性能大大加强，迈克尔·舒马赫也下定了取胜的决心。虽然赛季一开始迈凯轮车队占据了领先的地位，但是舒马赫并未放弃，驾驶着法拉利赛车尽力追赶，赢得了 6 个分站的比赛。在最后的角逐中，舒马赫因爆胎而失去了夺冠的机会。

1999 年赛季对舒马赫来说并不顺利，他在开幕赛中就遇到了问题，但随后他迅速领先。正当他有望为法拉利车队夺得冠军的时候，悲剧发生了。在英国站第一圈的比赛中，舒马赫的腿因事故骨折，好几个月无法参加比赛。他在当年最后两站的比赛中重回赛场。尽管队友埃尔文最终以微弱的差距失去了年度冠军车手的头衔，但他们为法拉利车队夺得了自 1983 年以来的第一个年度车队冠军。

2000 年赛季，埃尔文加盟美洲虎车队，舒马赫开始与巴里切罗搭档。这个赛季无疑成为舒马赫赛车生涯中最辉煌的赛季。赢得头三站的比赛后，似乎这位法拉利王牌车手冲冠的势头无人可挡。虽然赛季中段的一些失误使舒马赫领先迈凯轮车手的优势大大缩小，但他夺冠的决心并没有动摇。在倒数第二站日本铃鹿站的比赛后，舒马赫赢得了他的第三个世界冠军，并为法拉利车队夺得 21 年来首个年度车手冠军。在最后一站马来西亚站中的比赛后，他还为法拉利车队赢得了年度车队冠军。

2001 年，法拉利车队和舒马赫从第一站澳大利亚站的比赛，到最后一站日本站的比赛一直占优。在 17 站的比赛中，舒马赫打破了无数的纪录，并在倒数第 5 站匈牙利站的比赛中提前赢得了他的第四个世界冠军。他现在是赢得大奖赛冠军次数最多的纪录保持者，超过了阿兰·普罗斯特的 52 次，以及胡安·曼纽尔·方吉奥的五个世界冠军的纪录。舒马赫带着更加坚定的决心和更加强大的法拉利车队，一起开始了 2002 年赛季。从赛季的第 11 站起一直到整个 2002 年赛季末，这位德国明星一次又一次地刷新纪录，证明着他的冠军实力。

2003 年赛季，舒马赫与吉米·莱科宁和胡安·帕伯罗·蒙托亚对冠军头衔展开了激烈的争夺，但混乱的美国大奖赛使又一个世界冠军成为了舒马赫的囊中之物。同时，德国车王获得的车手冠军头衔也增加到了 6 个。

2004 年赛季，迈克尔·舒马赫再次统治了 F1 赛场。在前 13 场比赛中，他获得了其中 12 场比赛的胜利，加上在赛季倒数第 2 场大奖赛——日本大奖赛再次拿到冠军，从而使他当年的获胜场次达到 13 次。2005 年赛季，没有被迈克尔·舒马赫打破的纪录已所剩无几。

2006 年赛季，雷诺的表现着实令人吃惊，而舒马赫也和阿隆索战得难解难分。在一场场艰苦的比赛中，舒马赫积攒着自己的优势，但倒数第二站的日本铃木赛道上，法拉利却出现了罕见的爆缸事故，最终使车王与第八个世界冠军失之交臂。这是个出人意料的结局，但我们依旧承认车王的告别没有缺憾，一如既往地精彩。

F1 世界大奖赛自 1950 年举办以来，到 2007 年为止一共产生了 27 名冠军，其中有 13 人曾经获得两次以上的冠军。其中，胡安·曼纽尔·范吉奥一共获得五次冠军，这个纪录使其他冠军车手黯然失色，且整整保持了 50 年无人打破。而迈克尔·舒马赫，则以七届冠军成为新一代巨星。他的成就超过了前辈，无人能及。

2. 对商业保险情有独钟

在保险业发达的国家，运动员的保险意识很强，有关运动员的保险险种也非常成熟，几乎无所不保，无论伤、病、痛、比赛取消等带来的收入损失，几乎都可以得到相应的保险理赔。同样，舒马赫的风险和保险意识也很强，始终对商业保险情有独钟，每年要花数百万美元为自己和家人购买各种保险。

早在 1999 年，他在英格兰银石赛道比赛中曾撞断了一条腿，只好退出赛季余下的比赛。虽然无法确定舒马赫在银石断腿事件中得到了多少保险赔偿，但从德国联邦税务局显示的数据中可以看出，舒马赫被减免税的保险金收入就超过 500 万美元。业内人士据此推测，舒马赫每年自掏腰包缴纳的保险费超过 500 万美元，那么赔偿额度是多少呢？依据所从事职业的危险系数，其赔偿金额肯定在 100 倍以上。也就是说，如果舒马赫在赛道上遭遇不幸，他的受益人所得到的保险赔偿金应该是数亿美元。鉴于他特别重要的身份，其缴纳的保险费自然也特别高昂。

2004 年，新闻媒体爆出舒马赫曾为其全家人购买了各种保险，仅保险合同的总保额就达到了 5.8 亿美元。其中，他的双臂单独列为一个保险项目，每只手臂受伤后所获的赔付额达到了 1500 万美元。当然，他要缴的保费也不菲，每年有 567 万美元之多。

根据舒马赫签订的保险协议，如果他在比赛中受伤致残，保险公司将付给他 2000 万美元；如果他不幸丧生，那么他的家人将得到 1000 万美元的赔偿。如果舒马赫无法参加某赛季的大奖赛，保险公司将为他错过的每场比赛向他个人赔付 300 万美元，其效力的法拉利车队也将得到同样的赔偿。有了这些超级保单的保护，日后不论生病、意外受伤或死亡等，他和家人都可以获得巨额的保险赔偿金，从而使他轻松上阵、后顾无忧。

§4 世界球星贝克汉姆的保险情缘

英国"万人迷"球星贝克汉姆的"黄金右脚"可谓价值连城，比黄金还金贵。当然他的风险意识也很强，多年来特别钟情于保险的保障。

2002 年世界杯前，小贝就曾花费重金，专门为自己的右脚买了份 1.5 亿美元的"天价"保险，以备不测。据说，小贝此举是有前车之鉴的，由于在冠军联赛上被杜舍尔铲伤，使他险些无缘于那届世界杯赛。

在 2006 年举行的世界杯足球赛上，为了防范比赛风险，充分备战与特立尼达和多巴哥的比赛，贝克汉姆特意为自己的"金腿"购买了巨额保险，保险金额是惊人的 3100 万英镑！赛前贝克汉姆特意提到了特立尼达和多巴哥的硬朗作风："他们是一支踢法极为强悍的球队，看看瑞典队被他们踢成什么样就知道了。"而在电视镜头里，瑞典队威廉松被废的镜头更是让埃里克森和贝克汉姆触目惊心：前者打消了派上鲁尼的打算，后者则忙不迭地为自己的金腿上了巨额的保险。接受贝克汉姆投保的是英国伦敦的洛伊德保险公司，而对于如此巨额的意外保险该公司连眼睛都不眨一下："3100万是个不小的数目，但和当年玛丽亚·凯丽为自己的腿投保8亿欧元比起来，这个数字我们还可以接受。"

贝克汉姆在球场上的地位尽管已经下降，但他仍能在世界范围内呼风唤雨，当然他依然钟情于保险的庇护。据英国权威《泰晤士报》披露，2007年2月，这位前英格兰队的队长，已经为自己购买了运动历史上最巨额的个人保险——1亿英镑的保额。这个数额不但双倍于他之前的投保，甚至超越了雅典奥运会的保险金额，只有美国娱乐界明星的投保能够超越小贝。

贝克汉姆的个人保单在英国历史上是空前的，这也是体育史上到目前为止个人投保的最高金额。由于保险金额太大，以至于一家保险公司已经无法承担，必须由多家保险公司共同承保，但其中的首席保险公司还是要承受极大的风险。贝克汉姆需要支付的保险费总数则是个秘密，据说光是可以增加保额的附加险保费都数以十万计。由此可以预计，贝克汉姆的保险总花费必定更加不菲。

贝克汉姆有了这份超级保单保护，日后不论生病、意外受伤或毁容，都可以获得巨额的保险赔偿金，从而可以使他轻松上阵、后顾无忧。但他若尝试冲浪、攀岩等高危险性体育活动而受伤，则属于除外责任，不在保险理赔范围之内。不过，像这种天价保险，在世界明星中贝克汉姆并非第一人，例如，"花蝴蝶"玛丽亚·凯莉和拉丁天后珍妮弗·洛佩兹，就曾经分别为自己的美腿及俏臀买了十亿美元的保单。

§5 英格兰金童上阵　保险公司惊心

1. 最年轻的足球金童

1979年12月14日，欧文出生在英国的切斯特。他的父亲特里是切斯特俱乐部和罗奇代尔俱乐部的职业球员，最辉煌的时候曾经在埃弗顿短暂效力过一段时间。受父亲的影响，欧文从小就展示了惊人的足球天分，他年轻、快速、比同龄人更机敏，给人留下了深刻印象。欧文尽管个头不高，但他速度奇快，以速度突破过人是英格兰球员中的一绝。

1998 年 2 月 11 日，欧文成为英格兰队历史上最年轻的球员，并在 5 月 27 日成为英格兰队进球的最年轻球员。这天，他在卡萨布兰卡举行的英格兰队对摩洛哥队的世界杯热身赛中射入了唯一一个进球，打破了由汤米·劳顿保持的纪录。在温布利大球场迎战智利队时，欧文的年龄是 18 岁零 59 天，比前一个最年轻纪录保持者邓肯·爱德华兹（1955 年）小了足足 124 天。1997 ～ 1998 年赛季结束的时候，他为利物浦队一共攻入了 18 个球，并列射手首位，并成为英超历史上最年轻的金靴奖得主。

2001 年 9 月，在世界杯预选赛中客场 5∶1 大败德国队，欧文演出的帽子戏法也堪称佳作。2004 年夏天，欧文离开利物浦转投皇家马德里球队，尽管首发机会不多，但整个赛季他依然踢进了 14 球。2005 年 8 月，纽卡斯尔付出破纪录的转会费而将他罗致旗下，并在第二场上阵对布莱克本队时首度建功。之后，欧文被称为"英格兰足球金童"。

2. 巨额投保令保险人惊心

1998 年 8 月 4 日，英格兰超级联赛俱乐部向利物浦队提出，要为球星欧文投保 6000 万英镑，本菲尔德保险公司表示愿意接受其投保，但是他们需要利物浦队列出详细的保险清单。这将使欧文同美国 NBA 球星飞人乔丹、高尔夫球运动员虎仔伍兹平起平坐。乔丹和伍兹各自的投保金额也为 6000 万英镑。对利物浦队来说，能够有人承保当然是件好事，但是欧文每年的投保费用也是很大一笔数目。本菲尔德保险公司提出的年度保险费为 120 万英镑，这比欧文当时 50 万英镑的年薪高出一倍还多。

2006 年世界杯期间，各大保险公司的老板们也会把脸紧紧贴在电视机前，但他们看的不全是进球，而是仔细辨认当裁判吹响终场哨时有多少球员能四肢健全地走出球场。欧文在第三场小组赛时，右腿十字韧带不幸撕裂，当他难过地捂着脸被抬出球场时，保险公司的老板也要掩面而泣了。

美国 HCC 保险控股集团下属分公司的营运总裁大卫·伊万斯说：我不方便透露该保险公司的名字，但为欧文投保的公司这下可赔惨了。这绝对是今年保险市场上的最大损失之一。按照保险合同规定，欧文一旦受伤，该保险公司将不得不为他支付 20 万美元的周薪，直到他康复为止。此后，欧文休养了近一年，保险公司为此赔付了 1000 万美元。同样倒霉的还有为西塞承保的保险公司，因为前者于世界杯热身赛上受伤，需静养数月。

3. 天价续约，战绩辉煌

2008 年 8 月 18 日晚间，纽卡斯尔联队正式向队中的头号球星迈克尔·欧文提供了一份为期 3 年的新合同，这份合同总价值约 2100 万英镑。他不仅创下了建队以来的新纪录，也将创造英格兰顶级联赛的新纪录。在欧文的新合同中，周薪达到 14 万英镑，只要在新合同上签下自己的大名，欧文就将一举超越兰帕德，成为了英超联赛中新的"打工皇帝"。此前欧文的周薪为 10 万英镑，不过 29 岁的前英格兰金童与俱乐部的合同只差一年就要到期，一年后他就可以选择自由转会，纽卡则一分钱也捞不到。对于以如此高的天价续约欧文，纽卡斯尔的一位内部人士表示："这将是俱乐部历史最伟大的一笔合同，这也显示了俱乐部的决心，为了最好的球员，我们会选择巨额的付出。"在此前，在曼联紧追贝尔巴托夫时，曾传闻热刺准备引进欧文顶替保加利亚的射手。

在 2007 ~ 2008 年赛季，欧文重新找到了昔日的破门嗅觉，他绝对不会让球迷等得太久。果然在 2008 年上赛季，欧文就为纽卡斯尔在联赛中踢进 11 球，而自 2005 年从皇马转会纽卡以来，欧文总共才有 18 球进账。

§6 世界球星："四肢"保险价连城

当今世界体坛，为队员或大牌球星买巨额保险已成潮流，俱乐部或所在国足协借此将队员受伤的风险转嫁到保险公司头上。各保险公司在大把赚钞票的同时，也逐渐认清了现实，他们在研究了最普遍的伤病以及所需的恢复时间后得出结论：年龄在 21 岁、身体健康、无伤病记录的球员才是最佳客户，而那些已经或超过 28 岁、有过膝伤和大腿伤的球员，则被越来越多的保险公司列为拒绝往来户。以下就是部分幸运球星投保的天价保险。

1. 小牛球星：5000 万美元保意外

2003 年夏天，德国篮协为了征召小牛球星诺维斯基随队征战欧锦赛，特意为他买下一笔价值 5000 万美元的意外保险。倒霉的是，诺维斯基在同法国队的一场热身赛中扭伤了脚踝，这让保险公司不得不赔偿小牛球星高额的保险金。

2. 价值 1000 万美元的金手指

世界体坛最贵的手无疑属于 NBA 球星。若按投保部位的体积来计算"单价"，NBA 球星勒布朗·詹姆斯是当之无愧的"世界第一"。他给双手的拇指和食指投保，每根手指保额为 1000 万美元，相信这一纪录在相当长的时间内都没有人能够打破。

3. 足球明星：双腿保额 1000 万法郎

1987 年赛季前，荷兰著名球星克鲁伊夫为他那两条驰骋绿茵的双腿购买了 1000 万法郎的保险。球场下的克鲁伊夫，更是一个积极的思想家和革新派。他不仅大力推动荷兰足球职业化发展，还倡导职业球员应该享受各种保险，并建议球员和俱乐部应为国家队比赛而得到补偿。代表阿根廷队来到中国参加奥运会的梅西，他的双腿保额则达到上千万美元。而贝克汉姆的双腿更是无与伦比，2006 年年底，他将自己的双腿的保额提高到创纪录的 1 亿英镑，受保范围包括在球场内受伤、毁容及患上严重疾病。

4. 日本棒球手的"黄金脚"

身体短小结实的日本职业棒球手福本，体重只有 68 公斤，但在球队中一直担任攻、走、守的外野手，并以拼命泼辣见长。该球队担心他的宝贝双脚一旦受伤会影响全队的成绩，所以特意为他的双脚投了 1 亿日元的巨额保险。这双昂贵的脚因此被称为"黄金脚"。

5. 价值 1400 万欧元的膝盖保险

效力于意大利国际米兰队前锋的巴西球星阿德里亚诺膝盖里的半月板，曾被几家大保险公司的 110 名经纪人估价为每只 1400 万欧元。于是，阿德里亚诺为自己的膝盖投保，每只保险金额 1400 万欧元（当时 1 欧元约合 10 元人民币）。

6. 皇马守护神的双手：价值 750 万欧元

卡西利亚斯被称为皇马球队的守护神。为了保护自己的这双金手，2007 年他在一家名为 Groupama 的保险公司，为自己的双手签署了一份价值 750 万欧元的保单。保单规定，本赛季卡西利亚斯无论是因公还是因私，或者自然灾害等原因而导致双手受伤或作废而无法上场，保险公司都会根据受损情况给出相应的赔偿，最高可达 750 万欧元。虽然未透露保单细节，但卡西利亚斯已明确表示，上了这份保险后，不管自己在世界哪个地方、哪个时刻、哪个场合、因为哪种原因，只要手部负伤，都会得到相应的保险赔偿。

§7 体坛大腕：令人惊叹的"肢体"保险

当今世界体坛，运动员们不仅可以自己购买保险，其所在的运动队或者俱乐部也大多会主动为其投保，以转嫁风险。以下就是那些耳熟能详的体育明星们购买的天价保险。

1. 最贵的双眼：1800 万美元

2007 年的 F1 车坛，莱库宁首次夺得总冠军。取得巨大成功后，莱库宁在广告商心目中的地位自然也得到了提升。眼睛是莱库宁的标志，也是广告商的最爱。但就在不久前刚刚结束的这个赛季，他的眼睛却出了问题。在赛季初的第一站比赛中，离开赛还有 40 分钟时，车队人员吃惊地发现莱库宁还在睡觉。当他们试图把他叫醒时，莱库宁却突然说："我没睡着，只是眼睛有点酸痛。"虽然多次检查都证实，只是眼肌容易疲劳，但他的经纪人仍然认为应当采取有效措施，防患于未然。于是本赛季结束后，莱库宁为其双眼买下了总值为 1800

万美元的保单，每只眼睛 900 万美元。

2. 1500 万美元：最贵的单手臂

拥有全球最贵单手臂的体坛大腕共有两人，一位是在 F1 车坛书写传奇的德国"车王"迈克尔·舒马赫。2004 年，舒马赫为自己买下了 5.8 亿美元的意外伤害保险，其中，他的双臂单独列为一个保险项目，每只手臂受伤后所获的赔付额达到了 1500 万美元。当然，他要缴的保费也不低，有 567 万美元之多。另一位无比珍惜自己双臂的体育明星就是全球高尔夫第一人——"老虎"伍兹，他也给自己的每只手臂投保了 1500 万美元。

3. 1200 万欧元：世界最贵的手腕

意大利车手瓦伦蒂诺·罗西是世界摩托车锦标赛的霸主，他用来控制爱车的手腕可谓价值连城，被估价值高达 1200 万 ~ 1300 万欧元，他为此上了巨额保险。在被称为"两轮 F1"的世界摩托车大奖赛中，年仅 26 岁的罗西的名头和舒马赫在 F1 车坛一样响亮。在意大利，他被称为"驾驶摩托车的舒马赫"。从本田转会到雅马哈车队后，罗西也成了意大利收入最高的体育明星之一。他 1200 万欧元的年薪以及 300 万欧元的其他收入，让一些意大利足球巨星感到汗颜。薪水能够在一定程度上体现一个人的价值，保险经纪人对他手腕的估价也正是考虑到了他的收入能力。

4. 800 万美元：最贵的臀部

在澳大利亚，提起冲浪明星布鲁斯·泰勒几乎无人不晓。除了冲浪外，他还精通多种水上运动，因此也成了媒体和广告商的宠儿。澳大利亚一些时尚杂志甚至称布鲁斯是"拥有全澳最佳性感臀部的男士"。

2007 年 11 月初，布鲁斯在一次训练中拉伤了臀部肌肉，不得不休息一到两个月。他原本定在 11 月底接拍的两个广告全部泡汤，眼看到手的 50 万美元也告吹了。这使布鲁斯意识到，必须想办法避免由于伤病造成的经济损失。于是他决定为自己的臀部买下 800 万美元的高额保险，从而使他拥有了"澳洲最贵的臀部"保险，这个纪录至今没有人能够打破。

§8 体坛明星遭不幸　高额保金显威力

体育运动可以挑战自己、愉悦他人，但它的高危险性则使运动员在训练和比赛当中不时发生意外伤亡。保险赔偿虽不能免除他们的痛苦，但可以提供抢救治疗的巨额费用，解除亲人经济上的后顾之忧。

1. 桑兰：千万美元保险金治疗显威力

1998 年在美国友好运动会上，我国著名体操运动员桑兰不幸遭遇了意外事故，导致第六节、第七节颈椎骨折、脊髓损伤、胸以下失去知觉。桑兰受伤后，美国医务人员给她提供了最先进的颈椎修复手术和特级药物治疗。尽管出征前国家体育总局给所有的运动员都购买了一定的意外伤害保险，但这次事故非常严重。

当时，美国友好运动会组委会也为各国选手都购买了巨额保险，桑兰的意外事故使她在友好运动会期间获得了 1000 万美元的保险金。桑兰一年后回国进行康复治疗，并获得全国优秀运动员伤残互助保险基金会 15 万元的赔付。由于保险赔付的资金及时而充裕，桑兰在美国以及国内得到了极为良好的治疗。原以为脖子以下可能会瘫痪，但桑兰的恢复状况比预想的要好很多。现在，自强不息的桑兰已经可以较为自如地活动上半身，并成为了星空体育的主持人。这与她得到高额的保险赔付，并由此得到最好的治疗密不可分。

2. 苑瀛：比赛受伤获 20 万元伤残保险金

苑瀛是我国国家自由式滑雪队中年青一代的优秀自由式滑雪运动员，曾在国内外的比赛中取得过良好成绩。2001 年 7 月 18 日，18 岁的苑瀛在吉林省长春市的一次比赛中，做高台滑雪动作时不慎伤及头部，造成严重脑干损伤。经过全力抢救，脱离了生命危险，但一直昏迷了两个多月。经过半年时间的治疗和观察，运动员伤残鉴定专家组鉴定苑瀛为闭合性脑挫裂伤、脑干挫伤，符合《国家优秀运动员运动伤残等级标准》第一级第五条的规定。经中华全国体育基金会审核，决定按一级伤残标准给予 20 万元的保险赔付，成为互助保险实施后最大的受益者。苑瀛的父亲接过保险金后说：我们的孩子受国家培养多年，该到冬奥会上为国争光时却受了伤，十分遗憾。虽然这样，孩子受到了各级领导的关心和爱护，并得到了中华全国体育基金会的巨额保险补偿，既解决了我们的实际问题，又使我们得到了安慰，我们一家表示由衷的感谢。

据中华全国体育基金会保险部负责人介绍，基金会已经连续第三年按年度为在国家队集训的优秀运动员进行了保险。第三年的保险期限是 2000 年 9 月至 2001 年 9 月，也是基金会首次实行互助保险，即运动员每人支付 100 元保费，不足部分由基金会补足。苑瀛获得的就是这一年度的保险赔付。

3. 董芳霄、李雪红：雪中送来互助保险金

董芳霄是前国家体操队主力队员，悉尼奥运会女子团体铜牌的核心成员。2002 年，董芳霄因患股骨头坏死而遗憾地告别了心爱的赛场。她说自己比其他人"更能理解受伤以后的绝望心情"，因为这也是她"从前最担心的问题"。2002 年，中华全国体育基金会根据与《优秀运动员运动伤残等级标准》第八级相近的条款，给予董芳霄 1 万元的互助保险赔偿金。经过及时治疗，董芳霄已经可以正常行走，除了不能进行激烈运动，和常人并无区别。如今她已经是北京第二外国语学院三年级的学生，并顺利考取了体操国际级裁判资格。

而来自浙江省的国家体操队运动员李雪红，由于长期高强度训练，导致右侧股骨头坏死，右下肢缩短 2 厘米，最终获得 6 万元赔付。

§9 国家队员意外身亡 巨额赔款慰抚亲人

竞技体育的主要魅力在于愉悦他人，并不断挑战人类的生理极限，这也决定了体育运动的高危险性，运动员在训练和比赛当中发生意外身故屡见不鲜。

巨额保险赔偿虽不能挽救他们年轻的生命，但可以抚慰亲人受伤的心灵。

1. 王择秀：车祸身亡获赔 30 万元

王择秀是来自河北的优秀自行车运动员，1997 年曾获八运会和第三届亚洲山地车锦标赛冠军，并入选国家队，是中国队在 1998 年亚运会上极有希望夺取金牌的选手之一。

1998 年 10 月 28 日上午，在南京参加亚运会集训的王择秀，在训练过程中被安徽的一辆大客车撞倒，经送医院抢救无效死亡。负责为运动员投保的中华全国体育基金会在接到国家自行车队的报告后，次日便派保险部负责人飞赴南京，对事情进行调查取证，取得了完整的索赔资料。当年的中保人寿保险公司接到索赔申请后，给予了积极配合，在最短时间内完成了所有保险理赔手续，及时向王泽秀的亲属支付了 30 万元赔偿金。这也是中国体育运动史上首例运动员意外死亡的保险赔付事件。

2. 朱刚：意外猝死赔付 30 万元

朱刚是国家队优秀排球运动员，2001 年初不幸在训练赛场上猝死。由于中华全国体育基金会与中国太平洋保险公司自 1999 年 10 月 18 日签署保险协议，开始对所有国家队运动员在训练、比赛及日常生活中发生的意外伤害提供了保险保障。根据这一协议，所有国家集训队现役运动员，在运动训练和比赛中发生运动伤残保险事故的，只要是在保险期内，每人可获得最高 30 万元的保险赔偿，而获得世界冠军的运动员最高可获赔偿 60 万元。同时，即使在非训练、比赛时发生意外伤害的，每名运动员也可获得最高 20 万元的赔偿。保险期从运动员进入国家队开始，一直到离开国家队结束。排球名将朱刚属于因公去世，其家人最终得到了 30 万元保险理赔金。

3. 江涛：雷击身亡获赔 60 万元

2004 年 3 月 10 日，在新加坡国家队训练和踢球的 18 岁大连籍球员江涛，在一次训练中不幸被闪电击中而意外身亡。当天下午在一堂青年课训练当中，天开始下小雨，突然之间有一声特别响的雷，江涛后面的队员就看到有一道闪光从江涛的头部一下通到地下，江涛本能地把双手抱在胸前，这道闪光就从他的脚下冒出打到他脚底下的草坪上，当时都冒了烟了。这时，大家就立即叫救护车，大约10分钟救护车到了。救护医生拿着仪器测他的心电图，当时是一条平线，他已经当场死亡了。

由于新加坡职业体育保险体系比较完备，为每一位球员都购买了高额保险，所以，其家人在悲痛之余，及时获得了12.5万新加坡元（约合人民币60万元）的保险赔偿，抚慰了他们受伤的心灵。

§10 体操新秀王燕的不幸与万幸

1. 突如其来的厄运

2007年6月10日，在全国体操锦标赛高低杠的激烈比赛中发生了令人震惊的一幕：浙江省年仅15岁的体操新秀王燕，因意外脱杠而严重受伤，令亿万观众为之揪心长叹。当时，王燕的颈椎受伤程度十分严重：第2、第3椎骨骨折脱位，伴有颈脊髓损伤，胸部以下感觉消失，大小便功能丧失；四肢除了右下肢大脚趾略有活动外，其他都没有活动能力。她最终能否站起来，令人异常担忧。

2. 艰难的救治与康复

王燕受伤后，得到了各级体育部门的高度重视，被迅速安排到上海市第六人民医院进行救治。经过专家近一个月的全方位抢救，王燕安全渡过了急性创伤急救治疗阶段。当年7月3日，王燕从重症监护室转入普通病房，进入了漫长的康复治疗阶段。

随后的日子里，王燕在医务人员的精心帮扶指导下，每天坚持进行几小时枯燥而艰苦的康复治疗。包括心理康复、呼吸功能训练、关节活动度与肌力训练、感觉训练、翻身训练、站立训练、步行训练和高压氧治疗等一系列康复训练。仅过了20多天，她的双下肢肌力已恢复并接近正常，右上肢肌力也接近正常，左上肢肌力明显好转，已能够自主使用调羹进食，让关心他的人松了一口气。经过两个多月的治疗及康复训练，小王燕已经奇迹般地能够站立甚至走路了。虽然她只是在医护人员的搀扶下如太空漫步般行走，但与两个月前只能动动手指脚趾相比，王燕的康复速度是非常惊人的，毕竟她是一个严重的颈椎受伤病人。

三个月后，王燕的双下肢肌力已恢复到接近正常，原来较差的左上肢肌力也有明显好转，已能打电脑、玩游戏机和写字了。历经四个多月的艰难救治，医院专家组经过集体讨论，认定王燕在心理状态、交流、理解能力方面正常；右上肢肌力、手指精细功能基本正常，左手精细功能略差；双下肢肌力正常，可以自由行走，但在平衡方面仍需加强训练。

2007 年 10 月 9 日，在迎接她的浙江省体育局领导和社会各方的关注目光下，王燕面带笑容走出病房，她终于可以出院，过上正常人的生活了。

3. 巨额保险功不可没

王燕从受伤住院到手术治疗，再到数月的康复治疗阶段，花费了 30 万元的巨资。非常幸运的是，在王燕受伤之前，浙江省体操队已为运动员购买了3 份保险，包括中华体育基金保险、浙江省体育局投保的运动员工伤保险、深圳平安保险的意外伤害与医疗保险，从而及时解决了救治费用。由于投保了意外伤害和医疗等保险，保险公司及时介入，立即支付了 3 万元的手术费用。随后，中国平安保险公司又支付了 20 万元保险赔付金。

此外，中华体育基金保险、浙江省的工伤保险部门，也按照最后认定的伤残等级情况进行了保险赔付。其中，国家体育总局"强制"要求的中华体育基金保险占主导地位。据悉，上述三份保险赔付，将足以保证王燕今后的治疗和生活，解除其亲人在经济上的后顾之忧。

§11 体坛新秀折戟　互助保险扬威

竞技体育是一项高危险性运动，当事人在训练和比赛当中发生意外身故或伤残屡见不鲜，从而需要建立一个转嫁风险的保险补偿机制。特别是 1998 年体操运动员桑兰的悲剧发生后，促成了中国运动员现行的互助保险制度的建立。它是由国家体育总局委托中华全国体育基金会提供的"伤残互助保险"，针对不同体育运动出现伤残概率的大小，从重到轻分为 1 级至 11 级不等，最低的 11 级经济补助为 2000 元，最高为 30 万元。运动员每人每年只需要缴纳 100 元保费，不足部分由基金会补足。目前，全国所有运动员，主要是在"中华体育基金保险"的保障下进行训练比赛的。运动员伤残互助保险 2005 年度的投保人数就已达到 23494 人。

"伤残互助保险"工作开展以来，受益运动员达 5000 余人，累计赔付 5340宗，赔付金额 1497.7 万元。既在一定程度上解除了运动员的后顾之忧，解决了伤残者的医疗康复费用，又慰抚了死者家属，促进了体育事业的健康发展。著名体操运动员桑兰、体操名将奎媛媛、国家优秀自行车运动员王择秀、国家优秀排球运动员朱刚、国家优秀自由式滑雪运动员苑瀛等，都曾获得了互助保险理赔金。

此外，自伤残保险工作全面开展以来，也有若干地方体坛新秀获得保险赔付，发挥了极大的经济互助保障作用，促进了地方以至全国体育事业的发展。例如，2003 年 5 月，宁夏回族自治区自行车运动员马利涛，在进行公路训练时，与一辆小货车发生追尾相撞，造成高位截瘫，及时获得 20 万元的赔付。2003年 7 月，北京柔道运动员刘璞在教学训练中受伤，高位截瘫，生活不能自理，立即得到 20 万元赔付。同年 8 月，北京手球运动员张晓晨在国家队组织的测试比赛中猝死，其家属获得 30 万元保险赔付。9 月，黑龙江省自行车运动员陈醉，训练中与同场地训练的教练员相撞，双下肢截瘫，右 4、5 肋骨骨折，获得 15 万元的赔付。来自浙江省的国家体操队运动员李雪红，由于长期高强度训练，导致右侧股骨头坏死，右下肢缩短 2 厘米，获得 6 万元赔付。2004 年 7月，湖北游泳运动员许安贤在训练中猝死，也获得 30 万元赔付。同年 8 月，广东蹦床运动员潘梦涛在训练中从高空坠落，不幸造成脊椎损伤，造成完全性四肢瘫痪，获得 20 万元保险赔付。2002 年，内蒙古马术运动员张河在训练中左肾挫伤，获得 1 万元赔付；2005 年 9 月，他在昌平区备战十运会训练中，被马匹砸伤，导致死亡，获得 30 万元赔付。2005 年 10 月，北京游泳运动员杨林在训练中颈椎爆裂骨折、截瘫（双下肢肌力目前为 0 级），获得 15 万元保险赔付。2007 年 6 月 10 日，浙江省年仅 15 岁的王燕在全国体操锦标赛高低杠的比赛中受伤，不幸造成颈椎骨折，也及时得到了互助保险等的补偿。

第七章　保险行销巨星的传奇创富故事

§1保险推销之神的传奇人生

身高仅 1.45 米的原日本明治保险公司理事、亿万富翁原一平，一生经历坎坷，颇有传奇色彩，被誉为保险"推销之神"。

原一平小时候是个叛逆顽劣、恶名昭彰的顽童，很难立足于家乡。原一平 23 岁时只身到东京打天下，历尽了磨难。27 岁时，他勉强进入明治保险公司，做一名"见习推销员"（兼工友身份）。他曾免费工作，穷得连午饭都吃不起，无钱搭车只好步行上班，甚至因付不起房费而露宿公园。但在他的内心却时刻燃烧着一把"永不服输"的火，激荡着一股越挫越勇的斗志，并成功地登上了人生辉煌的顶点。1939 年在他 36 岁时，终于创下了全日本保险推销业绩的冠军，并保持了 15 年之久。他不但靠推销保险而成为首屈一指的亿万富翁，还被日本天皇颁赠"四等旭日小绶勋章"，被美国"百万元圆桌会议"授予终身会员称号，更被誉为日本的"推销之神"。在保险推销界，迄今仍无人敢与之比试。那么，他成功的秘诀是什么呢？

1. 追求事业，忘我拼搏

27 岁的原一平初到明治保险公司时，仅是个免费工作的见习推销员，办公桌还得自备，而且时常遭同事们的讥讽。由于无薪推销，生活异常拮据，每日饥寒交迫。为了立足生存，他节食缩衣，住窄屋、睡公园；为了推销保险，他每天起早贪黑，踏遍千家万户。尽管常吃闭门羹，他却从不气馁，依然我行我素，重叩旧门。精诚所至，金石为开。不厌其烦的拜访，令顾客纷至沓来，使他的客户队伍不断壮大，业务突飞猛进。真是皇天不负有心人，33 岁时，他已是声名鹊起，保险业绩排行全公司之冠，屈居全国第二。

2. 谦虚谨慎，戒骄戒躁

原一平说：每个人一生当中最要紧的是，什么时候发现自己的劣根性，并有效地剥除它。基于这一思想，每当业务有了长足发展，他从不居功自傲，而是静心反思。大文豪歌德的"依赖观察无法认识自己，只有依赖实行才能认识自己"这一名言，又进一步启开了他的心扉。他由此破天荒地举办了"原一平批评会"，此后，他每月邀请一次自己的保户，让他们当面"指戳"自己的不足，并虚心接纳建议，连续6年从未中断。后来，他还觉得不过瘾，又特邀了一些朋友、客户和雇用的征信所职员，向外界广泛调查、评定原一平的举止、公司形象、公司信用等，供自己不断校正。尤为值得钦佩的是，他对赞美之词一眼瞥过，绝无沾喜；而对责骂之言，则一一细嚼，并立刻痛改前非。难怪有人说他天天在进步，业务在倍增。

几十年来，对原一平的责骂、批评与日俱减，但他的"外调"工作却日月不止。正因为如此，从45岁开始，原一平连续保持了15年全国寿险业绩冠军的纪录。

3. 广揽群朋，浇铸基石

原一平走向成功的秘诀之一，就是靠众多朋友的鼎力相助。原一平在惆怅、落魄的时候，听信了朋友小泉校长的话：你是从事与（人）的关系最密切的保险行业，所以必须重视每一个认识的人，要与每一个认识的人建立长期的友谊。唯一的方法就是喜欢别人，同时，喜欢别人会使对方产生信心，所以你要像喜欢自己一样地喜欢别人。从此，他将此话视为座右铭，主动频繁地登门拜访，深交老朋友，广结新朋友，对社会名流与平民百姓一视同仁。他平均每月耗掉1000张结交名片。

50多年来，原一平已"网罗"了准客户达2.8万多个。同时，他极为珍视友情，与一些保户建立的友谊维系长达二三十年。正是善交朋友，为他日后事业的成功奠定了坚实的基础。65岁时，他成为美国百万元圆桌会议终身会员。

4. 以"赞美"对方开始访谈

每一个人，包括我们的准客户，都渴望别人真诚的赞美。可以说："赞美是畅销全球的通行证。"因此，懂得赞美的人，肯定是会推销自己的人。

原一平有次去拜访一家商店的老板。"先生，你好！""你是谁呀！""我是明治保险公司的原一平，今天我刚到贵地，有几件事想请教你这位远近出名的老板。""什么？远近出名的老板？""是啊，根据我调查的结果，大家都说这个问题最好请教你。""哦！大家都在说我啊！真不敢当，到底什么问题呢！""实不相瞒，是……""站着谈不方便，请进来吧！"……

就这样轻而易举地过了第一关，取得准客户的信任和好感。赞美几乎屡试不爽，没有人会因此而拒绝你的。原一平认为，这种以赞美对方开始访谈的方法尤其适用于商店铺面。

那么，究竟要请教什么问题呢？一般可以请教商品的优劣、市场现况、制造方法等。对于商店老板而言，有人诚恳求教，大都会热心接待，会乐意告诉你他的生意经和成长史。而这些宝贵的经验，也正是推销员需要学习的。这既可以拉近彼此的关系，又可以提升自己，何乐而不为呢？

记住，下次见到准客户，以赞美对方开始访谈必有收获。

5. 强化修养，注重礼仪

日本是礼仪之邦，尤为注重礼节，而"礼"的含义极为丰富。原一平在"仪表美"上曾碰了一次钉子。一天下午，他故意歪戴帽子，重访一家上午已与他签约投保的烟酒店老板。不料，他刚进门竟遭老板斥责，令他惊恐万状，方知失礼，连忙正帽跪地赔礼，平息老板的余怒。聪明的原一平知错即改，感化了老板，促使老板格外"开恩"，将上午原交 5000 日元保费追加到 3 万日元，给了原一平一个意外的惊喜。这件事也给了原一平一个彻底的反省。从此，他处处注重礼节，讲究仪表美。同时他也意识：保险推销是一门深奥的学问，必须具备市场学、心理学、口才学、表演学等多方面的知识。为了提高自身的修养，他坚持每星期六下午到图书馆苦读；为了能更好地贴近保户，他掌握了多种谈话技巧，练就了 38 种"笑"。这些都使他在推销中受益匪浅。

1976 年，73 岁的原一平，因努力提高保险推销员地位的卓越贡献，荣获日本天皇颁赠的"四等旭日小绶勋章"。

§2 世界首席推销员的成功之路

1. 老人的无奈

齐藤竹之助 1919 年毕业于日本庆应大学经济学系。同年，他进入日本三井物产公司就职，后任三井总公司参事，直到 1950 年退休。

1951 年夏季的一天，57 岁的齐藤竹之助由于参加参议院议员竞选落选而欠下一笔 320 万日元的重债，他不得不去他的老同学——朝日生命保险公司总经理行方孝吉那儿借钱。谁知老同学听了他的来意后，友好地说：……我这里的周转资金都是顾客的。尽管我是总经理，也不能擅自决定借出去。依我看，像你这样的性格，又善交际，若从事保险推销，区区 300 万元轻而易举即可挣到……齐藤就这样在走投无路之时，无可奈何地做了生命保险推销员。此后，他断断续续地开始了保险推销。1952 年 1 月，齐藤正式登记为朝日生命保险公司的保险推销员。

2. 我要争第一

齐藤正式进入朝日生命保险公司后，就暗暗发誓，要在该公司 2 万名推销员中成为首席推销员。目标既定，他便找来国内外各种推销书籍用心阅读，反复训练。他甚至把最喜爱的《我是如何在销售外交上获得成功》一书带在身上，一有空便专心致志地阅读，潜心研究，以提高自己的推销技巧。并决心和书的作者美国寿险推销大王弗兰克·贝德格一争高低。

齐藤拜访的第一个单位是他的朋友佐佐木经理所在的东邦人造丝公司。佐佐木经理热情会见了他，并介绍他与总务部长详谈。当他与总务部长谈完后，方知号称日本第一的保险推销老手渡边幸吉也来了。望着渡边乘坐的"凯迪拉克"，他感到有一种沉重的悲壮压在了心头。是迎难而上，还是知难而退呢？他最终选择了前者。

晚上回到家中，齐滕反复推敲，制订了一份近乎完美的保险计划。次日清晨，他带上计划再次拜访了总务部长。之后几天，齐滕天天都打听情况，并反复背诵"不论多么困难的推销，只要以诚意和热忱相待，就必定能成功"。

终于有一天，他接到通知后来到了佐佐木经理的办公室，并受到经理和总务部长的起身迎接。佐佐木经理握住他的手说"齐滕君，让你多次奔波，辛苦了。由于你的保险计划订得很出色，所以决定同你签订2000万日元保险合同。祝贺你!"此时的齐滕早已激动得热泪盈眶，他为瞬间的成功，为战胜竞争对手而流泪!

在拜访东邦公司的同时，齐滕还对其他行业的顾客进行了访问，其中有大公司的领导、中小企业的经理、企业员工及家庭主妇等。只要有一线希望，他就一个个依次推销，从不放过一个机会。

推销初期，齐滕的生活异常艰苦，甚至连车费都不够。一天，他去青山学院推销团体保险，上车后因开小差而鬼使神差地提前下了车。当他意识到早下了时，已没钱再乘车，只好步行去了青山学院。因口渴，他从收发室员工手中接过一杯水便一饮而尽，但还未解渴，只好以要吃药为借口，再要了杯水。生活虽艰苦，但"要成为首席推销员"的誓言时刻激励着他，因而他也就不觉得艰苦了。

3. 攀登寿险行销"王座"

经过五年的不懈努力，齐滕终于赢得了朝日生命保险公司"首席推销员"称号。就在这一年，他还清了所有借款，生活也逐渐富裕起来。而这时，齐滕也已62岁了。面对成绩和荣誉，这位老人没有满足，而是加倍努力工作，把保险推销看作他的第二人生。齐滕又制订了更高的奋斗目标：力争在全日本85万名推销员中做首席推销员。

为了实现"全日本第一"的奋斗目标，他每天早晨5时即起床，躺在被窝里看书，思索保险推销方案；6点半往顾客家中挂电话，最后确定访问时间；7点钟吃早饭，与妻子商谈工作；8点钟到公司上班；9点钟乘车出去推销；下午6点钟下班回家；晚上8点钟开始读书，反省过失，安排新方案；11点钟准时就寝。这就是齐滕最普通的一天。他总是这么从早忙到晚，一刻不停地工作和推销。功夫不负有心人，1959 年，齐滕终于登上"日本第一"的王座，创造了月收保费 2.8 亿日元的新纪录，成为日本首席保险推销员。

4. 向世界冠军冲刺

成为日本首席推销员后，齐滕又确定了更高的奋斗目标——登上世界首席推销员宝座，并在生命保险业的各方面都成为世界第一。目标确定后，齐滕又怀着必胜的信念，向这一目标发起冲刺。1963 年，他的推销业绩已达到 12.26亿日元，被美国的"百万美元推销员"俱乐部吸收为会员，并连续四年作为亚洲的唯一代表连续四次出席例会，最终被认定为该俱乐部的终身会员。

齐滕自出席俱乐部例会后，推销纪录年年刷新。1964 年为 17 亿日元，1965 年高达 27 亿日元，并一直保持了日本首席推销员的殊荣。1965 年，他完成了 4988 份合同的签订任务，收取保费 27 亿日元。也就在这一年，这位 72 岁高龄的老人终于登上了世界冠军宝座，成为世界首席保险推销员。

齐滕常说："我之所以有今天，就是靠坚定的信念而焕发斗志，动脑筋、想办法、不断创新，顽强地使推销获得成功，就一定能成为优秀推销员。"他成功的处方是：积极研究竞争对手的策略和方法；努力学习竞争对手的优点，不断改正自己的缺点；学会赞美你的对手，不要攻击对手；深入了解竞争对手曾犯过的错误，避免自己重蹈覆辙。

§3 柴田和子：无敌保险推销之王

1. 家庭主妇走上保险行销路

1938 年，柴田和子出生于日本东京的深川。在她 10 岁的时候，父亲便不幸离开了人间，母亲是一位不屈不挠的人，顽强地担起了家庭生活的重担，柴田和子也深受母亲的影响。母亲经常对她说："别人纠正我们 100 个问题，即使 99 个不正确，只要有一个是正确的，也要心存感谢。如此，方能常保喜悦面容。"由于家境经济困顿，因此她读完高中就进入"三阳商会"就职。1966

年她与同事结婚后，当了四年的专职家庭主妇，哺育两个幼儿。当时，柴田和子一家 4 口挤在两间租来的分别只有 3 个榻榻米和 6 个榻榻米大小的房子里，生活并不宽裕。

1970 年，其貌不扬、身高仅 153 厘米、体重 73 公斤，而且已有两个孩子的柴田和子在其表妹朋友的说服下，踏入日本"第一生命"保险会社新宿支社，开始了寿险推销生涯。柴田和子很快调整了心态，除了对工作和生活的积极态度外，还有一个秘密，那就是渴望拥有自己的房子。而从事保险推销，柴田和子想象它也许是上天给自己的一个机会，如果好好地利用它，也许就会实现自己拥有一套新房的梦想。

柴田和子她进入保险公司后的第一件事，就是主管要求她写出 300 位认识的人的名单。由于从业之前，柴田和子是名普普通通的家庭妇女，认识的人根本不足 100 人，最后，为了蒙混过关，她乱编了 300 个名字，连已过世爷爷和未出世的儿子柴田壮一郎的名字都在其中。

过了第一关，过不了第二关。她的主管天天追问"那 300 人进展如何？"柴田和子只好硬着头皮，每天给她的客户寄明信片。明信片上写着：也许你很讨厌保险业务员！但是为了我的学习，请务必赐教。结果出人意料，在这些名单中，她竟然连续签下了 187 份保单。

2. 从头号训练生到世界保险行销第一

在她进入公司的第 2 个月，公司首次开办"女子训练班"，而柴田和子就成为头号训练生，接受了一个月的特别训练。讲习课主要传授"如何无预约造访陌生的潜在客户，即陌生拜访与遭受拒绝时的应对"等课程。

从课堂上学到的理论与技能，使柴田和子耳目一新。她不断有新的体会与理解，并与自己的推销实践相结合，从而进一步深刻了解如何推销保险和保护自己的利益与自尊，这些对她日后的保险推销工作大有裨益。就在这个月，柴田和子再接再厉，一口气签下了 3000 万日元的巨额保单。到入司一周年时，她的保费收入竟达到惊人的 68 亿日元。这时候，公司的其他同事都对她刮目相看，觉得简直不可思议。

更不可思议的事还在后头。从 1978 年起，柴田和子连续 16 年蝉联了日本保险销售的冠军。1988 年，她创造了连续 9 年获得日本寿险推销的三冠王，以及世界寿险销售第一的业绩，并担任了年度的"百万圆桌会议"会长。柴田和子因此而荣登了当年出版的吉尼斯世界纪录。此后，她逐年刷新销售纪录，至今仍无人打破。1991 年，柴田和子推销的团体保险为 1750 亿日元，个人寿险为 278 亿日元，合计 2028 亿日元。这些数字相当于几千位"第一生命"保险公司的保险业务员一年所创下的业绩。她当年的个人收入也达到创纪录的 37 亿日元（约 3 亿元人民币）。她与西方的保险泰斗班·费德雯被称为人寿保险的奇迹，谓之："西有班·费德雯，东有柴田和子。"

3. "疯女人"的勇气

约谈是成功销售的开始。柴田和子自从获得"全国第一"和登上吉尼斯世界纪录后，虽然约谈较从前顺利多了，但也有人会用另种方式拒绝她，比如送一些礼物给柴田和子，但是绝不谈保险。

愈挫愈勇是柴田和子的个性，每当遇到一些"高明"的拒绝后，她总是思考如何突破及采取什么样的方法。有一次，柴田打电话给一家公司的经理，跟他谈见面的时间，经理说中午 12 点比较合适。中午 12 点整，柴田和子准时出现在公司里，因为她不知道正面坐的就是公司的经理，她说："对不起，请问经理在吗？""喂！哪有人午餐时间来的。"经理把柴田和子臭骂了一顿，柴田和子反问他："那么，经理你所说的中午是几点？""中午就中午。""你说中午来，所以我准时 12 点到，因为，我照你的吩咐 12 点到并没有错。"经理看着柴田和子，心想今天怎么碰上了一个顽固的女人。

柴田和子转了口气："那么 12 点半好吗？""可以。"

柴田和子到隔壁快餐店点了一份意大利面，吃完后提前 3 分钟抵达公司。

12 点半到了，柴田猛然冲进经理办公室，大声说："我是'第一生命'的柴田和子，初次见面，请多多指教！"这位经理身材魁梧，给人一种压迫感，因此其他业务员拜访他时，由于过于谦虚而谈不到正题。而柴田和子是他碰到的第一个敢于当场驳他的"疯女人"。最后，经理接受了柴田和子的建议，当场签署了 2.8 亿日元的保单。

从此以后，这位经理成了柴田和子的朋友，为她介绍了很多客户。

4. 企业老板的投保方案

柴田和子并没有什么特殊或过人的才能，长得也不出众，只是她能紧紧地抓住行销的命脉，合理、合适地为企业老板设计投保方案。讲话要有凭有据，勇于挑战高额保单也是她的秘诀之一。

许多人都会遇到同一个问题，那些身家富绰的企业老板，应该投保多大的保额或缴多少的保费才比较合适。柴田在为企业老板制作建议书、设定保额时，会将公司一年支出的薪资总额乘以三。

"老板，贵公司有多少位员工?""有 20 名。"　"他们的平均年薪大约是多少?"　"大概是 400 万日元吧。"　"那么，你一年必须准备 8000 万日元作为员工的薪水了。再加上主管的部分，大约是 1 亿 1000 万日元吧，请问，是否可以为你设计 3 年薪资的保险金额?"

光是空口要求顾客投保多少，是难以说服对方的，必须确实拿出要他投保这么高金额的理由为根据。对于资金不充裕的企业老板，可以建议设保 1.5 倍年支出薪金的总和;对于资金充裕的企业老板，则综合各种险种，为他们设计的保额为 3 倍的年支出薪金的总和。

5. 抓住客户的心

抓住客户手，永远是朋友。对顶尖寿险行销人员来说，还必须能牢牢抓住客户的心。

柴田和子有一段这样的经历。一天，一位担任设计师事务所社长的客户来电话:我想为太太投保，请派一位秘书或任何一位工作人员来就可以了。因为好久不见了，柴田小姐你大概已经忘了怎么来我们公司了吧! 柴田立刻回答:说哪儿话，我可是牢记得很，你的办公室是在赤阪消防署附近，对吧! 社长听了柴田的话，颇为感动地说:你可真没忘记!

这位社长是在距第一次签约 8 年后，第一次打电话给柴田和子。因此，行销人员千万不要只顾着眼前的事情，而忘了花心思去思考如何使客户更加感觉快乐。

遇到客户的生日，即使只是送一些廉价的礼物，也要附上最诚挚的贺卡以表心意。若是耳闻客户要出外，不妨到寺庙求个护身符，保佑他平安。最昂贵的礼物，不见得就能取悦于人，游乐园的入场券，只要附上一张小纸条写明"我可没忘记你哟！"就可以收到预期的效果。

柴田有时拜访一些公司，顺便会买上几盒寿司前去，一进去便说："哇，今天都在加班，真是辛苦了。因为一年只来这么一趟，所以我特地买了这些寿司来，这可不是钱的问题，而是一路捧来的重量问题，各位了解我的心意吧！好了，这个办公室里还没有投保的人，请举手！"

"看在我这寿司还有我远道努力捧来的这份情面上，总有几位要投保的吧！请帮我找一找。喂，请帮我把寿司搬一下，今天我可不空手而归。最近，我几乎不做个人保险，可是今天例外，我可要努力签几张保单回去。"平时要多花心机在客户身上，客户绝不会移情别恋，不论隔多久，一定还是会再度签约的。让客户知道你在乎他，并保持与客户的密切接触。

6. 柴田和子的"时间管理"

柴田和子即使有了终身事业，也没忘记自己还是一位家庭主妇，是人妻、人母，并没有因为有了工作，就将家事置之不顾。家庭是每个人的生活港湾，她每周都要抽时间与家人共聚。

柴田和子5：20起床，坐汽车上班，到公司的时间在9：10到9：30之间，上午是按约好的行程办事，下午有时也会赴约，要不然就处理其他业务。

客户多的时候，柴田一天会和30多位客户面谈，出门巡回拜访，一天最多60处地方，大部分拜访的对象都须特别用心经营，而且每次谈话的内容都非常紧凑，因此只要转三个地方，就会累得快要瘫下来。

柴田和子在拜访客户时，往来的交通工具是电车，驾驶汽车容易受到路况影响而无法掌握抵达的时间，所以，搭电车是最恰当的选择。有必要的话，下了电车再搭计程车也很方便。

星期六、星期日对柴田和子而言，是安排参加客户的婚礼，拜访亲朋好友或是出席各种聚会的时候，柴田和子工作多年，交际广，这些机会就特别的多。整理办公桌也成了假日工作之一，如果不整理的话，书信、传真等必须处理的文件很快就会堆积如山。

此外，星期六、星期日是柴田和子身体的保养日；星期日，有一位同名同姓的柴田和子小姐到家里来，为柴田和子做两个小时的全身按摩，非常有效，针灸则是每隔一周做一次。

中午柴田和子一直都习惯在外面用餐，晚上尽量在家吃晚饭。在外面吃饭时，柴田和子一定和自己喜欢的朋友一起吃，而不是客户。她从不喝酒，所以不会去有酒的场所，晚上即使在外面吃饭，也会比较早回家。柴田和子把星期日定为全家团聚的日子，所以晚餐也是全家一起吃的。

柴田认为一个人事业要成功，有一个幸福的家庭是很重要的，无论事业进行得多么顺利，如果家庭不和谐，问题百出，就没有任何意义了。

7. 机智幽默的保险行业协会会长

柴田和子从 1992 年就任 MDRT 日本分会会长，1995 年起担任日本保险行业协会会长。虽然公务应酬繁忙，但其销售业绩依然骄人，早已超过了世界上任何一个推销员。柴田和子说话机智幽默，为人搞笑，衣着奇特，已经成了当今营销精英分子们心中的"顶级大姐"和最酷偶像。

柴田和子把自己的成功总结为两个字——服务。每年的感恩节来临，她都会为自己的客户送上一只火鸡。因此，人们都亲切地称她为"火鸡太太"。她的成功处方是：

（1）只要你想要，没有什么不可能的。

（2）服务永远是销售制胜的关键。

§4 小镇里升起的保险营销泰斗

1912 年，班·费德雯出生于美国一个名不见经传的小镇。1942 年，30 岁的费德雯加入纽约人寿保险公司，成为一名保险推销员。

费德雯极富销售天赋，就单件保单销售而言，他曾做到 2500 万美元，单一年度销售业绩曾多次超过 1 亿美元。他一生中售出了数十亿美元的保单，这个金额比全美百分之八十的保险公司的销售总额还要高。

在这个专业化导向的行业里，连续数年达到 100 万美元的销售业绩，便能成为众人追求的、卓越超群的百万圆桌协会会员（MDRT）。而费德雯却连续做到将近 50 年，平均每年的销售额达到近 3000 万美元。

放眼现代寿险发展历史，没有任何一位推销员能赶上他，真可谓保险推销奇才。而这一切，却是在他家方圆 40 里内，一个人口只有 1.7 万人的东利物浦小镇中创造出来的。

1955 年，没有人敢去想，一名寿险业务员的年度业绩竟能越过 1000 万美元。但 1956 年，费德雯就超过了。1959 年，2000 万美元的年度销售业绩被认为是遥不可及的梦，是那样的不可思议，以致保险从业者连想都没想过，但费德雯却是例外。1960 年，他把 2000 万美元的梦想变成了事实。1966 年，费德雯冲破了 5000 万美元的销售大关。1969 年，他再次缔造了史无前例的 1 亿美元的年度销售业绩。往后他更是屡见不鲜，不断刷新自己创造的世界销售纪录。

1984 年，费德雯获得了保险业的最高荣誉——颁罗素纪念奖，成为世界闻名的一代保险营销泰斗。

费德雯说："我的成功没有任何秘诀！"其实他早已把他的"秘诀"公之于世了。多年来，他总是从早上到晚上，从周一到周日，从不间断地努力工作。费德雯认为："对自己的生活方式与工作方式完全满意的人，已陷入常规。假如他们没有鞭策力，使自己成为更好的人，或使自己的工作更杰出，那么他们便是在原地踏步。而正如任何一位业务员会告诉你的，原地踏步就等于退步。"

费德雯的成功秘诀就是：积极进取，不断挑战自己的极限。

§5 推销超人及其制胜法宝

乔·坎多尔弗博士是全美十大杰出保险业务员，也是历史上第一位一年为销售超过 10 亿美元保费的超级寿险推销大师，成为全球数千万保险推销人的学习楷模。

1. 苦难的青少年

乔·坎多尔弗博士出生在美国肯塔基州，并在那儿长大。他的父亲是外国移民，在他移居美国后不久，便与一个意大利西西里家庭中的一位老姑娘结了婚。

坎多尔弗常常自豪地说："我的父亲是一位勤劳、能干的人，他常告诉我，在美国，你可以随心所欲地干你愿意干的事，但对你来说，从商是最好不过的事情。"

坎多尔弗 12 岁时，母亲因患癌症去世。他在读中学的时候，父亲也不幸魂归天国，其叔叔收养了他。失去父母后，坎多尔弗陷入难以忍受的痛苦之中。之后，他先后进入美国军事研究院和迈阿密大学数学系学习。

2. 弃教从保，勤奋推销

1958 年，他从迈阿密大学数学系毕业后，成了一名职业棒球运动员。1959 年，他告别棒球队，和妻子卡罗一道来到佛罗里达州。在那里，他成了一名数学老师，并利用业余时间做些辅导员的工作。当时，他的月收入仅为 238 美元，经济非常拮据。1960 年，他的第一个孩子出生，经济更加困难。

1960 年夏天，坎多尔弗在妻子的鼓励下改行进入保险公司，开始尝试推销人寿保险。他的寿险推销生涯也从此开始。他仔细推敲并背熟保险公司给他的长达 22 页的保险条款说明书，并和妻子卡罗日夜不停地排练推销保险的每一句话。坎多尔弗极富耐心，他排除杂念，一心一意不断努力，在第一个星期就完成了 9.2 万美元的保费。坎多尔弗每天 5 点起床，6 点钟做完弥撒，就开始一天的推销工作，直到深夜 10 点。如果当天工作进展不好，就省掉一顿饭。由于勤奋努力，第一年个人收入就高达 3.5 万美元，相当于他当老师 12 年的收入。

坎多尔弗时间观念极强，恨不得把吃饭睡觉的时间都用来工作。他说："我觉得人们在吃睡方面花费的时间太多了，我最大的愿望就是不吃饭、不睡觉。对我来说，一顿饭若超过 20 分钟就是浪费。"他还说："在销售过程的每一个环节自信心都是必要的成分。""在工作时间，我不做与推销无关的事。即使是吃饭，也一定和推销有关。我常和客户一起吃饭，如果不是客户，也是一位能帮我赚钱的人。此外，当我一个人独自用餐的时间，一定是边吃边看专业性刊物。一天有 24 个小时、1440 分钟，我把握每一分钟，使分分秒秒都用在推销上。"自 1966 年开始，坎多尔弗曾连续 10 年每年的推销额都超过 8 亿美元，成为美国最富有的推销员之一，被人们尊称为"寿险推销大师"。

1976 年，坎多尔弗的保险销售额高达破天荒的 10 亿美元，并成为百万圆桌会议终身会员。他一年的销售额，大大超过了绝大多数中小保险公司一年的保费收入。

3. 全新的演讲会销售

坎多尔弗真正的秘密在于使用一种全新的销售方式——演讲会销售。自 20 世纪 70 年代中期以来，坎多尔弗就使用这种行销方式，既可节省大量时间，而且效果十分明显。

坎多尔弗在演讲会开始前会事先发送邀请函。在演讲尾声时，会收回那些有兴趣再深入讨论人寿保险的邀请函。事后再仔细了解他们的需求，然后打电话给这些人，给他们一些建议。之后，他聘请的专家们会向这些人销售所建议的保险。

演讲会销售成败的关键在于目标人员的选择。为了让这个方法奏效，必须谨慎地选择听众，否则，那些对保险没兴趣的人会白白地浪费时间。坎多尔弗的销售对象是公司的老板及企业家。

至于如何在特定的领域中找到准客户，坎多尔弗自有一套方法。他会从许多邮件或宣传件中找出一些有用信息，当然也通过一些私人企业协会，获取有价值的名单。坎多尔弗曾经在今日美国及华尔街日报上，刊登演讲会的广告。他认为：不要害怕花费，目的就是要投资金钱来赚钱。

成功处方：找出高收入的目标市场。邀请他们参加你的演讲会。

4. 与客户一同成长

坎多尔弗在从事寿险事业之初，就对自己发誓，每年都要对每一客户加以追踪，使自己与客户一同成长。

有一天，坎多尔弗给一位19岁的年轻人卖了一份保单，年轻人将为人父。他的保额是5000美元，保费是每年24美元。在坎多尔弗看来，无论是大客户还是小客户，每位客户都会从自己身上获得相同的服务。他常这样说：我有义务为他们服务一辈子。他卖给年轻人的除一份保单外，还有一份服务的契约。

这位年轻人后来搬到了戴脱纳海滩，与他的岳父合伙做生意，他岳父是戴脱纳赛车场的老板，并且是美国最大的赛车制造商。

坎多尔弗与年轻人一直保持密切的联系，即使他暂时不需要再买保险，坎多尔弗也依旧把他当成自己一生的客户。只要他的保险依然有效，坎多尔弗就会为他服务，以关心他的生活作为自己的义务和责任。

多年以后，年轻人继承了岳父的事业。后来，他向坎多尔弗购买了720万美元的人寿保险，每年的保费是16.8万美元。坎多尔弗说："年轻的业务员可以从年轻的客户开始开发，然后与他们一起成长。"

要关照到你的小客户，并且确保他们受到的服务品质，与你给予大客户的服务品质一样好。这是坎多尔弗的经验之谈。这个世界上，你绝对不知道谁会成为富翁。客户在成长，你也在成长。

5. 我需要你的帮助

真正的销售是在成为客户之后，索取介绍是快速发展准客户的一个行之有效的方法。

坎多尔弗年轻时，曾拜访过一位住在公寓里的先生。他曾是一名很有名气的书商，后来因为他的酗酒，风光不再。在他家里，坎多尔弗看到了许多徽章及奖杯。于是问他："这些徽章和奖杯是如何得来的？""我曾获得美国最佳书商的称号。""你是如何成为第一名的？""因为我知道神奇的格言。""什么神奇的格言？""我会向客户说'我需要你的帮助'，当你诚心诚意地向别人求助时，没有人会说不。""你要求什么帮助？""我请他给我三个朋友的名字。"

坎多尔弗知道了这位先生当年成功的秘密，就是向客户索求三个被推荐的名单。为什么是三个？而不是五个、十个呢？心理学家分析说，人们习惯性用"三"来思考。此外，很少人有三个以上的好朋友。

一句"我需要你的帮助"的确帮了坎多尔弗许多忙。在取得三个朋友的名字之后，坎多尔弗会向客户了解他的朋友的年龄、经济状况等。然后在离开之前坎多尔弗会对客户说："你会在下周前与他们见面吗？如果会，你愿不愿意向他们提起我的名字？或者是，你会不会介意我提到你的名字呢？我会用我与你接触的方式，与他们接触。"

"我需要你的帮助"的确是一个好方法。针对被推荐的准客户的名单进行开发，比直接搜寻客户要容易得多。你可以寻求其他客户及准客户的协助，这有利于你积累准客户的库存。

成功处方：大胆要求转介绍，取得客户的协助来开发新客户。

6. 推销超人的制胜法宝

坎多尔弗谈到自己的成功时，说：我成功的秘密相当简单，为了达到目的，我可以比别人努力一倍，艰苦一倍，而多数人不愿意这样做。其实，他也有自己的一套制胜法宝：

（1）第一印象很重要。

（2）业务员应该花两倍于说话的时间在倾听上。

（3）当客户说话时，一定要看着他们的眼睛和嘴巴。

（4）千万不要表现出对顾客不感兴趣或不尊重，不管在语言或行动上。

（5）当你在开发客户时，应主动与客户预约未来会面的时间，而不要期望客户想要立刻见到你。

（6）告诉准客户你想和他们"分享一个想法"，这才是你所要销售的，不管你从事的是哪个领域。

（7）你若能在客户的事业领域中，表现出你是个专家，便可以增加你的可信度。

（8）早上销售成功的比例较大。

（9）你开发的客户越多，成交的概率就越高。

（10）针对被推荐的准客户名单进行开发，比陌生拜访寻找客户要容易得多。

（11）如果准客户不想见你，试着问问他们是否关起了心灵，不想接受新的想法。

（12）准客户要见你时，以介绍你自己的资格为开场白，让你的准客户多了解你，当他信任你了，就会买你的保险产品。

（13）在试图推销任何商品之前，先问准客户一些问题，以便真正了解客户的需要及想法。

（14）大部分业务员都反其道而行，试图强迫将他们手上的产品推销给客户，这是销售大忌。

（15）卖给客户他们想要的东西。在他们了解你并且信任你之后，就可以再回来，卖给他们真正需要的东西。

（16）在保险完成交易后，寄一张感谢函给你的客户，让客户知道，你是他们所信任的人，是最正确的人选。

（17）向你的客户承诺你一年至少会拜访他一次，让他们可以掌握最新资讯。同时，也想法要求他们成为你的忠实客户。

（18）善于使用演讲会销售。

§6 戴维·考珀：当代顶级保险营销大师

戴维·考珀是世界上最成功的保险营销大师之一。他曾是保险业界最权威的百万圆桌协会（MDRT）最早的顶级会员，并担任过协会顶级会员年会的主会场会议演讲人，曾任寿险代理人协会会长以及加拿大寿险协会税制和立法委员会主席。

但谁曾想到，当他 1958 年开始自己的保险推销生涯时，却已经接近破产，并且连续三个月没有卖出一份保险；后来却售出过价值 1 亿美元的单笔保单。

戴维·考珀认为自己做销售的天赋并不高，但他独创的营销策略却展示了一个保险推销者的骄傲和乐趣所在。每一次推销都是一次精神交锋和智慧历险，掌握其中的要诀就能胜出，无论怎样，一副卓越的头脑能给人带来启发和感悟。

1. 巨型铅笔的故事

戴维·考珀没进入保险业之前曾做过涂料推销员，当时史蒂文公司是他一直想与之合作的一家大公司。因为这家公司部分归属于新英格兰涂料公司，使用的涂料自然完全由新英格兰涂料公司来供应。但该公司所提供的涂料经受不了冬季寒冷的气候，而考珀的一家供货商正好有合适的涂料，所以戴维·考珀一直向史蒂文公司推荐这种产品。但史蒂文公司的约翰却一点都不改变态度，他们与新英格兰涂料公司的合作如此紧密，使别的供货商根本无法插足。

戴维·考珀并不放弃，他每隔几个星期都会带着咖啡、糕点和约翰见一次面，他们相处得很愉快，但约翰却从不提买涂料的事。戴维·考珀绞尽了脑汁，他告诉约翰关于这种涂料的优点，也保证给他最大的优惠，而且经常带小吃来拜访他，但要促使约翰签单购买，他做得似乎还不够，还缺什么呢？

一次在去史蒂文公司的路上，戴维·考珀无意中发现路边一堆废弃物中，有一支长约 4 英尺、作为展示品的巨型塑料铅笔模型，他把这支巨型铅笔带上了。

当约翰看见这支巨型铅笔时，非常惊讶。戴维·考珀说："这支巨型铅笔，就让它帮助你签一下涂料采购订单吧。"约翰笑了，这支巨型铅笔似乎表明永不放弃。当然，约翰也签下了这张订单。

戴维·考珀认为，决定与史蒂文公司签订这笔交易的并非那支巨型铅笔，那支铅笔可以是能带来帮助的任何一种事物，而成功需要的是以创新的方法去冒险的勇气。

2. 迟到的第一笔保险交易

进入保险业后，戴维·考珀并非很快就取得了成功，相反，他一路坎坷，犯过不少错误。但在这个行业最初的几个月里，他明白了一个道理："只有创造性地工作，才能求生存"。

纽约人寿保险公司面试的第一关，就是要求写下 100 个熟人的名单，即 100 个很容易接近并能把保险卖给他们的名单。这个问题不大，戴维·考珀第二天就带着名单来到纽约人寿公司，他被录用了。

随后，戴维·考珀参加了为期 6 天的培训课程，而这次培训则要求他对所列出的 100 个人尝试保险销售。他联络了名单上所有的人，除了部分人已经有了保险代理人，另外一些人根本就不愿意买保险。后来，他开始搜索电话号码簿，而得到的回答大都没什么两样，如"我不需要什么保险，不要再打电话了。""我已经有代理人了，谢谢！""不，谢谢！""我爸爸不在家。"这种糟糕的情形一直延续了快 3 个月，自然也没能卖出一份保单。然而，就在最后两天时间里他却时来运转，终于做成一笔迟到的保单销售，并幸免于被公司解聘，这也意味着要在两天内完成两个多月都不曾完成的任务。

最后一天下午的 5 点，虽然已经接近最后时刻了，考珀还是没有做成一笔保险销售。在回家的街上，恰巧他看到一个人在卡车后面放置梯子，便快步赶上前。

这是个穿着破旧牛仔衣，破旧靴子，看起来很疲惫的中年男子，一个修理屋顶的屋面工。看见戴维·考珀迎向他走来，感到很惊讶。考珀和他随意打了个招呼，问今天怎么样。他回答，感觉累极了。考珀又问："做屋顶这样的工作是否必须要有良好的身体状况？如果有一天突然从屋顶摔落下来，该怎么办？"屋面工耸耸肩说："去医院。"考珀继续问："那谁来照顾你的妻子和孩子呢？"屋面工沉默了一下说："不知道。"

于是，戴维·考珀提出现在有一个特别为屋面工设计的保险计划，在出现意外的情况下，他的妻子和孩子都会得到充分的照顾，而且他还会得到应得的工钱。

第二天，考珀满怀喜悦地带着第一笔保险销售款，走进了纽约人寿保险公司。他终于成功了。

3. 永远保持热情才能成功

许多保险代理人在职业生涯中，都会经历对他们来说具有特殊意义的时刻，也就在这个时刻，他们才意识到自己所销售的保险对于客户有多么重要的价值，并永远点燃他们推销的热情。戴维·考珀也是如此。

一次，戴维·考珀去拜访一位刚从意大利移民来加拿大、名叫托尼的准客户，他在一家工厂工作，妻子在家操持家务并照顾3个孩子。

戴维·考珀向托尼讲解了为他量身定做的保险计划，如果他每年能抽出一小笔钱来投保，在他离去时，家人就会得到很好的照应。托尼听了很满意，但是他妻子玛丽反对。玛丽认为与保费投入相比，生活其他方面的开支有更大的需要。最终托尼只好婉拒了戴维·考珀的保险计划。

时隔几年，考珀偶尔经过托尼的住所，看见他家房子的草坪上摆着一块"待售"的牌子，于是他再次拜访了这里。

几年不见，玛丽一身灰暗的衣服，头发也有些花白了，比那时要显得憔悴很多。原来，托尼几个月前离开了人世，而他生前没有购买任何保险。他的妻子玛丽既没有收入也没有积蓄，却必须独自承担抚养3个孩子的责任。

玛丽带考珀看了墙角边一台绿色的大冰箱，当时，她就是用托尼原打算投保的钱买了这台冰箱。但是，现在因为偿还不起这栋房子的贷款，她只能将房子卖了。考珀几乎要与玛丽一起掉泪了。这是他保险销售职业生涯中的重要时刻，如果他再坚持的话，就不会让悲剧发生了。

这件事永远地改变了他对推销的保险、客户，以及他在他们中所起的作用的看法。要成功地销售保险产品，仅仅了解产品是远远不够的，只有对销售的保险承诺始终充满热情，并始终保持这种热情的状态，才能使保险商品成为在承诺中产生改变人们生活的重要力量。

§7 保险令她见证生命奇迹

1. 执著信仰：做传递爱心的信使

2003年之前，李玉珍做生意赚了些钱，在厦门的房产已达数套，在2007年房价高涨的时期，她家的房产市值已接近千万元。有朋友开玩笑说："你就是坐在家里吃利息，这辈子也够花了。"然而，一次偶然的机会，她参加了中国人寿保险公司的早会，竟然被这个行业深深地吸引了，"或许做保险的激情和我创业做生意的激情是相通的吧"。其实，她身边的人都知道，李玉珍是一个充满爱心的善良女人，正因为她与生俱来的爱心特质，与保险这个传递爱心的行业特质相吻合，这或许才是她加盟中国人寿保险公司的真正原因。

加入中国人寿保险公司以后，李玉珍将自己创业时掌握的各种技能充分展示出来，很快就成为所在支公司交单量最多的营销员，以后的几年，更是蝉联支公司年佣金收入第一名。支公司领导对她评价是："勤奋、真诚，更重要的是她非常善良。"

2006年年底，李玉珍被查出患有间质性肺炎，该病无传染性，却具有致命性。这种在国际上尚无治疗办法的病魔似乎向李玉珍下达了生命判决书，医生告知她最多只有两年的时间。伤心过后的李玉珍却乐观地面对命运带来的磨难，她甚至会忘却自己的病情，把更多的精力放在她周围人的身上。有一次，她在医院病床上休息，在和朋友聊天中得知以前的一个客户家中遭窃，客户丈夫因追赶窃贼不幸摔成重伤，李玉珍不顾自己刚刚恢复一些的虚弱身体，连夜赶到客户家中进行安慰，在得知这个朋友经济上遇到一些困难后，又塞给朋友1000元，并表示有困难时要和她说。这个朋友非常感动："你自己都病成这样了，还过来帮我呀！"李玉珍的回答仅仅是笑一笑。

2. 赤诚敬业：把工作室搬到病房

有些业务精英在名气大了后，眼中只会盯着大单，或许根本看不上80元的学生险和100元的吉祥卡业务，认为保费收入极低、理赔服务烦琐，李玉珍却不这样想。"虽然麻烦点，不过当你看到那些学生躺在病床上等待救助的样子，当你把理赔金送到他们手上为其解决现实问题时，你就会明白花费这些工夫是值得的，也会明白需要有人去坚持不懈地宣传这80元的学生险和100元的吉祥卡。"

2005年年初，龙海郊区某村发生了一起意外事故，一名妇女在自家的卫生间中滑倒导致颅内出血死亡。当家属处理完后事，才想起遇难者买过一张100元的吉祥卡，由于缺乏对保险的了解，加之担心多花费用，家属没有及时报案，也没有把遇难者送往医院。李玉珍得知消息后非常着急，因为没有医院的死亡证明，保险公司将无法赔付。李玉珍当即联系遇难者家属和公司理赔人员，并驱车几十公里前往当地了解情况，由于情况特殊，李玉珍前后跑了许多趟，最终才把事情圆满地解决。当遇难者家属拿到几倍于全家年收入的10万元理赔款时，全家人万分感激地说："谢谢。"这件事在当地农村也产生了巨大影响，很多村民坚信了保险的保障利益，事后都找玉珍买了保险，还有一些人直接跟着她加入了中国人寿保险公司。

2006年年底，李玉珍患病住院期间，始终没有忘记与客户的沟通。"你等我几天啊，等我出院了，就去给你送一份美满一生的计划书。"放下手机的她在丈夫的帮助下，重新躺回病床上。丈夫对她说："你都这样了，还惦记那份计划书干吗啊？""人家主动打电话过来，我自然得言而有信啦。"听说要在病房住上较长的时间，她甚至把自己的笔记本、客户资料本、保单、险种宣传页等都带到了病房。只要一有空，她就忙活起来。很多次，护士小姐看到李玉珍如此拼命地工作，就略带批评地责备她："都把工作室搬到病房里来了，你不要命啦。"她知道大家都是为她好，只是笑着说："我希望能在我有限的生命里做更多的事，让更多的人了解保险，这样我就非常快乐了。"病房的主治医生、护士小姐全被感动了，主治医生说："人家都是来这里调养的，她却把这里当成了第二工作室。"结果医生护士们主动要求李玉珍为她们上保险课，就连隔壁病房的病人也过来听课，最后全部找她买了保险。用她自己的话说："处处都是保险宣传阵地，我们要做的就是把保险生活化。"

3. 真诚服务：80元换来250万元

我们常说，做保险就是做人，客户选择保险的时候很大程度上是在选择营销员这个"人"。认可了"人"，其他的都好解决。对李玉珍来说，要做好这个"人"，除了要具有基本的专业、勤快等素质外，更重要的还是真诚服务。

"我和玉珍是十几年的朋友了，她最大的特点就是以诚待人。我原来投保的是另外一家亲戚所在的保险公司，10年了，被玉珍感动了，现在终于改投玉珍门下了。"李玉珍的客户林女士是一家服装代理公司的负责人，被她10年来的真诚坦然所感动，主动要求购买 12 年期交的美满一生产品。"她几乎没有和我说过保险的事，完全把我当朋友交往了 10 多年。人有的时候无所求却往往能有所得，关键是你是否'心诚'。玉珍就是这样的心诚之人。"

2005 年 9 月，厦门思明区的一位客户打来电话咨询学生险业务。那时已是晚上 9 点多了，李玉珍得知后立即联系这位客户。在得知这位客户离自家有近半小时车程后，李玉珍立即打的前往客户家，要知道 80 元学生险的个人收益只有几元钱，而光车费都远多于这个数。她的敬业精神让这位客户十分感动，两人便聊了起来，竟然十分投机。让李玉珍没有想到的是，这位从 80 元学生险买起的客户，最后竟然投保了 250 万元的鸿瑞趸交险，这也成为她保险生涯中最大的一笔保单。

对此，李玉珍的解释是偶然因素，但大家都清楚，偶然是必然的积累，没有日积跬步的执著勤奋和真心为人的服务态度，这样的偶然永远不会发生。

4. 家人支持：82 岁的婆婆做"后勤总管"

不像朝九晚五的职场经理人的工作，保险营销员的工作弹性空间较大。有的营销员可能一个下午都没事干，有的营销员可能忙得连回家的时间都没有。李玉珍就属于后者。

李玉珍的儿子回忆说："自从她从事保险业以来，几乎把大部分时间都花在客户身上了。有很长一段时间，我们都已经习惯了她不在家吃饭，我记得有一个中午，她突然回到家里，家里人都感到很惊讶，以为出了什么事，原来她是回家来吃午饭的。"或许受了母亲的职业精神影响，儿子一心想早日体验职业工作，硕士毕业后，他放弃了保送博士的名额，毅然参加工作，让人感慨的是，他从事的也是和保险紧密相关的职业。

李玉珍能取得如此出色的成绩，家人功不可没。她的丈夫虽然没有明确表态，但从他对李玉珍关心的程度上看的出来，他的内心一直在支持李玉珍；儿子、女儿自然不用说；更可贵的是，李玉珍 82 岁的婆婆竟然也给予了她坚定的支持。自从李玉珍加入中国人寿保险公司后，待在家里的时间越来越少，家务活大部分都由老太太包揽，并且打理得井井有条，没让她操太多心。对于李玉珍所从事的职业，老太太双手支持：玉珍做得好，是我们全家人的光荣，我老太婆脸上也有光啊。每当谈到这里，李玉珍都会内疚不已，"我最对不住的就是我婆婆，她太不容易了。我亏欠家人太多了。"她哽咽地说道。

由于真诚待人的杰出品质、严谨专业的业务风格、细致入微的后续服务，李玉珍在中国人寿保险厦门分公司营销员队伍中出类拔萃，连续几年在分公司年度业绩排行榜上位列前三甲，FYC排名多次位列所在支公司第一名。加入中国人寿保险公司的这几年，李玉珍个人总保费共800多万元。出色的业绩也为她带来了无数荣誉：MDRT美国百万圆桌会议成员、全国系统销售精英二级金质奖章、厦门市首届十佳寿险营销员……

或许是老天对李玉珍眷顾有加，两年多来她的病情没有恶化，反而有逐步好转的迹象。残酷的病症丝毫没有阻挡李玉珍保险事业的脚步，她说：我要把有限的生命化为无限的热情，为我的客户、公司，为我所从事的保险行业奉献更多的能量。我会在中国人寿保险公司这个大家庭里见证我自己的生命奇迹。我们有理由相信，凭借着顽强的生命力和意志力，李玉珍在她的保险道路上，将会做得更好、走得更远，见证更多的奇迹。

2009年3月19日，中国人寿保险集团杨超总裁在厦门分公司视察时，得知有位营销员患上间质性肺炎，只能用三分之一的肺进行呼吸，可她仍然忘我地奔波于展业一线。杨总亲切地慰问了李玉珍，并称赞道：像这样突出的先进事迹，应该在全系统进行宣传推广！

她拥有资产近千万元，拥有令人羡慕的家庭，却出人意料地投身保险行业。命运让她在知天命之年，体验绝症之旅。但病魔并没有让她止步，反而激发出她更为坚毅的热情，令她在保险之路上越走越远……她就是中国人寿保险厦门市分公司优秀营销员——李玉珍。

（摘自中国保险网，作者刘黎明，改编唐金成）

§8 小镇成就了他的保险人生

1992年6月30日，是陆阿明保险人生中永远难忘的日子。这一天，他签下了入司后的养鱼保险第一单。对新人来说，业务破"零"犹如人生的"处女作"，是件大喜事。而陆阿明却高兴不起来，由于激动，稀里糊涂地把保险投保日期"当天投保"写成了"当天起保"。偏巧，客户的鱼塘当天晚上就发生了死鱼事件，给他当头一击，也成就了他的保险人生。

1. 成功只留给用心的人

20 年前，陆阿明从退伍老兵成为一名农村保险业务员。20 年来，他经历过失败的痛苦、遭受过藐视的眼光。然而，基于对保险事业的无限忠诚及对自己不断地挑战，陆阿明从荆棘中走了出来。可以说，陆阿明走出了一条从无到有的保险人生，同时也告诉所有的保险人：机会只留给用心的人。

在见到陆阿明之前，笔者看到有关《"苏州模式"中走出千万元保险营销服务部》的信息，有这样一串数字：23 平方公里的石浦乡镇，2007 年保费突破500 万元，2008 年保费达 800 万元，2009 年保费破 1000 万元，市场占有率达到90% 以上……

对于这样的一串数字，对于这个不足两万人的小乡镇，我真的难以想象，作出 1000 万元保费的背后需要付出多少艰辛和汗水啊！

第一单的"一字"之差，对陆阿明的教训刻骨铭心，他深切地感受到做保险要用心去做。从此，他苦练内功，买来《保险专业知识与实务》等书籍废寝忘食地猛啃，扎扎实实地提高自己的保险专业素质和服务本领，同时，通过这件事情也让他养成了细致用心的习惯，不管做什么事都力求精益求精。

"客户不分大小，今天的小客户或许就是明天的大客户。"陆阿明坦言，在农村做保险最初接触的都是小客户，而服务不能分大客户和小客户，应一视同仁。他个人拓展的 800 万元保费，都是由几十元、几百元的小保单集聚起来的。"卖保险就是卖服务，永远真诚如一是保险人的信条"。

他一直把服务信条灌输给自己的销售团队，并一如既往地执行下去。如今，如果有人问，在昆山谁家的保险员素质最高、谁家的保险员业务能力最强、谁家的保险员服务态度最好，那么，答案只有一个：人保陆阿明团队最棒。

如今保险公司产品趋于同质化，如何在市场竞争中脱颖而出，一直是陆阿明摸索的问题。他一直告诫自己的伙伴要时刻做好三项准备：准备好保险技术，准备好市场调查，准备好服务台账。用陆阿明的话来说，做保险其实在哪家做都一样，成功的关键在于是否把握了自身的品牌优势、是否掌握了专业技巧、是否了解客户的心理需求。

昆山绝大部分的台资针织、纺织企业都是陆阿明的老客户。在签订这些客户之前，都有强劲的竞争对手，可以说对方保险公司都有着"天时地利人和"的竞争优势。然而，最终台湾客户选择了陆阿明。不为别的，因为所有客户都觉得陆阿明设计的组合式保险计划书，符合客户的风险需求和企业的承受能力，一企一单为企业量身定制的险种组合得到了客户的认同。

陆阿明的服务在昆山保险业是响当当的，他的专业技能更是为了使企业防损减灾。2008 年 1 月，我国南方百年一遇的暴雪给企业造成了严重的损失。在陆阿明手上投保的企业客户受损后，每个客户都能够足额地得到理赔给付。原来在企业投保时陆阿明就把握承保这个环节，在承保时会仔细询问每家企业有何账外资产、未入账的资产以及企业在生产经营中的代加工商品等。对企业隐藏的资产进行评估，规避了企业的风险。特别是在承保时，对企业入账时的固定资产账面原值，结合市场重置的情况进行分析和评估。确定投保方案，并逐一给企业作承保解释工作，尽管在投保时客户会觉得很麻烦或者在报价上会高于其他公司，最终客户的一句真心话道出了他们的真实想法。买保险就是买个放心、买个服务。在陆阿明手上买的保险很放心，企业遇到困难时第一个出现的就是他。

在那次雪灾中，他身边随时准备着照相机、手电筒、雨鞋。每次深更半夜有时凌晨会接到客户的报案电话，接到电话后立马从床上爬起来，及时赶到受灾企业中进行现场查勘，并协助企业组织施救，减少损失。昆山台资企业立益纺织厂在接到 41 万元雪灾赔款支票时，激动地连说感谢，感谢昆山有这样好的服务环境。

2. 认真 + 激情 = 成功

在中国人保财险昆山支公司中，陆阿明是一个敢想敢做的人，是个实干而极富智慧的人，为人朴实、真诚，对待工作则充满了激情。

从 1989 年开始，陆阿明在石浦保险所做业务员，保险所更名为营销服务部后，升任为服务部主任，然后担任千灯营业部的经理，分管石浦、淀山湖、千灯 3 个营销服务部，再后来走到昆山支公司任副总经理，陆阿明的保险之路一步步走来，总经理陶文清看在眼里。

如今，陆阿明的"石浦模式"已经成为苏州人保公司的一个典型。在昆山有数十家保险公司，竞争达到白热化程度，而陆阿明所辖的石浦、淀山湖、千灯的客户一直没有流失，陆阿明用心血和汗水培育的"根据地"成为当地保险市场的一面旗帜。

昆山支公司陶文清总经理多次到石浦营销服务部调研，他给陆阿明的评价是：团队管理能力强，是个做领导的料子。然而陆阿明还是个"编外人"，在保险业外勤转内勤打破头挤进"编内"时，而他却不愿进。陆阿明只要守着他的"根据地"，日子就会过得很滋润。

总经理陶文清想提出给陆阿明"进编"，担心他不答应。陶文清的顾虑不无道理，主要是薪酬问题。

事实上，如果陆阿明就待在千灯营业部做他的经理，那么以他个人 1000 万元的业务量，他的年薪起码有几十万元。而一旦进入昆山支公司，有了"编制"的头衔，那么他的年薪可能只是一个零头，而且他手上的上千万元业务量全部都要下放归公司所有，这对于很多人来说确实是一笔"亏本买卖"。但陆阿明毫无怨言地选择了"进编"，他的回答只有一个：收入不是我要考虑的问题，业务也不是我个人的，是 PICC 成就了我的保险人生，PICC 需要我到哪，我会毫不犹豫地战斗到哪。

如今，陆阿明挑起了昆山人保支公司副总的担子，他分管 8 个营业部、19 个营销服务部。"2009 年实现 1.5 亿元的保费绰绰有余。"陆阿明的回答自信而淡定，对于旗下各个营业部的运作与执行是那么的运筹帷幄。

陶文清对于"入编"后的陆阿明，又有了更新的认识。这种新认识居然是两个"没想到"："原来知道阿明做事很认真，但没想到会那么认真；阿明做事敢想敢做，但没想到会那么有闯劲，对保险业那么痴情。"

（摘自 2009 年 12 月 30 日中国保险网，作者祖兆林、蒋浩宇，改编唐金成）

§9 "三高"主席的谦卑营销

"初见祁彬,第一印象就是个子高,再了解,知道她以保险界少有的博士学历在短短 6 年内迅速崛起,并且开创了令人赞叹的保险事业。个子高、学历高、成就高,这就是'三高'的祁彬!"友邦保险中国区首席寿险业务执行官这样描述和评价祁彬——全球百万圆桌会 2010 年中国区主席。

1. 积累—归零—积累

在祁彬的照片中,经常会出现两个合影的对象,父母和西湖。她说:"人生最大的幸福是做了你们的女儿,是你们给了我跳动的生命、成熟的心智和人生路上的悉心指导。"如果说她的父母赐予了她生命、智慧,那么杭州的水则赋予了她独特的性格。杭州有着温婉柔美的西湖,也有着汹涌澎湃的钱塘江,江南的水赋予了祁彬温婉儒雅与坚韧英豪并存的独特气质。

祁彬的职业生涯在旁人看来一直走得很顺利,但她总在积累过后给自己一次次归零的机会,然后重新开始。

当年大学毕业,她和 200 名大学生一起被分配到了中国计量学院,因为是唯一的中共党员,祁彬的第一份工作是团委书记。但不久后,更乐于走上讲台的她便被调入浙江省某高校担任应用心理学教师,开始了历时 8 年的讲台生涯。

结婚生子后,祁彬与同为教师的丈夫感到有点儿经济拮据。此时,她给自己的事业做了第一次归零,毅然来到深圳投身于改革开放的大浪淘沙中。同时,她也开始了 3 年的复旦大学经济学硕士的学习,随后进入机关工作成为一名国家公务员。随后她再次给自己充电,开始了自己的博士学习。在女儿 13 岁那年,祁彬已入不惑之年,公务员的生涯几乎可以望到尽头,她发现这份工作已经不能满足她内心的渴望。在明确目标后,她又将自己"重启"了一回,而这次的起点正是友邦保险。

攻读经济学硕士时,祁彬就曾对保险有所关注。她认为,随着城乡居民消费观念和健康意识的逐步转变与提高,会有越来越多的人接受商业保险,而寿险更是前景光明。就在这样对自己前景的确信中,祁彬开始了自己的友邦之路。

2. 用智慧化解挫折

挫折是每个保险营销员在初期都会遇到的，很多人因为受不了这份屈辱，觉得没有地位而放弃。相信像祁彬这样曾经从事受人尊敬行业的人，会有更多感触。确实，在刚开始做保险时，她也受到了客户的不信任、拒绝、轻蔑甚至是厌恶。在装修自己的房子时，祁彬很关心装修工人，但收到一句"别对我这么好，我不会买你的保险"。曾经去拜访一位客户，但见面的第一句话却是"我不是已经买了你的保险了吗？还有什么事吗？"。当时的那种沮丧和彷徨是每个人都能想象和体会得到的。

作为一名高学历女性，祁彬善于从知识和书本中汲取力量。《读者》杂志中一篇名为《羞辱是一门选修课》的文章让祁彬领悟到，羞辱无疑是人生的一门选修课，心胸狭窄者把它演绎成包袱，而豁达乐观者则会把它看做是"激励"。《从优秀到卓越》这本著名的商业著作中，她明白不能把信念与原则搞混。明白要成功就必须面对现实中最残忍的事实，无论它是什么。在弘法寺内，僧人妙答，面对世间挫折只是忍他、让他、由他、避他、耐他、敬他，不要理他，再待几年且看他。更是给了她坚定的信念。

除了从书本中获得精神的支撑外，祁彬还非常善于将自己所积累的专业知识和业务结合起来。在销售保险产品的过程中她发现，很多客户虽然购买了产品，但并没有认可保险，只是一个人情的交往。她认为这是由于忌讳、侥幸等心理特征造成的。祁彬根据马斯洛的需要层次论，根据不同客户的不同状况，选择适合他们需求的产品。她一直认为，客户是不会拒绝自己的需求的。

3. "险峰"上的感恩明灯

全球百万圆桌会 2010 年中国区主席、全球百万圆桌会顶尖会员，祁彬几乎囊获了作为一个寿险营销员应该得到的所有荣誉，这一切她用了将近 10 年的时间。站在保险事业顶峰的祁彬和其他寿险人一样，一直把感恩放在心头，但她的理解似乎更加深入和生活化。中国人形容一个人命好，总说其有贵人相助。祁彬最初的贵人就是她的父母、丈夫、哥嫂、姐妹等家人，是她的那些同学和同事。"我深深地知道在我的成长过程中，弥漫着多少关爱的细节，涌动着多少感动的暗流。"

祁彬的感恩没有太多的言语，只是用细致周到的行动去回馈家人、回馈客户及那些在生命中给予她支撑的人。在她的潜移默化下，女儿李晨馨也在大学毕业后加入了友邦保险，将祁彬的感恩文化传承下去。祁彬是一个非常注意细节和周全的女性，她会悉心检查客户的理赔情况，尽一切力量帮助客户完成理赔，哪怕是很小的一笔款项；她会知道客户忙，而帮助客户做一些她力所能及的事；她会用自己的专业知识帮助客户设计理财计划，她会用她的心理学知识开导客户解决生活上的矛盾与不快；她会毫无保留地将自己的成功，分享给那些需要得到经验和帮助的人。

祁彬认为，人生最重要的是对生命过程的触摸、审视和享受。在人际交往过程中，建立信任、友谊和关爱；帮助别人，祝愿别人平安、幸福。这也许就是很多保险营销员心目中的保险精神。

"无论何时我都会像一只充满动力和激情的羚羊，在草原上不知疲惫地奔跑、前进，享受着工作与生活中无处不在的快乐。"

成功的光环总是耀眼的，头顶光环的祁彬总是告诫自己"谦卑，谦卑"，她永远保持谦卑的态度，驰骋在中国寿险事业的光辉大道上。

（摘自 2009 年 11 月 19 日证券日报，作者张艺良，改编唐金成）

§10 亿元保险团队的"姐妹花"

如果不是中国人保财险南京市江宁支公司张经理介绍，真不敢相信坐在自己面前的两位文静内敛的女子，竟然是连续两年带领团队夺得南京市人保财险公司年度销售冠军、实现了年度亿元保费收入的"姐妹花"。70 后的姐姐叫何文艳，沉稳而干练；妹妹叫蔡琳，典型的 80 后，自信而阳光。她俩没有血缘关系，但长期的和谐相处、默契共事，早已让她们情同姐妹。

2009 年，是这对保险"姐妹花"绽放的一年，她俩携手带领着一个团队一举突破年度保费收入亿元大关；2010 年，是这对保险"姐妹花"怒放的一年，她俩一分为二，正各自带领自己的团队奋力冲刺亿元目标。姐妹俩对实现这一目标，充满着激情、自信与期待。

一对年轻姐妹何以能聚积这么大的能量，创造出如此优异的业绩？让我们走近这对"姐妹花"，领略她们的艰辛与甘苦、成长与美丽吧。

1. 执著：连做梦都在谈业务

在江宁支公司，何文艳和蔡琳是出了名的"工作狂"。她们说："尽力只能完成任务，尽心才能完成好任务。不怕大家笑话，我们甚至睡觉做梦都想着做业务、收保费。"

原来，"见费出单"之前，一年几千万元的保费，需要姐妹俩一笔一笔地往回催收，无论保费多少，往往总要折腾几个回合。为这事她们俩没少费心思、吃苦头，经常拖着疲惫的身体很晚才回家，躺在床上翻看催收记录，计划着明天该收哪一家哪一笔……迷迷糊糊，就在梦中收起保费来。

在她们心中，一笔一单地做好业务才是硬道理。有时为了一笔业务，她们付出的不仅有汗水，有时还伴有泪水。

一次，她们得知某大品牌车行与原先的保险合作伙伴因纠纷而解约，保险业务正处于真空期。机会难得，姐妹俩闻风而动，立即介入。不料，该车行作为某大汽车品牌在苏皖地区的销售总代理，挑选合作伙伴有着独特的标准。加上之前保险合作中不愉快的经历，对于后续的保险公司要求格外严苛。车行的销售部经理是个个性独特、做事严谨甚至有些苛求的人，会不断地挑出这样那样的问题，对她们俩粗言训斥。姐妹俩哪见过这种阵势，经常是前一天痛哭流涕回单位，第二天脸上又挂着笑容继续赶往车行。一连 3 个月，她们接连往这个车行跑了 40 多趟。

精诚所至，金石为开。她们永不放弃的韧劲、坚持和执著，感动了该车行的所有人，得到了他们的理解与认可，终于签下了第一张保单，又在南京 4S 店的分布图上插上了一面公司小旗。如同攻碉堡、拿山头。如今，与她们团队合作的 4S 店总数已增至 26 家，所做业务的续保率达到 60%~70%。执著的"姐妹花"终于散发出沁人心脾的香气。

成功往往躲藏在坚持的背后，考验你的耐力与韧性。姐妹俩谈起这段经历，至今仍难掩满脸的成就感。正是凭着这种勤恳、坚韧的精神，她俩的业务越做越大、越做越好，终于登上亿元台阶。

何文艳说：最忙时一天要出 60 多份保单，白天跑外，只好等下班后，用公司当时仅有的 3 台电脑，滚动操作出单，一忙就是几个小时，来不及的时候，急得都要哭了。即使在采访过程中，她们每隔几分钟都要接一次手机，应对自如地处理客户不同的问题，以致让我们惊异于她俩超人的精力、惊人的脑力和化解问题的能力。由于长期超负荷的忙碌以及持续不断的工作压力，这对年轻的姐妹都患上了不同程度的胃病和失眠症，她们的办公桌上就放着一堆药瓶。

"工作这么投入，家庭能顾得上吗？"面对提问，姐姐何文艳打开了话匣：要做好业务，不能只靠每天 8 小时的投入，必须保持 24 小时迅速响应的工作状态。丈夫的工作也很忙，孩子又正上小学，全家一直希望我改行干个内勤，腾出点精力照顾家庭和孩子。但想到手上的工作是自己热爱的事业，想到业务取得突破时那份无可替代的喜悦，想到公司领导的信任和团队员工的期待，工作上的再多付出也就值了。眼下，只能把对家庭的亏欠深埋在心底，先敬业再顾家，用今天的辛苦换取明天的幸福吧。

付出终有回报。姐妹俩的汗水，终于在事业上获得了补偿。妹妹蔡琳，先后获得了中国保监会、中国人保优秀共青团员，省公司先进事迹网络评选第一名等荣誉称号。而姐姐何文艳也多次获得了省、市公司的展业标兵称号，2010年 5 月还光荣地出席了中国人保财险井冈山销售精英峰会。

2. 温情：当员工的知心大姐

在江宁支公司，她们带领的团队连续几年每年所做的业务，占了公司的半壁江山，这得归功于江宁支公司领导的睿智和果断。

女性的肩膀虽然柔弱，照样能挑起"过亿"重担。公司领导适时引入竞争机制，充分发掘潜能，为这对"姐妹花"搭建起竞相绽放的新舞台，毅然决定实行"良性裂变",将姐妹俩的团队一分为二,一个人带一个团队。团队虽然分立,但单个团队的任务指标仍然是过亿元。

由一亿元变两亿元,摆在这对"姐妹花"面前的压力骤然增加。

市场如战场,不进则退,勇者必胜,容不得丝毫的畏缩与懈怠。姐妹俩终于理解了领导的这份良苦用心,十分珍惜这次挑战自我、超越自我、实现自己人生价值的机会。

如今,这两个团队共有23人,绝大多数都是80后年轻人,有的还是90后。这些年轻人分布在26家4S店里,各自为政,几乎都找不到合适的时间进行团队交流。怎么办?

下午前往车行采访,我们刚走进4S店,驻点的小姑娘看到领着我们前来的蔡琳,柔声细语地和她打起招呼:"姐姐来啦。"听着那么顺耳,亲切而自然。蔡琳说:和80后相处,摆出一份居高临下的"头头"样,没人会买账,唯有贴近他们,和他们做"粉丝",才有共同语言,才能形成团队竞争力。

扶上马必须送一程。姐妹俩对待新员工总是手把手、心贴心地传帮带,并坦诚地向他们交流自己的创业感悟与教训。新员工为了能赶时间参加业务技能培训,姐妹俩主动为他们报销打的费。每当公司有经营政策和策略调整,再晚也要传达到每一名员工。在这些80后、90后员工的心目中,何文艳、蔡琳这两个团队领头人首先是知心大姐,然后才是领导。

团队里,谁的家里遇到难处、谁这几天和男友怄气、谁又买了一款新衣服啦……这些看似琐碎的小事情,姐妹俩都能记挂在心上。不管多么忙,她们都会想方设法挤出时间,找个茶楼,分头陪这些小妹妹、小弟弟们聊聊。有时,她们还会抽出时间,进入员工们的QQ空间踩踩,围绕热点话题、八卦新闻、明星趣事、时尚潮流,说上两句,顶一下,赞一个。个别小女生甚至成了两位"知心姐姐"的"闺蜜",推心置腹,无话不谈。

有了这份信任与情感做基础,不知不觉中,"家"的团队氛围形成了,管理的功能也在其中得到了体现。即使是批评、管束,对方也能欣然接受。

形散神聚。在知心"姐妹花"的带领下,团队成员每天都使足了劲投入繁忙的工作中去。加班加点是家常便饭,正常午休和按时下班对他们来说往往是一种奢望。尽管如此，在团队推行"一对一"的专管专营模式下，每个人始终把服务保户放在第一位，他们主动出击与各家 4S 店取得联系，积极为对方提供全面双赢的合作方案，把前台销售与后台维修、承保与理赔全流程有机地结合在一起，并从细节入手，把优质服务贯穿于工作的始终，不间断地与客户保持良好的沟通和交流。

在这两个团队里，几乎人人都养成了手机 24 小时开机的习惯，以便客户遇到问题随叫随到。我们随机打开两个驻店员的手机，发现她们内存的号码绝大多数都是客户的，为了方便快捷，她们在客户的电话前加上"客户"两个字，只要手机一响，来电的客户是谁，一目了然。

如今，这个团队的年轻人做起业务来都是行家里手，个个都成了"保险小专家"，独当一面地履行着"守土有责"的使命。说起这个成长和变化过程，两位"知心姐姐"的方法很简单，就是对 80 后、90 后不带任何偏见，以平等和宽容的心态对待其工作中的失误，全力以赴地帮助补救，举一反三地加以总结。"允许犯错，但不允许犯同样的错误。"出生于 1985 年的驻店员丁娴，大专毕业来到"姐妹花"所在团队，从一招一式学起，仅用两年时间，就把业务由原来的每月 20 万元迅速提升至 80 万元左右，去年个人年保费 700 万元，今年完成 1200 万元成竹在胸。丁娴说：生活在这样一个集体中，我能感受成长的快乐，分享成功的喜悦，实现人生的价值。

3. 聪慧：见识比头发更长

俗话说：女人头发长见识短。但我们从这对"姐妹花"身上更多地感受到一股灵性与悟性、一种聪慧与睿智。她们以出色的业绩展示出职业女性特有的精明和长远的商业眼光。"会算大账，头脑精明，看问题比较远。"这是公司领导对"姐妹花"的评价。

先做人，再做事。这是姐妹俩从市场的磨炼中和多年的工作中总结出的"真经"。

在拓展业务过程中，她们也和大多数保险业务员一样，从陌生拜访开始，在客户的怀疑、犹豫、拒绝中磨炼自己，用女性特有的柔性与真诚赢得客户的信任和支持。一次，蔡琳冒着大雨赶着去为客户送一份保单，路上摔了一跤，但为了不影响客户审车，她不顾满身泥水，也顾不上打理容颜，坚持在约好的时间里把保单准时送到，客户非常感动，连声说，这么守信用的人值得信任。事后，这个客户又接连主动介绍了多笔业务给蔡琳。

　　她们说，做人做事不能太功利，善待客户是我们的本分。一次，何文艳发现一个女性客户一度气色不好，几经询问才得知她得了一种妇科病，思想负担较重。何文艳记在了心里，她动用自己的人脉资源四处打听，终于帮她联系到了一名这方面的专家，经过及时治疗，客户的病痊愈了。现在她和何文艳以姐妹相称，经常抽空一起逛街、购物、喝茶，甚至连买什么化妆品也要耳语一番。姐妹俩就是这样，通过与客户的工作交往升华出了朋友般的友情，逐渐积累起一批知心好友兼忠诚客户，在感情上相互交流，生活上相互关心，事业上相互支持。情到深处人自真。有时，当何文艳或蔡琳在保费任务遇到难处时，这些客户朋友甚至反过来主动帮她们想办法拓展业务。有一次，季度任务指标序时进度吃紧，一个4S店的销售经理就主动提出搞一个主题促销活动，双方一起策划方案、张贴广告，一起现场营销，终于达到了预期目的。还有个4S店的销售经理，跳槽到了100多公里外的其他县区，但冲着"姐妹花"的信誉，她仍坚持把业务介绍到她们的团队来做。

　　在这对"姐妹花"的眼中，做保险业务只有互利双赢才能持久，才能做大。她们凡事都坚持换位思考，不但会从公司的立场考虑问题，更多的是站在客户的角度思考服务中的缺陷以及改进方法。在与4S的店合作中，她们做的每笔业务都会从对方的立场考虑，及时调整服务策略，以期"双赢"。用她们的话来说："要在市场经济中大发展，双方首先不应该是对手，而应该是朋友。"

　　"姐妹花"的两个团队分设以来，今年仅前5个月，姐姐何文艳带领的团队实现保费收入7700万元；妹妹蔡琳带领的团队实现保费收入5200万元，双双超过了序时进度，且业务质态良好，简单赔付率37%，迈上了效益型可持续发展的路子。目前，她们正信心满满地冲刺亿元目标，力争为江宁支公司的业务更好更快发展作出更大贡献。

　　几年来，这对"姐妹花"从含苞待放，经过阳光的照耀和风雨的考验，终于盛开怒放，创造出骄人的业绩，散发出沁人的芳香，展现出迷人的风采。做保险带给她们的太多，她们说：如果不是做保险，我们姐妹不会有今天。谁说保险不能做一辈子？我们这辈子就做定了保险，不仅如此，我们还要以更高的标准、更多的汗水、更实的作风攀登新的业绩高峰！

　　　　　（摘自 2010 年 07 月 16 日中国保险网，作者杨毅，改编唐金成）

§11 全能明星刘育红

　　刘育红是中国太平洋人寿保险公司北京分公司的第一期寿险营销员。1997 年，他的个人寿险业务收入为 230 万元，团体寿险业务为 1000 万元，他还担任着营销经理，管理着 40 多名营销员，人称"寿险全能明星"。

1. 艰难的起步

　　刘育红原来在北京市第一热电厂当工人，工作轻松，上班就是看仪表记数字，年复一年，日复一日，平淡枯燥单调的工作无法笼住他的心。1995 年底，当太平洋保险公司北京分公司开始招聘营销员时，刘育红毫不犹豫地报了名，经过培训，成为太保北京分公司的第一批寿险营销员。

　　万事开头难。1995 年，北京的寿险营销事业刚起步，许多人对此非常陌生，与其说是展业，还不如说是普及保险知识。那时展业，很少会碰到拒绝的，不管人们是好奇还是真想投保，刘育红都不厌其烦地给人从保险的基本知识讲起。就这样，普及了半年多的保险意识，成箩成箩的话说了又说，就是没有什么人签单，最惨时刘育红有 3 个月没有一张保单，无一分钱收入。但看到人们对保险的懵懂无知，刘育红更觉得做寿险营销大有可为，他认准并看好这个行业。

2. 两个"三步走"

　　刘育红现在太保寿险北京分公司营销十八部担任经理，管理 40 多名营销员。他说现在自己陌生拜访展业很少，主要是由老客户介绍新客户，但有时也带新上岗的营销员作陌生拜访，他给手下人提了两个"三步走"的建议。

从展业对象来说，第一步先找亲戚、朋友。熟人之间说话可以轻松一些，稍有说得不完整或不清楚的地方，对方也会谅解你，而且还可以掌握了解一般可能遇到的提问。可以开口说保险，介绍保险险种及条款了。第二步是进居民楼，找陌生居民做业务。第三步才是进写字楼、大公司展业，做白领丽人和团体业务。这时候已经可以比较熟练地将本公司险种、条款中最精彩的"卖点"以最简单、最精练的语言表述出来，成功的概率就大了。

1995年底，刘育红开始做保险营销时，敲门展业中很少有客户会拒绝不见，虽然投保的人少，但每天几乎都在做保险常识宣传，还可以保持一种乐观的心态。现在上门展业，很多居民、公司拒绝营销员入内。刘育红除了鼓励营销员要有勇气敲门外，同时更要注重自己的展业方式，学会言简意赅，学会用几句话就抓住对方的注意力，所以第一步的锻炼尤其重要。

在展业程序上，刘育红认为第一步得学会跟客户沟通，第二步是了解客户的经济收入情况及其对保险的需求，第三步才是制订切合需求的保险计划书，缴费不能太高，以对方年收入的10%到20%为宜。

刘育红有时也用信函访问。一般与准客户谈了两次以后，过段时间，便会给对方发一封信，或是告知公司又有新的险种，或是询问对方是否满意原先设计的计划书，常常也会有所收获。

3. 承认产品，保险生活化

刘育红给每个准客户作建议书时，他都坚信自己为对方提供的是最好的保障。两年多的从业经历中，刘育红始终坚信自己公司的条款设计是最合理的，只有自己先有信心，才能给客户信心。另外，必须学会随时随地谈保险，将保险生活化是成功的又一要素。刘育红说，自己只要有机会就抓住时机谈保险。比如与股民说股市行情，进而谈理财、投资，保险也是投资的一种手段，这样就比较容易被客户接受。除了给客户送生日贺卡、小礼品外，刘育红不失心计的地方表现在，他与有潜力介绍新客户的老客户始终保持着比一般客户更密切的联系。这类老客户一般是公司老板、大公司的部门负责人、个体工商户等，周末相约出去吃顿饭、对方公司有困难时尽力帮个忙，很生活化的小事，为做业务起到了很大的帮助作用。

与各种人打交道，又能找到共同话题，对自身水平的要求就要不断提高。刘育红认为，多看各行各业的书，丰富自己很重要。刘育红还着实下力气读了不少书，期货、股票、装潢……杂七杂八的书都爱看。现在当了经理，看《创业法则》、国外一些成功的营销经理的传记和他们对下属的激励办法，成为他很重要的自修课程。

及时地调整好展业心态同样至关重要。刘育红常鼓励营销员培养光明思维，也就是一种"前途是光明的，道路是曲折的"的自信，有勇气敲开每一扇门，只是成功的一半，还必须有信心永远敲下去。刘育红相信每天以崭新的面貌去展业，坚持不懈地努力，成功就一定在眼前。

（摘自 1998 年 10 月 13 日中国保险报，作者张春生，改编唐金成）

§12 年收入百万元的营销达人——唐瑜

2008 年的金融风暴，致使 42 岁的唐瑜不得不关闭了自己创办的企业，离开了打拼 15 年的深圳，回到家乡桂林重新创业。他做过货车司机，与别人合伙开过店但均以失败告终。一次偶然的机会，经朋友介绍，唐瑜夫妇两人同时进入了太平洋寿险桂林中支区域拓展部，从此开始了寿险营销生涯。九年来，他凭着一颗坚忍不拔，努力进取的心，从普通业务员到今天 1500 多人的联合行政区总监，从一无所有到年收入近百万元的老板，从破产失业者到太保全国区拓条线的标杆，他不断挑战和刷新着自己创造的纪录，书写着人生一个又一个新辉煌。

1. 打造团队文化

成功有捷径，在经营团队过程中，他一直非常重视打造团队文化。唐瑜团队的文化就是"家文化"和"感恩文化"。他的职场布置得非常温馨，让伙伴们感受到大家是相亲相爱的一家人，而他就是一位大家长，每位家人都在团队这个"家"里享受着温暖关怀。他常说，寿险业没有优秀个人，只有优秀团队。团队讲的是协作，克服困难并非个人的事，成功是由大家的共同努力去获得的。

唐瑜团队的第二个核心文化是"感恩文化"。团队的新人培训班不但要举办开班仪式，还有结业典礼。结业典礼上有两个重要环节：跳"感恩的心"晨操，新人向师傅拜师敬茶，师傅向新人赠送司徽。新人从入司伊始就切身感受到团队里感恩、和谐、友爱、尊师的氛围。

在优秀团队文化的吸引下，唐瑜团队吸引了一大批优秀人才加盟，其中有大学教师、医生、还有企业高级管理人员。团队中大部分都是 80 后甚至 90 后有梦想有抱负的年轻人，其中 80 后人数超过 700 人，90 后人数超过 300 人。团队非常年轻、富有活力和创造力。

2. 用好激励制度，关注每个人的成长

很多人刚开始来到保险行业，都抱着试一试的心态，并没有全心投入。唐瑜总监提出 BOSS 理念，激励大家来公司是创业而非就业。鼓励大家借助公司平台和资源，全力以赴地投身进来，自己当老板。他要求每个人每季都要有明确的晋升目标，把每一位有意愿发展的伙伴都锁定为准主管来培养。他告诉营销伙伴，在寿险行业无业绩就做不下去，组织发展才是长远之路。他非常善于用基本法制度去点燃每个营销伙伴组织发展的梦想。用基本法引导每位主管与准主管的发展方向，帮他们做好职涯规划。同时他心思细腻，观察能力超强。他对团队近 50 位室经理脾性了如指掌，并能及时捕捉到每位主管与准主管的心态变化，对于主管和业务员来说，他像兄长更像良师益友，身上永远传递的是正能量。他的敬业精神，大家有目共睹，要求别人做到的，自己一定能做到。他是大家追随的领导者，团队伙伴都亲切地称他为"老大"。

3. 发挥典范的带动作用

榜样的力量是无穷的。唐瑜总监通过树立团队中的标杆，让大家知道自己跟标杆的差距，激励自己不断努力，从而一步步接近和超越自己的目标。同时，让大家学会学习、学会复制别人的成功，从而让更多的人获得成功。

4. 建立定期沟通制度

唐瑜总监会定期与每位主管进行面谈，以此让所有的主管明白"定时报到"的重要性，建立他们的归属感、充分调动他们的主观能动性。定期沟通制度有利于增进各团队之间的团结，避免隔阂产生，同时也能让他及时了解和解决每个团队存在的问题。对于每一个遇到问题的主管，唐瑜总监会及时对他们进行疏导，带他们尽快走出低谷，重新设定目标。针对从业信心不够坚定，业绩不稳定，缺乏清晰目标的业务员。唐总监会要求其推荐人，业务室经理进行家访，获得其家人的信任及支持。他会请业务员到办公室喝茶聊天。"人生没有等出来的精彩，只有逼出来的辉煌，做个敢于逼自己不断成功的人"这是每一位团队业务员的创业信念。

唐瑜总监是寿险行业腾飞的见证者和受益者，更是行业大发展的推动者。他用独特的经营理念走出了一条传奇之路。对于未来他信心满满，决心不断扩大队伍规模，切实提高业务人员的销售技能，牢牢把握市场主动权和主导地位，以实际行动去实现"做大、做强"的目标，并在新的起点、新征程上绽放异彩！

§13 屡创辉煌的营销总监——廖海伦

廖海伦是广西太保寿险公司第一位资深总监，在广西太保已工作21个年头。从一个普通业务员稳步晋升到资深总监，这一路上有风雨，有彩虹，受过冷嘲热讽，也得过贵人相助。廖海伦刚开始走上寿险营销道路时，辛苦拜访了4个月也没卖出一份保单，还丢了6辆自行车。可以说她的寿险营销之路正是从挫折和困难开始的，但她从未想过放弃。她相信，万事开头难，只有坚持就会成功。她始终激励自己，一定要成为寿险团队金字塔上最顶尖的那个明星。

廖海伦经历无数拒绝后，终于有了第一批客户。她对于这些信任自己的客户无比感恩，将他们视若珍宝。每当公司有新产品上市，或者有什么活动，她都会第一时间告知客户；每当自己在公司取得了成绩和进步，她都第一时间与客户分享，并对他们表示感谢。客户生日，她会及时送上温馨的祝福和窝心的蛋糕；客户孩子满月，她会带去纯棉的小衣服；拜访客户时看到客户家里灯坏了而男主人又不在家，她会马上出去买个新灯泡并当场帮客户换上；客户太忙没时间接孩子，她会亲自开车去接；至于临时帮客户看看孩子或者给孩子辅导功课，廖海伦也早已做得轻车熟路。她常说，客户的经营是"人心"工程，你付出了真心，自然就会得到客户的真心。她还说，老客户家里有黄金，只要你心里有客户，时常去他们家里坐坐，一定有意想不到的惊喜。每个月1号，她雷打不动地一定会率先出单，在管理着近千人销售团队的情况下，她个人每年的长险件数都超过100件，连续两年当选广西分公司的件数王。2017年3月，更是创下单月签下62张保单的纪录。21年间，在她手里购买保险的客户接近1500位。此外，她还在服务和跟进着近2000位客户。她对自己与客户的关系无比自信，并说：我跟客户之间是交情而非交易，以心换心，我的客户谁也抢不走。

2010年6月起，廖海伦开始筹建自己的团队，她要把自己的销售技能传授给更多人，将保险保障送到更多客户身边。她每天开车带属员下乡走访，不断去走街串巷进行陌生拜访，开展社会化活动，宣传保险知识，她们见人就谈保险，即使遇到白眼和讽刺也不在意。有一次返回时间太晚，乡间小路太暗看不清道路，她还不小心把车开进了水沟里……一路走来，她始终在用自己的行动引领和帮助团队的伙伴，教他们经营客户的方法，在他们遇到挫折时予以鼓励和帮助。在她眼中，保险是个非常伟大的行业，是个成人达己的事业，既能帮助客户拥有保障，还能帮助属员获得事业上的成功。

廖海伦有了庞大的团队后更忙了，但对于自己的客户却没有丝毫的怠慢。她对客户说：你知道，我的团队很大，还有很多客户要服务，我很忙，也许没有办法时时在你身边服务，但当你需要我的时候，我一定会第一时间来到你身边，我的电话24小时开机！她会为客户筹办温馨的生日会，会邀请客户到家里一起包饺子，会不定期地举办感恩答谢会，将客户和他们的朋友组织起来开展各种活动。对于自己的100位核心客户，她始终保持每个季度至少见一次的服务频率，对于每一位客户，节日和生日的祝福从不间断。在其精心服务下，客户总是很乐于参加她组织的活动，并源源不断地给她介绍新客户，因此她总是有签不完的保单。

　　廖海伦总监在朋友眼里是个热爱寿险，乐于助人的好心人。在同事眼里，她是个工作勤恳、爱岗敬业、关心属员的团队领头人；而在家人眼里，她更是一个工作狂人和爱家达人。

　　对廖海伦而言，寿险之路无捷径，只有坚定目标，脚踏实地，坚韧不拔地干下去，才能最终达到目标。2017 年，她成功入围了太保总公司群英会的四项蓝鲸奖，分别是广西件数王、增员蓝鲸奖、个人三级蓝鲸奖、总监二级蓝鲸奖。谈起获得的荣誉，廖海伦总说要感恩太保给她如此广阔的舞台，成就了她这小女人。

　　展望未来，廖海伦总监将继续带领她的团队，以昂扬的斗志迎接新的挑战，实现新跨越，创造新辉煌。

参考文献

[1] 毕姝晨，安洪军．马克思主义保险思想探析 [J].当代经济研究 2003（10）．

[2] 李继熊，陈继儒．保险学概论资料汇编 [M]，北京：中央广播电视大学出版社，1985.

[3] 赵学增．马克思的保险理论和我国保险制度的改革 [J].广东行政学院学报，1996（4）．

[4] 曹建民．马克思主义关于社会保障的理 [EB/OL]，2008-05-31.

[5] 王爱华．马克思主义社会保障理论的发展 [EB/OL].

[6] 汤洪波．从马克思的保险基金理论看保险基金的性质 [J].当代经济研究，2004（7）．

[7] 唐金成．世界保险趣论 [M].西安：西北大学出版社，1994.

[8] 中国保险学会，中国保险报．中国保险业二百年 [M].北京：当代世界出版社，2005.

[9] 唐金成．保险营销理论与实战技巧 [M] 西安地图出版社，2002.

[10] 中国保险学会．中国保险史 [M].北京：中国金融出版社，1998.

[11] 唐廷枢．民族保险业的先行者 [N].中国保险报，2011-09-29.

[12] 林振荣．中国保险业革命先驱胡咏骐 [N].中国保险报，2011-02-25（5）．

[13] 唐金成．现代保险学 [M].长沙：中南大学出版社，2011.

[14] 邝景略．晚清民国时期广州保险业的兴衰（1801~1949）[M]，1994.

[15] 成果，贺蓉．史海钩陈：中国保险 摇曳沉浮两百年 [N].证券时报，2009-08-05.